丝绸之路与文化传播

——“多元文明交流与互鉴工作坊”论文集

喻　静　主编

文化艺术出版社
Culture and Art Publishing House

图书在版编目（CIP）数据

丝绸之路与文化传播——“多元文明交流与互鉴工作坊”论文集 / 喻静主编. —北京：文化艺术出版社，2021.9
ISBN 978-7-5039-6936-2

Ⅰ.①丝… Ⅱ.①喻… Ⅲ.①丝绸之路—文化交流—文化史—世界—文集 Ⅳ.①K103-53

中国版本图书馆CIP数据核字（2021）第114109号

丝绸之路与文化传播
——“多元文明交流与互鉴工作坊”论文集

主　　编　喻　静
责任编辑　郑向前
责任校对　董　斌
书籍设计　赵　矗
出版发行　文化艺术出版社
地　　址　北京市东城区东四八条52号（100700）
网　　址　www.caaph.com
电子邮箱　s@caaph.com
电　　话　（010）84057666（总编室）　84057667（办公室）
　　　　　84057696—84057699（发行部）
传　　真　（010）84057660（总编室）　84057670（办公室）
　　　　　84057690（发行部）
经　　销　新华书店
印　　刷　国英印务有限公司
版　　次　2021年9月第1版
印　　次　2021年9月第1次印刷
开　　本　710毫米×1000毫米　1/16
印　　张　17.5
字　　数　240千字
书　　号　ISBN 978-7-5039-6936-2
定　　价　58.00元

目　录

CONTENTS

丝绸之路与文化传播

敦煌文献与佛教图像

思想与社会

丝绸之路与文化传播

唐代义净译场与海上丝绸之路

于 光 黄夏年

摘 要： 唐代义净三藏是海上丝绸之路上的著名翻译家与学者。他在印度居住 25 年，游历 30 余国，回国后致力译经事业，为中外文化交流做出贡献。义净在洛阳的福先寺译经出众，他译出的护国四部经，将佛教与护国思想进一步联系起来，反映了国家宗教的意愿。义净乘船回国，展示了唐代大国地位与先进航海技术，他也是紧接玄奘之后的第二个由中国人在京城建立重要译场的大师。因为他在海外生活 20 余年，既通梵语，又懂中国传统文化接地气。义净从印度等地取回来的新经典，更多的是在民间流传的字数不多的小经，为中国佛教的思想理论增添了新的元素。

关键词： 唐代佛教 义净 译经 护国 海上丝绸之路

在中国佛教史上，唐代佛教是一个重要时期，佛教在这时进入鼎盛时代，来自域外的佛经从陆路与海路两条丝绸之路传入，陆路主要是通过中亚，再到西域，最后到达长安，这条路线促使中国佛教最终完成大乘性格，对使用四分律戒本起到了决定性作用。海上丝绸之路通过印度洋，再到太平洋，最后在南海、东海、黄海和渤海等不同的海岸线登陆，佛书记载唐代义朗律师“同附商舶，挂百丈，陵万波，越舸扶南，缀缆郎迦戍”[①]。这条海路曾经传入一些重要的大乘经典，例如《楞伽阿跋多罗宝经》《胜鬘经》《央掘魔罗经》等理论性很强的大乘佛教著作，对中国佛学理论起到过重要的指导作用。此外，在这条路上传入的《十诵》律本和《杂阿含经》等基本经典也一度在南方地区流行，到了宋代以后，才逐渐湮灭不闻。而在古代成千上万的求法僧中，唐代义净三藏是中国佛教的四大翻译家之一，他对中外文化交流所做的贡献，现在还值得我们好好学习。

一、义净三藏译场的成立

据僧传和经录介绍，释义净，字文明，姓张氏，范阳人。七岁念文举之俊，少寻周孔，以礼乐为常。长习老庄，将恬淡为乐。髫龀之时，辞亲落发，遍询名匠，广探群籍。研精失虑，据赜求微，内外闲习，今古博通。年十有五，便萌其志，发愿出家，投身入道。思游五印之都，欲游西域，仰法显之雅操，愿到双林，慕玄奘之高风，勤无弃时，手不释卷，弱冠登具，愈坚贞志。咸亨二年（671），年三十有七，遂发足哀别，南去远达西征，海路波涛关山险阻，经二十五年，历三十余国，为众生志存翻译，辞八相之灵塔，归九洛之神州。武则天证圣元年（695）乙未仲夏，一归缁侣，再沐皇恩，还至河洛，携梵本经律论近四百部合五十万颂，金刚座真容一铺，舍利三百粒。武则天亲迎于东门外，诸寺缁伍具幡盖歌乐前导，敕于佛授记寺安置焉。先天二年（713）卒于长安，春秋七十九，法腊五十九，葬事官供，朝廷遣中使吊慰。“又内出花树香盘、幢幡盖舆等六百余事，绢四百匹，像一铺，令充葬仪。及赠孝子门人动余万数，辍舂罢相，凄惨城邑。声明文物，晖曜郊衢，弘法之功远矣，哀荣之典备矣。”[②]起塔在洛京龙门北之高岗，银青光禄大夫、行

① 《大唐西域求法高僧传》卷一，CBETA，T51，no.2066，p.3c23–25。
② 《贞元新定释教目录》卷十三，CBETA，T55，no.2157，p.871c27–872a2。

秘书少监同安侯卢璨撰文，开业寺沙门智详书写塔铭《大唐龙兴翻经三藏义净法师之塔铭（并序）》，唐肃宗乾元元年（758），于塔院置金光明寺，表义净译经之最胜力也。

义净禀气山岳，养志经书，错综古今，搜求图籍，所译之经，虔敬无尽，未翻之典，愧恨弥深，被列为中国佛教四大翻译家之一，与玄奘齐名。但是他与玄奘还有不同的地方，玄奘译经重视体系的教义思想翻译，例如他译了《大般若经》六百卷，又翻译了唯识经典，创立了法相宗。义净的译文范围很广，更偏重于律本的译事，对密教经典也给予注意，时人将他与玄奘的译经内容比较后，说："然其（义净）传度经律与奘师抗衡，比其著述（义）净多文，性传密呪，最尽其妙。"①

义净回国之后，适逢武则天崇重大乘，以华严旧经处会未备，远闻于阗有斯梵本，发使求访并请译人，于阗三藏实叉难陀与经夹同臻帝阙，证圣元年（695），于东都洛阳内道场大遍空寺翻译，武则天亲临法座，焕发序文，自运仙毫，首题名品，"南印度沙门菩提流志、沙门义净同宣梵本，后付沙门复礼、法藏等，于佛授记寺译成八十卷（华严）。"② 这是义净首次参加译场的译经活动，时间在五年左右。《华严经》是他译的第一部经，虽然这是和别人一起译的，但是为他后来译经与自营译场打下了基础。

僧传记载义净："起庚子岁至长安癸卯，于福先寺及雍京西明寺，译《金光明最胜王》《能断金刚般若》《弥勒成佛》《一字呪王》《庄严王陀罗尼》《长爪梵志》等经，《根本一切有部毘柰耶》《尼陀那目得迦》《百一羯磨摄》等，《掌中取因假设》《六门教授》等论，及《龙树劝诫颂》，凡二十部。北印度沙门阿儞真那证梵文义、沙门波仑，复礼、慧表、智积等笔受证文，沙门法宝、法藏、德感、胜庄、神英、仁亮、大仪、慈训等证义，成均太学助教许观监护，缮写进呈。天后制《圣教序》，令标经

① 《宋高僧传》卷一，CBETA，T50，no.2061，p.711，a15-17。
② 《宋高僧传》卷二，CBETA，T50，no.2061，p.718，c18-p.719，a17。

首。”[①]“庚子岁”是武则天晚年改年号为“久视”之元年。这时武则天身体不好，希望能用《老子》五十九章的“有国之母，可以长久，是谓深根固柢，长生久视之道”的说法，采“久视”年号来达到长生不老目的。“长安”武周是继“久视”和“大足”之后的第13个年号，共4年。从久视元年（700）到长安四年（704），一共是5年，此时是义净从印度回到故乡之后的第二个五年，《开元释教录》卷九说义净“初共于阗三藏实叉难陀翻华严经，久视已后方自翻译”[②]，说明这时他已经有了自己的译场。唐武则天御制《大周新翻三藏圣教序》云：“今于大福先寺翻译院所更译三藏所言……三藏法师义净等，并缁俗之纲维、绀坊之龙象，德包初地、道轥弥天，光我绍隆之基，更峻住持之业。以久视元年岁次庚子五月五日，缮写毕功，重开甘露之门，方布大云之荫，所冀芥城数极，鸟笔犹传，拂石年穷，树经无泯，弘济覃于百亿，迁拔被于恒沙，部帙条流，列之于左。”[③]

二、义净三藏与福先寺

东都洛阳的福先寺，[④]亦称“福光寺”，[⑤]原为游艺坊，系武则天母杨氏宅。“上元二年，立为太原寺。垂拱三年二月，改为魏国寺。天授二年，改为福先寺。”[⑥]因为是当朝国戚的大宅院，从建筑到布局亦非一般，除了义净住过之外，还有很多有名的僧人也在此居住，欧阳詹《同诸公过福先寺禅院宣上人房》云：“律座下朝讲，昼门为掩关。偶同静者来，正值

① 《宋高僧传》卷一，CBETA，T50，no.2061，p.710，b24–c4。

② 《开元释教录》卷九，CBETA，T55，no.2154，p.568，b22–23。

③ 《大周新翻三藏圣教序》，CBETA，T15，no.646，p.706a22–b3。

④ 《大宝积经》卷一：“天后圣帝，应千司契，当宇披图，令住东都，居福先寺，译《佛境界》《宝雨》《花严》等经一十一部。”（CBETA，T11，no.310，p.1b4–6）

⑤ 《大日经义释演密钞》卷一云：“十二年随驾入洛于大福光寺译大毗卢遮那经……”（CBETA，X23，no. 439，p. 527a5–9）

⑥ 《唐会要、五代会要、明书、明会典选辑》卷二，CBETA，B17，no.92，p.607a03。

高云闲。寂尔方丈内，莹然虚白间。千灯智慧心，片玉清羸颜。松色落深井，竹阴寒小山。晤言流曦晚，惆怅归人寰。”[①]诗中描绘了在“莹然虚白间”的静谧方丈小院，松树挺拔、竹林正茂、禅意深深的情景。武则天称皇时，三阶教曾二次被禁，如意元年（692）朝廷命三阶教名僧法藏于福先寺监督无尽藏，寺内有三阶院，里面的“吴画地狱变，有病龙最妙。寺三门两头亦似吴画（系本寺三阶院）”[②]。可见福先寺除了有译场的功能之外，还是接待僧人居住和管理僧人的部门。

许多僧人都在这个译场参与译经，僧传记载洛京佛授记寺法藏与“实叉难陀赍华严梵夹至，同义净、复礼译出新经，又于义净译场与胜庄大仪证义”[③]。授记寺德感被“天皇大帝征为翻经大德。又与胜庄、大仪等同参义净译场”[④]。曾经参加过玄奘译场的普光与法宝法师，“又在长安三年于（洛京）福先寺、京西明寺，预义净译场，宝与法藏胜庄等证义，于时颇露头角，莫之与京欤”[⑤]。义净在自己的译场先后翻译了般若、净土、密宗、戒律、唯识等各宗的经典，并且和一批有名望、有学识的高僧合作译经，聚拢了人气，也锻炼了年轻译师，如“初（慧）沼证义于义净译场，多所刊正，讹言舛义，悉从指定无敢踰制，后著诸疏义，号淄州沼也”[⑥]。“义净所出之经，（僧人爱）同有力焉。”[⑦]

“武后造福先寺”[⑧]，使之成为佛教译经场所，义净之后福先寺仍然在发挥着重要作用，“沙门一行，先未曾译者，至（开元）十二年随驾入洛，于大福先寺安置。沙门一行，请三藏和尚译大毘卢遮那成佛神变加持经一部七卷，其经具足梵文，有十万颂，今所出者，撮其要耳。沙门

---

① 《古今图书集成选辑（上）》卷一一七“同诸公过福先寺禅院宣上人房”，CBETA，B15，no.88，p.645，c22–26。
② 《佛教绘画史料》卷六“东都寺观画壁”，CBETA，B18，no.96，p.220，a12–14。
③ 《宋高僧传》卷五，CBETA，T50，no.2061，p.732，a18–20。
④ 《宋高僧传》卷四，CBETA，T50，no.2061，p.731，c14–18。
⑤ 《宋高僧传》卷四，CBETA，T50，no.2061，p.727，b1–3。
⑥ 《宋高僧传》卷四，CBETA，T50，no.2061，p.728，c12–14。
⑦ 《宋高僧传》卷十四，CBETA，T50，no.2061，p.796，b2–4。
⑧ 《新唐书》卷一百二十四《姚崇传》。

宝月译语，一行笔受丞旨，兼删缀词理，文质相半，妙谐深趣”[①]。国之师匠一行禅师，“过虑将来佛法谁堪扞御，谁可阐扬？奏召天下英髦学兼内外者，集于洛京福先寺，大建论场，僉为众推许，乃首登座于瑜伽、唯识、因明、百法等论，竖立大义六科，敌论诸师，茫然屈伏”[②]。福先寺一度受到战争破坏，洛阳留守裴度将其修复，请白居易撰写碑文，当时任洛阳留守判官的皇浦湜听说后大怒曰：“近舍湜而远取居易，请从此辞。”皇浦湜撰写了碑文，裴度赠以车马缯彩甚厚，湜大怒曰：“自吾为顾况集序，未常许人。今碑字三千，字三缣，何遇我薄邪？”裴度笑曰：“不羁之才也。”从而酬之。[③]

三、义净与护国四部经

长安五年（705）正月，武则天还政于李唐，中宗孝和皇帝李显改号神龙，以本年为神龙元年。义净在东都洛阳内道场译《孔雀王经》，又于大福先寺出《胜光天子》《香王菩萨呪》《一切庄严王经》四部，沙门盘度读梵文，玄伞笔受，大仪证文，胜庄、利贞证义，兵部侍郎崔湜、给事中卢粲润文正字，秘书监、驸马都尉杨慎交监护。与义净在福先寺及雍京西明寺译场活动相比，在福先寺参与译经的人员，从读梵文到监护，都是由中国人组成，这些人后来成为义净译场的中坚力量，参与不少经典翻译，例如玄伞就一直陪伴着义净走完整个译经活动。

义净译出的四部经除了《孔雀王经》是上下二卷之外，其他三部经都是文字不多的小经，四部经的内容是奉劝国王行善，得到好报的因果思想，将佛教与护国思想进一步联系起来，反映了国家宗教的意愿。例如经中强调：“若王、大臣远离恶法修善法者，于现世中人所欣仰，皆来亲附不生疑惑，常见好梦能除怨敌，无复追悔，命终之后得生天上，乃

① 《玄宗朝翻经三藏善无畏赠鸿胪卿行状》，CBETA，T50，no.2055，p.290，a24–29。
② 《宋高僧传》卷五，CBETA，T50，no.2061，p.734，c10–15。
③ 《新唐书》卷一百七十六《韩愈传》。

至菩提证真常乐。大王！譬如父母，怜爱诸子，常愿安隐，令无恼害，遮其恶行，劝修善业。大王！为天子者亦复如是，于诸臣佐乃至国人仆使之类，咸以四摄而恩育之，布施、爱语、利行、同事。时彼人王能于国界广作，如是大饶益已，成就二种利益之事。云何为二？王如父母，爱念无差；国人如子，并怀忠孝。”[①]“作天子者，情怀恩恕，薄为赋敛，省其傜役；设官分职，不务繁多；黜罚恶人，赏进贤善；不忠良者，当速远离；顺古圣王，勿行刑戮。何以故？生人道者，胜缘所感，若断其命，定招恶报。大王！常当一心恭敬三宝，莫生邪见。我涅槃后，法付国王，大臣辅相，当为拥护，勿致衰损；然正法炬，转正法轮，尽未来际，常令不绝。若能如是依教行者，则令国中龙王欢喜，风调雨顺，诸天庆悦，丰乐安隐，灾横皆除，率土太平，王身快乐，永保胜位。福力延长，无复忧恼，增益寿命，现在名称遍满十方。外国诸王咸共赞叹：‘某国天子仁让忠孝，以法教化，拯恤黔黎，于诸国中最为第一。我等今者，咸当归伏此大法王，舍身之后得生天上，受胜妙乐，乃至菩提！’”[②]等等，可知欲当一位好国王，必须行好善业，爱民如子，百姓忠孝，国家平安，“能销一切业障，能灭一切罪苦，能断一切魔业”[③]。

武则天在世的时候，中宗李显一直活在母亲的压力下，先后被软禁于均州（今湖北省丹江口市）、房州（今湖北省房县）14 年，只有妃子韦氏陪伴。武则天登上了皇帝宝座，成为女皇，李唐宗室子弟被杀戮者不可胜数，中宗心惊胆战，不知道会不会殃及自己身上。长安元年（701）九月，李显的儿子李重润和永泰公主夫妇少年气盛，对祖母宠信的张易之、张宗昌兄弟深表不满，被张易之添油加醋地报告给武则天，说他们诽谤朝廷，结果武则天逼令李重润、永泰公主和丈夫武延基自杀。武则天虽然是李显的亲生母亲，但是却让李显尝尽了人世的艰难，佛经说：

① 《佛为胜光天子说王法经》，CBETA，T15，no.593，p.125，b15–25。
② 《佛为胜光天子说王法经》，CBETA，T15，no.593，p.125，b26–c11。
③ 《佛说一切功德庄严王经》，CBETA，T21，no.1374，p.891，a19–23。

“前世修因，今受胜报，得为天子，所愿随心，当如说行，勿为放逸！”[①] 李显贵为皇子却不能如意安排自己的人生，佛书记载中宗“（皇）帝深崇释典”，[②] 可知信佛是中宗生活中的重要活动，身为皇帝侧身诵经译事，也是积累功德修行，可以让他“所行之处大获果报”[③]。

护国译经有五种根本作用，即“一名救一切众生苦厄。二名菩萨真实所问。三名神通庄严王。四名能成诸佛正觉。五名一切法功德庄严王”[④]。经中说：“此大孔雀呪王是佛所说，愿以神力常拥护我，饶益摄受为作归依，安隐寂静无诸灾患，刀杖毒药勿相侵损，我今依法结界结地，除诸忧恼，寿命百岁，得见百秋（应知此言通一切处）。”[⑤] 皇帝“每于晨朝常读诵此大孔雀呪王，昼必安隐。暮时读诵，夜必安隐”[⑥]。奉行“此胜妙陀罗尼呪，能除一切罪障，能摧伏他军，永无饥馑疾疫、灾难病苦之事，常能丰饶仓廪盈溢，增益寿命”[⑦]。书写读诵受持《佛说一切功德庄严王经》，供养持经法师，“此人业障皆得消灭，不遭横死，于现身中常受欢乐，父母妻子、朋友眷属，悉皆安隐，所有愿求，无不遂意。”[⑧] 等等。义净在李显第二次恢复皇位后，为他译了四部护国内容经典，中宗十分高兴，“特抽睿思制大唐龙兴三藏圣教序，又御洛阳西门，宣示群官新翻之经”[⑨]。希望以此实现“消灭五逆极重罪障，九万劫中常受富贵，于八万劫作转轮圣王”[⑩] 之理想。

神龙二年（706），义净随中宗回到长安。中宗在长安大荐福寺内设置了翻经院。神龙三年（707），中宗下诏义净入翻经院，与同翻经沙门

---

① 《佛为胜光天子说王法经》，CBETA，T15，no.593，p.127，a2–3。
② 《宋高僧传》卷一，CBETA，T50，no.2061，p.710，c10–11。
③ 《香王菩萨陀罗尼呪经》，CBETA，T20，no.1157，p.652，a3。
④ 《佛说一切功德庄严王经》，CBETA，T21，no.1374，p.894，b28–c4。
⑤ 《佛说大孔雀呪王经》卷一，CBETA，T19，no.985，p.463，b8–12。
⑥ 《佛说大孔雀呪王经》卷一，CBETA，T19，no.985，p.461，a13–14。
⑦ 《佛说一切功德庄严王经》，CBETA，T21，no.1374，p.892，a10–12。
⑧ 《佛说一切功德庄严王经》，CBETA，T21，no.1374，p.892，a10–17。
⑨ 《宋高僧传》卷一，CBETA，T50，no.2061，p.710，c5–12。
⑩ 《佛说一切功德庄严王经》，CBETA，T21，no.1374，p.894，a13–15。

九旬坐夏，“帝以昔居房部幽厄无归，祈念药师遂蒙降祉，荷兹往泽，重阐鸿猷，因命法徒更重传译于大佛光殿”[①]。义净受旨译《药师琉璃光佛本愿功德经》，“帝御法筵，手自笔受”。[②] 义净入住大荐福寺，是他译经事业新的飞跃，其译经中心也从洛阳福先寺转移到大荐福寺，标志着他从副城进入主城，从郊区进入到中心地带，这一重要的译经中心转移，提升了他在佛门的地位，从某种程度上成为宗教领袖之一，也进一步推进了他与朝廷的关系，一直伴随到圆寂。

四、义净的评价

唐朝是中国历史上最开放的时代之一，长安是唐代首都与政治文化中心，义净在中宗李显及睿宗李旦支持下，于永隆元年庚戌在大荐福寺译出《浴像功德经》《毘柰耶杂事》《二众戒经》《唯识宝生》《所缘释》等二十余部经典。义净从东都洛阳非主流进入到长安最主流的中心，又由于其在长安佛教界里的特殊地位，接纳了来华的各种外籍人员，换言之，译经的最大中心在长安，大荐福寺内的翻经院是由中宗皇帝钦定的，其地位无疑是带有国家性质的学术机构，能在这里参与译经的僧人都是海内外一代高僧。在义净译场的中外僧人就有吐火罗沙门达磨末磨、中印度沙门拔弩证梵义，罽宾沙门达磨难陀证梵文，居士东印度首领伊舍罗证梵本，沙门慧积居士、中印度李释迦度颇多语梵本，沙门文纲、慧沼、利贞、胜庄、爱同、思恒证义，玄伞、智积笔受，居士东印度瞿昙金刚、迦湿弥罗国王子阿顺证译，修文馆大学士李峤、兵部尚书韦嗣立、中书侍郎赵彦昭、吏部侍郎卢藏用、兵部侍郎张说、中书舍人李乂等二十余人，次文润色，左仆射韦巨源、右仆射苏瓌监护，秘书大监嗣虢王李邕同监护。景云二年（711），义净又在大荐福寺译出《称赞如来功德神呪》

① 《宋高僧传》卷一，CBETA，T50，no.2061，p.710c14-17。

② 《宋高僧传》卷一，CBETA，T50，no.2061，p.710，c12-18。

等经，太常卿薛崇嗣监护。①

玄宗先天二年（713）正月，义净圆寂于大荐福寺，终年79岁，临终遗书告诫弟子曰："望遣传灯，学戒学律之徒，莫违微细；学论学经之辈，须识邪疑。三学总成佛之上愿，一行偏善吾未喜焉。具圆之人触犯须慎，近圆之者尊卑有方。讲律之流愿无休恩，传经之士冀见奉行。若为寺主纲维，尽身尽命荷护。僧徒慈仁慈忍，尼众禁戒分明。大须坚固，汝等如吾言，行吾法，吾若为石为土也，即为汝之屋宅。吾若为楸为柏也，覆荫汝之形容。吾若为神为鬼也，即益资汝之精气。吾若为花为药也，即加备汝之灵寿。吾若为天为人也，即以甘脆为汝之饮食。吾若得道得果也，即以威神令汝之安乐。汝若违吾语，失吾言，吾若为石为土也，汝死而不为丘墓。若为楸为柏也，汝死而不为棺椁。若为神为鬼也，为祟而不为荷护。若为花为药也，为毒而不为气力。若为天为人也，为恶而不为安稳。若得道得果也，怖汝心而为伴为侣。慈之若此，悲之如斯。"②

朝廷收到义净圆寂的消息后，下旨："翻经三藏义净宜赠鸿胪卿，赐物一百五十段。葬事量，准例官供。"③又盛赞"三藏义净，道心惟微，德宇增峻，既韫泻瓶之智，方通慧镜之明。幽诣绝域，躬传秘藏，遗文大备。比罗什之总持，析理入微。等生公之悬解，境对而现，缘离示灭。嗟法云之无影，叹宗师之不留，虽道门恒寂，已证无生之忍。而朝序褒贤，宜加饰终之命，可赠鸿胪卿，主者旋行"④。允许度僧17人。又派内品官马孝忠掌扇、刘普"赠绢幡花等香花盘二十八舆，香花树大小十八舆，幢四舆，钱财四舆（已上共五十四舆），百尺幡四口（并竿），夹侍幡八十口，四十九尺幡二十口，夹侍幡二百四十口，道场幡一百口，杂色大小幡一百口（并舆吧），已上五百四十四口。绢四百匹，像一铺"⑤。

① 《宋高僧传》卷一，CBETA，T50，no.2061，p.711，a2–4。
② 《贞元新定释教目录》卷十三，CBETA，T55，no.2157，p.870，c13–871a2。
③ 《贞元新定释教目录》卷十三，CBETA，T55，no.2157，p.871，b5–7。
④ 《贞元新定释教目录》卷十三，CBETA，T55，no.2157，p.871，b9–15。
⑤ 《贞元新定释教目录》卷十三，CBETA，T55，no.2157，p.871，b16–22。

荼毗葬礼举行之日，“京城四众陈布威仪卤簿，供养香花。内出。诰使吊赠，圣眷殊深，锡赉增优，以旌传法之功也。辍舂罢相，凄惨郊衢，望焉慕焉。终于掩坎，建乎反哭，痛焉疑焉。门人万余，或躄或踊”①。“门人智积等仰千仞之崇峻，奄叹崩颓；挹万顷之波澜，俄惊逝阅；探遗美于缃简，式言时于翠碣。其词曰：‘彼遍知兮，出现比利物乎大仙。有开士兮，传译迈罗什于秦年，修多因而远被昆奈，由是遐宣法，方焕于朝景，舟忽移于夜川，明主悼兮。流赙赠门人慕兮缉遗编，纪丹文于万古，扃白日于三千。’”②

僧传说义净“自天后久视，迄睿宗景云，都翻出五十六部二百三十卷。又别撰《大唐西域求法高僧传》《南海寄归内法传》，别《说罪要行法》《受用三法水要法》《护命放生轨仪》凡五部九卷。又出说一切有部跋窣堵，即诸律中犍度、跋渠之类”③。所谓“犍度”是佛教的论和律中的篇章名。“跋渠”是经论中的篇章。因为佛教律中受到地方文化影响，带有类似中国南北地区的楚夏之音分别，这类著作有七十八卷之多，义净一直想将它们整理出来，但是他只是做了初步工作，没有来得及做进一步删改，就圆寂了，十分可惜。此外义净又在一切有部律中，摘抄一些经文，如《摩竭鱼因缘》等四十二经四十九卷，这些经典只是整理工作，不是翻译，“既是别生抄经，不合为翻译正数，今载别生录中”④。《宋高僧传》卷一说义净译经“五十六部二百三十卷”，只是专门指译经的经目。《贞元新定释教目录》卷十三说义净有“六十一部二百三十九卷”，是将他写作的五部佛书加入其中。《大唐龙兴翻经三藏义净法师之塔铭（并序）》说“前后所翻经总一百七部都四百二十八卷，并敕编入一切经目”⑤。这是将他整理的经典全部计入，得出的总数。不管怎样“（义）净

① 《贞元新定释教目录》卷十三，CBETA，T55，no.2157，p.871，b25–c1。

② 《贞元新定释教目录》卷十三，CBETA，T55，no.2157，p.872，a2–9。

③ 《宋高僧传》卷一，CBETA，T50，no.2061，p.711，a4–9。

④ 《开元释教录》卷九，CBETA，T55，no.2154，p.569，a27–29。

⑤ 《贞元新定释教目录》卷十三，CBETA，T55，no.2157，p.871，c17–19。

虽遍翻三藏，而偏攻律部，译缀之暇，曲授学徒，凡所行事皆尚急护，漉囊涤秽，特异常伦，学侣传行遍于京洛，美哉，亦遗法之盛事也”[①]。

五、义净与海上丝绸之路

义净三藏是践行中外佛教文化交流的使者，他“叹五明之未具，乃裹粮负笈，蹑屩担簦，以咸亨二年发自全齐，达于广府，泛舶南海，达指中天。周流三十余国，凡经二十五载，探贝叶微言四百余部，得真容舍利三百余粒，传灯愿满，振锡而还”[②]。他比玄奘在印度的时间还长8年，带回经典300多部。他选择走水路，是海上丝路的代表。当时中国航海技术与海上装备已经达到新的水平，特别是唐朝乃世界少有的几个大国之一，大唐气象刺激了唐代商贸发展，海路是唐代最重要的贸易途径之一。义净形容当时码头的情况是：“大海虽难计里，商舶串者准知，良为掘伦。”[③]可知因为贸易，在码头的船只排成了大队。有的商人因为太贪心，“然所附商舶载物既重，解缆未远起忽沧波，不经半日遂便沉没”[④]。总之，借助于贸易的交通工具，宗教与文化交流搭上了贸易直通车，随着时代的不同而自动进行升级。

据记载，唐代有一种木兰舟，“浮南海而南，舟如巨室，帆若垂天之云，柂长数尺。一舟数百人，中积一年粮，豢豕酿酒其中，置死生于度外，径入阻碧，非复人世。人在其中，日击牲酣饮，迭为宾主，以忘其危。舟师以海上隐隐有山，辨诸蕃国皆在空端，若曰往某国，顺风几日。望某山，舟当转行某方。或遇急风，虽未足日，已见某山，亦当改方。苟舟行太过，无方可返，飘至浅处，而遇暗石，则当瓦解矣。盖其舟大载重，不忧巨浪，而忧浅水也。又大食国更越西海，至木兰皮国，

① 《宋高僧传》卷一，CBETA，T50，no.2061，p.711，a9–13。
② 《贞元新定释教目录》卷十三，CBETA，T55，no.2157，p.871，c9–13。
③ 《南海寄归内法传》卷一，CBETA，T54，no.2125，p.205，b17–18。
④ 《大唐西域求法高僧传》卷一，CBETA，T51，no.2066，p.3，a11–12。

则其舟又加大矣。一舟容千人，舟上有机杼市井，或不遇便风，则数年而后达，非甚巨舟，不可至也”①。木兰舟大可容纳千人，人可长住一年甚至数年，舟上还有市井商场，说明当时造船技术与航海技术已经非常先进，《一切经音义》卷一说“苍舶，大船也”，“大者长二十丈，载六七百人者是也”，② 与木兰舟相比，已是小巫了。大船又因为体量巨大，吃水深度要求太高，根本无法在浅水中靠岸，许多小船围绕大船做生意，唐代可凌法师“彼见舶至争乘小艇有盈百数，皆将椰子、芭蕉及藤竹器来求市易”③。史书又载：“南海舶外国船也。每岁至安南、广州、师子国舶最大，梯而上下数丈，皆积宝货。”④ 前往东南亚与印度的佛教僧人，都得先坐小船，再转大船，例如真谛“又泛小舶至梁安郡（今泉州），更装大舶欲返西国”⑤。每年 11 月，从广州到佛逝（今印度尼西亚）的海上航行可感受到“向朱方而百丈双挂，离箕创节；弃玄朔而五两单飞，长截洪溟；似山之涛横海，斜通巨壑，如云之浪滔天”⑥ 的动人心魄之惊涛骇浪。航行技术先进，船舶吃水量增大，促进了频繁的佛教文化交流，搭载的佛经数量剧增，可凌法师曾在羯荼国，“所将梵本三藏五十万余颂，唐译可成千卷，居佛逝矣”⑦。先把这千卷佛经拉到了佛逝，然后再搭船运回国。

唐代大国地位与先进的航海技术，为中外佛教交流提供了更好的条件，海上丝路正在发挥着更多的作用。虽然这时陆上丝绸之路仍然还有很多人前赴后继，但是通过海上前往印度的人则更多，而且很多都是中国僧人，义净形容取经的感觉是：“鹫岭寒风驶，龙河激水流，既喜朝闻日复日，不觉颓年秋更秋，已毕祇山本愿，诚难遇终望，持经振锡往

---

① 文津阁《四库全书・史部・地理类》第 8-10 页，《岭外代答》卷六。
② 《一节经音义》卷一，CBETA，C056，no. 1163，p. 818，a6-8。
③ 《大唐西域求法高僧传》卷二，CBETA，T51，no.2066，p.8，a3-5。
④ 文津阁《四库全书・子部・小说家类》第 18—20 页，《唐国史补》卷下。
⑤ 《续高僧传》卷一，CBETA，T50，no.2060，p.430，a12-13。
⑥ 《大唐西域求法高僧传》卷二，CBETA，T51，no.2066，p.7，c23-28。
⑦ 《大唐西域求法高僧传》卷二，CBETA，T51，no.2066，p.8，b12-14。

神州。”①

古人认为中国古代译经，唯有中国人自己的翻译最接地气。“译之言易也，谓以所有易所无也。譬诸枳橘焉，由易土而殖，橘化为枳，枳橘之呼虽殊，而辛芳干叶无异。又如西域尼拘律陀树，即东夏之杨柳，名虽不同，树体是一。自汉至今皇宋，翻译之人多矣。晋魏之际，唯西竺人来，止称尼拘耳。此方参译之士，因西僧指杨柳，始体言意。其后东僧往彼，识尼拘是东夏之柳，两土方言一时洞了焉。唯西唯东，二类之人未为尽善，东僧往西学尽梵书，解尽佛意，始可称善。传译者，宋齐已还，不无去彼回者。若入境观风，必闻其政者，奘师法师为得其实。此二师者，两全通达，其犹见玺文，知是天子之书可信也。周礼象胥氏，通夷狄之言。净之才智，可谓释门之象胥也欤。”② 东西人士因为受到不同文化的影响，说话也不尽相同，对文化的理解也有差异，这些现象最终影响到佛经的翻译质量，但是在中国佛教界里，为了保证质量，译场专门立有制定与翻译的原则，并且制订了一系列的工序来进行把关，在唐宋时期中国佛教界里“通夷狄之言”的人才大有人在，对梵文等文字的佛经翻译与理解，已经不是大碍。

义净说佛教求法，“观夫自古神州之地，轻生殉法之宾，显法师则创辟荒途，奘法师乃中开王路，其间或西越紫塞而孤征，或南渡沧溟以单逝，莫不咸思圣迹，罄五体而归礼，俱怀旋踵，报四恩以流望”③。唐代是中国佛教完成中国化的高涨时期，佛经翻译已经转由以中国人为主导的译场完成，其中玄奘译场是一个标志。义净译场是紧接玄奘之后的第二个由中国人在京城建立的重要译场。又因为他在海外生活 20 余年，既通梵语，又懂中国传统文化，所以像他这样的“象胥”之人所译的经，肯定是接地气的，例如他能够一天之内翻译三部小经，足以见得他的梵文与中文都达到了相当水平，否则不可能做到这样的事情。

---

① 《大唐西域求法高僧传》卷二，CBETA，T51，no.2066，p.10，a11–13。
② 《宋高僧传》卷一，CBETA，T50，no.2061，p.711，a19–b4。
③ 《大唐西域求法高僧传》卷一，CBETA，T51，no.2066，p.1，a9–12。

六、义净与印度佛经

义净利用先进的大船航海技术，取道南海，前往西天取经，“鼓舶鲸波，到诃陵国”，[①]最终完成了历史使命，光炳万世，惠照后人。他带回来的经典，有很多已经在国内有译本，他又进行了新译，例如《金光明最胜王经》十卷（第五译）、《能断金刚般若波罗蜜多经》一卷（第五译）、《药师琉璃光七佛本愿功德经》二卷（第四译）、《弥勒下生成佛经》一卷（第三译）、《佛为胜光天子说王法经》一卷（第三译）、《浴像功德经》一卷（第二译）、《数珠功德经》一卷（第二译）、《观自在菩萨如意心陀罗尼呪经》一卷（第三译）、《曼殊室利菩萨呪藏中一字呪王经》一卷（第二译）、《大孔雀呪王经》三卷（第八译）、《佛顶尊胜陀罗尼经》一卷（第五译）、《掌中论》一卷（第二译）、《五蕴皆空经》一卷（第二译）、《龙树菩萨劝诫王颂》一卷（第三译）。此外，还有一些经典有的是一纸或二纸，乃至六纸，字数几百到上千，乃至上万的“小经”，这些小经绝大部分都是过去没有的“新译”。现将新译出的经典汇总如下：[②]

序号	经 名	卷数	译出时间	译出地点	字数
1	庄严王陀罗尼呪经	一卷	大足元年九月二十三日	东都大福先寺	1700
2	善夜经	一卷	大足元年九月二十三日	东都大福先寺	1400
3	大乘流转诸有经	一卷	大足元年九月二十三日	东都大福先寺	1000
4	妙色王因缘经	一卷	大足元年九月二十三日	东都大福先寺	1700
5	无常经（亦名三启经）	一卷	大足元年九月二十三日	东都大福先寺	2500
6	八无暇有暇经	一卷	大足元年九月二十三日	东都大福先寺	2000
7	香王菩萨陀罗尼呪经	一卷	神龙元年	东都大福先寺	1000

① 《大唐西域求法高僧传》卷一，CBETA，T51，no.2066，p.3，c7。

② 所依据的义净目录选自《开元释教录》卷九，CBETA，T55，no.2154，p.567，a19。

续表

序号	经 名	卷数	译出时间	译出地点	字数
8	佛说一切功德庄严王经	一卷	神龙元年七月十五日	东都大福先寺沙门玄伞笔受	6500
9	佛为海龙王说法印经	一卷	景云二年六月二十三日	大荐福寺翻经院，玄伞、智积等笔受	340
10	略教诫经	一卷	景云二年闰六月二十三日	大荐福寺翻经院，智积等笔受	600
11	能断金刚般若波罗蜜多经论颂	一卷	无著菩萨造，景云二年	大荐福寺翻经院玄伞、智积等笔受	1900
12	观总相论颂	一卷	陈那菩萨造，景云二年	大荐福寺翻经院，智积等笔受	300
13	止观门论颂	一卷	世亲菩萨造，景云二年	大荐福寺翻经院，玄伞等笔受	2000
14	手杖论	一卷	尊者释迦称造，景云二年	大荐福寺翻经院，玄伞等笔受	3000
15	能断金刚般若波罗蜜多经论释	三卷	无著菩萨颂，世亲菩萨释，景云二年	大荐福寺翻经院玄伞、智积等笔受	15000
16	集量论	四卷	景云二年	不详	
17	法华论	五卷	莫知造者，单重未悉，景云二年	下二部九卷失本	
18	一百五十赞佛颂	一卷	尊者摩咥里制吒造于中印度那烂陀寺，景云二年	荐福寺重更回缀	3800
19	根本萨婆多部律摄	二十卷或十四卷	尊者胜支集，久视元年十二月二十三日	东都大福先寺	
20	取因假设论	一卷	陈那菩萨造，长安三年十月四日	西明寺译，沙门惠表笔受	4200
21	六门教授习定论	一卷	无著菩萨本，世亲菩萨释，长安三年十月四日	西明寺	4800

续表

序号	经 名	卷数	译出时间	译出地点	字数
22	根本说一切有部毘奈耶	五十卷	长安三年十月四日	西明寺，波仑、惠表等笔受	
23	根本说一切有部尼陀那目得迦	十卷或八卷	长安三年十月四日	西明寺	
24	根本说一切有部百一羯磨	十卷	长安三年十月四日	西明寺	
25	长爪梵志请问经	一卷	久视元年十二月二十三日	东都大福先寺	1200
26	观所缘论释	一卷	护法菩萨造，景龙四年四月十五日	大荐福寺翻经院，玄伞、智积等笔受	4900
27	拔除罪障呪王经	一卷	景龙四年	大荐福寺翻经院	920
28	譬喻经	一卷	景龙四年	大荐福寺翻经院，玄伞等笔受	600
29	疗痔病经亦云“痔瘘”	一卷	景龙四年	大荐福寺翻经院，玄伞等笔受	600
30	根本说一切有部苾刍尼毘奈耶	二十卷	景龙四年	大荐福寺翻经院	
31	根本说一切有部毘奈耶杂事	四十卷	景龙四年	大荐福寺翻经院	
32	根本说一切有部戒经	一卷	景龙四年	大荐福寺翻经院	12000
33	根本说一切有部苾刍尼戒经	一卷	景龙四年	大荐福寺翻经院	12000
34	根本说一切有部毘奈耶杂事摄颂	一卷	景龙四年	大荐福寺翻经院	六纸
35	根本说一切有部尼陀那目得迦摄颂	一卷	景龙四年	大荐福寺翻经院	藏经无此经

续表

序号	经 名	卷数	译出时间	译出地点	字数
36	根本说一切有部毘奈耶颂	五卷，现为三卷	尊者毘舍佉造，景龙四年	大荐福寺翻经院，先在西域那烂陀寺译出，还都删正，景龙奏行	42000

上表中的经典都是义净从印度等地取回来的新经典，在过去还没有被译出来。义净翻译的经典，除了说一切有部的律本比较集中，部头达数十卷之外，其他的都是一些字数不多的小经，说明印度佛教正在进入晚期，类似600卷的大部头般若经在印度已经不再出现。虽然这时般若经仍然得到重视，如东印度三摩呾咤国①国王曷罗社跋乇，②既深敬三宝为大邬波索迦，③深诚彻信光绝前后，“每于日日造拓模泥像十万躯，读大般若十万颂，用鲜华十万寻，亲自供养，所呈荐设，积与人齐”④。但是更多

① 《大唐西域记（校点本）》卷十云：“三摩呾咤国，周三千余里。滨近大海，地遂卑湿。国大都城周二十余里。稼穑滋植，花果繁茂。气序和，风俗顺。人性刚烈，形卑色黑。好学勤励，邪正兼信。伽蓝三十余所，僧徒二千余人，并皆遵习上座部学。天祠百所，异道杂居，露形尼干，其徒特盛。去城不远有窣堵波，无忧王之所建也，昔者如来为诸天、人于此七日说深妙法。傍有四佛座及经行遗迹之所。去此不远，伽蓝中有青玉佛像，其高八尺，相好圆备，灵应时效。从此东北大海滨山谷中有室利差呾罗国。次东南大海隅有迦摩浪迦国。次东有墮罗钵底国。次东有伊赏那补罗国。次东有摩诃瞻波国，即此云林邑是也。次西南有阎摩那洲国。凡此六国，山川道阻，不入其境，然风俗壤界，声问可知。自三摩呾咤国西行九百余里，至耽摩栗底国。（东印度境）。”（CBETA，B13，no.80，p.788，a8–789a1）

② 《大唐西域记（校点本）》卷八又云：“三摩呾咤国之王族，婆罗门之种也。少好学，有风操，游诸印度，询求明哲。至此国那烂陀僧伽蓝，遇护法菩萨，闻法信悟，请服染衣，咨以究竟之致，问以解脱之路，既穷至理，亦究微言，名擅当时，声高异域。”（CBETA，B13，no.80，p.738，a7–9）

③ 《释氏要览》卷一云：“优婆塞　秦言善宿男，谓离破戒宿故。又梵云邬波索迦，唐言近事男。谓亲近承事诸佛法故。天竺受五八戒，俗人称之，亦云清信士。《瑜伽论》云：具足三德，一意乐净，谓于三宝远离疑惑，圆满戒法，求出世故。二能作三宝事。三能引发同法。《阿含经》云：圆满八支。谓信、戒、施、听法、受持、解义。如说修行。”（CBETA，T54，no.2127，p.262，a26–b13）

④ 《大唐西域求法高僧传》卷二，CBETA，T51，no.2066，p.8，c1–5。

的还是一些字数不多的小经，它们的文字含量不大，但是并不等于不受重视，因为小经很可能就是在百姓中间口耳相传，日常念诵的经典，就像在中国佛教中，260字的《心经》一直受到佛教徒重视，成为每天功课必诵的经文，所以小经不小，我们不能拿字数或体系去要求佛教经典，重要的是看它在佛教徒中产生多大的影响，有多少人去念诵。

义净还在《大唐西域求法高僧传》中介绍了当时的佛学研究，可知上座部佛学较为流行。汉僧会宁律师在诃陵国（今马来西亚）与若那跋陀罗法师，“于阿笈摩经内译出如来涅槃焚身之事，斯与大乘涅槃颇不相涉。然大乘涅槃西国净观见目云：其大数有二十五千颂，翻译可成六十余卷，检其全部竟而不获，但得初大众问品一夹，有四千余颂。会宁既译得阿笈摩本，遂令小僧运期奉表赍经还至交府，驰驿京兆奏上阙庭，冀使未闻，流布东夏”[①]。“阿笈摩经”是“阿含经”，会宁律师在“阿笈摩经”里面找到了与大乘所说的佛陀涅槃不一样的内容，而且“有二十五千颂，翻译可成六十余卷”，会宁律师只翻译了最初四千颂的“大众问品”一卷，表明部派佛教的佛学仍然还在发展，早期佛教的根本经典阿含经还在不断地被丰富内容，与涅槃有关的经典可以达到60余卷，看来当时的部派佛学极有可能正在朝着大乘涅槃佛性学说的方向发展。

七、结语

南印度靠印度洋，是义净等人到达印度的目的港，也是从印度到斯里兰卡等地的起锚地，法显曾在这里“于是载商人大舶泛海南行，得冬初信风，昼夜十四日，到师子国”[②]。学者认为大乘佛教很可能是起源于南印度，如日本学者平川彰说：“‘如来灭后，般若波罗密流布于南印度，由南方流布于西方，由西方流布于北方。’这记载同样出现在《小品般若

① 《大唐西域求法高僧传》卷一，CBETA，T51，no.2066，p.4，a2–14。
② 《高僧法显传》，CBETA，T51，no.2085，p.864，c8–10。

经》、《大品般若经》，被解释为是表示般若经起于南方。”[①]《华严经》出现在南印度，与般若空义思想有交集，后来出现的唯识经典，是在与般若思想的争论中起来的，了解般若与唯识这二大印度大乘佛教的思潮，是中国佛教徒到印度取经的最终目的，而这一活动又与当时的先进航海交通有着密切的联系，义净记载“于时商人风便举帆高张，遂被载来求住无路”，[②]航海的巨大风险，挡不住佛教僧侣前往西天求法的意志，僧人释含光“去时泛舶海中，遇巨鱼望舟，有吞噬之意。两遭黑风天，吴异物之怪，既从恬静，俄抵师子国”[③]。释智慧，梵名般剌若也。“常闻支那大国文殊在中，锡指东方誓传佛教，乃泛海东迈，垂至广州。风飘却返，抵执师子国之东。又集资粮重修巨舶，遍历南海诸国。二十二年，再近番禺，风涛遽作，舶破人没，唯慧存焉。”[④]沙门玄照“长途险隘为贼见拘，既而商旅计穷控告无所”[⑤]。义净说求法取经是“圣徒往传余响，龙宫秘典海中探，石室真言山处仰，流教在兹辰，传芳代有人。沙河雪岭迷朝径，巨海鸿崖乱夜津，入万死，求一生，投针偶穴非同喻，束马悬车岂等程。不徇今身乐，无祈后代荣，誓舍危躯追胜义，咸希毕契传灯情”[⑥]。中国佛教就是在这些知名或不知名的僧人努力中而得到了发展，又在中外佛教徒的共同努力之下，得以弘扬，其中佛教的译场对佛教的发展起到过至关重要的作用，没有义净等人致力于佛经的翻译，就不会有今天的深邃佛教与佛教中国化的成功。

（于光，中国社会科学院世界宗教研究所研究员
黄夏年，中国社会科学院世界宗教研究所研究员）

① ［日］平川彰著，庄昆木译：《印度佛教史》，台湾商周出版社 2002 年版，第 214 页。

② 《大唐西域求法高僧传》卷二，CBETA，T51，no.2066，p.11，a26–29。

③ 《宋高僧传》卷二十七，CBETA，T50，no.2061，p.879，b14–19。

④ 《宋高僧传》卷二，CBETA，T50，no.2061，p.716，b2–8。

⑤ 《大唐西域求法高僧传》卷一，CBETA，T51，no 2066，p.1，c6–7。

⑥ 《大唐西域求法高僧传》卷二，CBETA，T51，no.2066，p. 9，c25–10a2。

东南亚艺术研究的问题与挑战

毛小雨

摘　要： 近些年，随着中国与东南亚国家的经贸往来增加，中国的高等院校和科研机构对东南亚的研究开始重视，但是由于这方面的研究底子薄，中国在东南亚或东南亚艺术研究方面还有不少误区。如，东南亚的地理概念与国际组织东盟的概念分不清，对东南亚多元文化的形态，东南亚文化的源头之一印度也语焉不详。因此，本文提出要建立东南亚艺术的研究体系，需要完成这几个步骤，即：实地调研—文献搜集—国别艺术史—艺术分类概论，从而构成以中国人视角为出发点的东南亚艺术理论的框架，形成中国研究学派。

关键词： 东南亚　东盟　艺术

自从2003年国务院决定于2004年起在广西南宁举办中国—东盟博览会开始，中国与东南亚国家的关系掀开了以经贸、文化交流为主的新篇章。中国与东南亚国家间的国际组织东盟的交往更为密切。

东南亚国家联盟（Association of Southeast Asian Nations — ASEAN），简称东盟（ASEAN）。其前身是马来亚（现马来西亚）、菲律宾和泰国于1961年7月31日在曼谷成立的东南亚联盟。1967年8月7－8日，印度尼西亚、泰国、新加坡、菲律宾四国外长和马来西亚副总理在曼谷举行会议，发表了《曼谷宣言》(《东南亚国家联盟成立宣言》)，正式宣告东南亚国家联盟成立。目前成员国有马来西亚、印度尼西亚、泰国、菲律宾、新加坡、文莱、越南、老挝、缅甸和柬埔寨十个国家。

由于东盟国家是中国的近邻，辐射广阔，面积达 4522518 平方千米，人口截止到 2018 年底，估计有 6.51 亿。加之其地理位置重要，历史上和中国有密切往来，因此，当中国与东盟国家之间深化合作以后，中国成了东盟的最大贸易伙伴，据统计，2018 年向中国出口占比 14.1%，从中国进口占比 20.3%。超过欧盟、美国、日本。经济的交流促进了文化的发展，在中国西南地区，十多年来，以中国—东盟冠名的各种文化活动比比皆是，如中国—东盟曲会，中国—东盟教育论坛等等，不一而足。甚至还建立起中国—东盟学院，设立了相关专业。

然而，教育和学术研究不是光凭热情和投入就能一蹴而就的，我们对东盟国家了解多少？我们有满足经济发展和文化交流的人才和专家吗？这些不好回答。其实，还有不少短板需要弥补。

在学术话语中徘徊的东南亚与东盟

东南亚是一个地理概念，一般是指中国以南，印度以东，新几内亚以西，澳大利亚以北这一块区域，包括中南半岛和马来群岛两大部分。中南半岛因位于中国以南而得名，南部的细长部分叫马来半岛。马来群岛散布在太平洋和印度洋之间的广阔海域，是世界上最大的群岛，共有两万多个岛屿，陆地面积约 243 万平方千米，分属印度尼西亚、马来西亚、东帝汶、文莱和菲律宾等国。

古代，东南亚在中国的地理书上被称为“南海”或“南洋”，意指其位于中国南方、以海洋地形为主。西方国家因其位于印度以东，称之为“远印度”或“印度群岛”。作为一个地理名称，东南亚与第二次世界大战期间，盟军在亚洲东南部设立“东南亚最高统帅部”有关。后来约定俗成，“东南亚”这个名称即被世界各国接受并沿用至今。

东南亚号称世界的十字路口，地理位置十分重要。由于特殊的地理环境和复杂的民族构成，造就东南亚文化诸色杂陈，纷繁复杂。

在中南半岛，这里的文化是印度支那（缅甸、柬埔寨、老挝和泰国）

和中国文化（新加坡和越南）的混合。而在印度尼西亚、菲律宾和马来西亚，这里的文化是多种文化融合的南岛土著文化，是印度、伊斯兰、西方文化与中国文化的产物。而在文莱，其文化也显示出了来自阿拉伯的强大影响力。新加坡和越南所受的中国文化影响更多。在新加坡，虽然在地理上其是东南亚国家，但其人口占大多数的华人很好地保存了中国文化；越南在历史上长时间以来很多地方都属于中国的行政管理范围，中国文化在这里有着清晰的印记。新加坡受印度文化的影响也是明显的，这是通过泰米尔移民输入的。虽然如此，有学者认为“东南亚国家既不是‘小印度’，也不是‘小中国’。这两个大国对该地区的影响不能被忽视，即便它们影响的程度和效果存在争议。不过，将东南亚国家视为是文化独立的单元也已成为一种共识”①。

东盟是一个国际组织，其主题口号是“同一个愿景，同一个身份，同一个社群”（One Vision，One Identity，One Community），虽然口号如此，但它是无法涵盖东南亚的多元文化和族群身份的，并且，其影响力与欧盟相比不可同日而语。对东南亚国家进行研究或教学笼统地一言以蔽之用东盟来概括，会让人感觉不够深思熟虑。

在东南亚地区早期，民族纷争剧烈，领土变化不断。第一批来的是南岛人（马来—波利尼西亚语族），有时被描述为原始马来人和续至马来人。他们一度占领了东南亚大陆的东半部，但后来被南亚语系族群推向南方和岛屿。目前，南岛人居住在马来西亚、印度尼西亚和菲律宾。有三个主要的南亚语系族群，孟族、高棉族和越南芒族。孟族曾一度占统治地位，但在 18 世纪失去了民族认同，被缅甸人和泰族人所吸收；现在只有几千名孟邦人生活在缅泰边境附近。从 9 世纪到 15 世纪，高棉建立了一个伟大的帝国，但是后来它的大部分领土都被它的邻国夺走了，所以今天只有柬埔寨这个小王国仍然存在。越南芒族现在占领了目前越南

① ［澳］米尔顿·奥斯本著，郭继光译：《东南亚史》，商务印书馆 2012 年版，第 5 页。

这块区域。在同一时代的早期几个世纪里，一个藏缅部落的民族骠族在伊洛瓦底河谷建立了一个城邦帝国，之后骠族消失了，缅甸取得了领导地位，建立了蒲甘王国，并一直统治缅甸，直到今天。13世纪，傣泰族—掸族在中国云南失去了南诏王国，进入湄南河谷，建立了王国，后逐渐演变为暹罗和老挝王国。

因此，我们用现在东盟国家的领土概念和政治实体来描述古代东南亚国家的状况是不贴合实际的，特别是在艺术方面的描述，更是难以进行。

譬如泰国的混杂剧，由昭·披耶·玛希萨塔隆（Chao Phraya Mahinsakthamrong）引入别国的历史演义小说进行改编，重新设计表演中的服饰、舞姿和配乐等，使其与所演绎的故事相符。混杂剧发展初期，剧本是根据其他国家的历史演义小说概要改编而成，写成完整的剧本后用歌舞的形式表现出来，把剧本和歌舞融合一起成为戏剧。在表演的时候，演员随着剧本内容和音乐节奏而起舞，故事情节根据戏剧唱词而推进，有些表演方式和洛坤诺剧（宫外剧）一样，由领唱或伴唱者负责整台戏剧唱词，这使戏剧情节紧凑，不拘泥于形式，有时领唱会在适当的环节中加入幽默的唱词以调节气氛。至于演员分角色演唱的情况，则重视唱词和对话的遣词使情节更富戏剧性和趣味性。根据戏剧情节需要，舞姿、歌词、配乐等均可加入外族色彩，例如缅甸南部孟族人的语音语调高低起伏，而中国人的泰语夹杂着比较重的中文口音。甚至有时歌唱部分全部模仿中国人口音，例如《汉达瓦底斗争史》中中国军队逼近阿瓦王都的情节片段，中国军队出兵前按照风俗习惯会歌唱一小段以示军威。另外在著名的《帕罗》剧本里，出现了许多来自老挝的曲子，如《老挝大潘曲》：

嘉龙河水，潺潺而叹，涔涔而泣，倾诉哀伤。
思忆初衷，辞别曼颂，跨越国疆，相赴异邦。
帕芃帕萍，汝等万幸，未曾落难，流离他乡。

分袂故土，舍弃宫殿，忍别嫔妃，宫女随从。
辞别王母，执意远行，抛弃家国，舍罢天下。
丽姿多娇，郁郁痴恋，相思郁结，恐将终别于林。

这种以老挝命名的曲子还有《老挝赏林曲》《老挝乾曲》《老挝哭泣曲》等，之所以在泰国的剧种里有大量老挝的曲子，这是因为泰国曾经占领过老挝的大量领土，将老挝文化变成了泰国文化的一部分。

由此可见，当人们以东盟的概念解读这些艺术研究中的问题，而不是以历史的发展的眼光来看的话，可能会语焉不详，南辕北辙。

东盟在历史的长河中只不过是一个阶段性的国际组织，其联络是松散的，国际影响力也比较微弱，根本无法和一些著名的国际组织相比，如欧洲联盟。欧盟作为世界上最大的经济体，在国际事务中具有不可忽视的影响力。欧盟目前有 28 个成员国（英国脱欧后还有 27 个国家），其中大部分是富裕发达的国家，随着欧洲一体化发展的逐步加强，欧盟在世界上的存在感会越来越高，也将会更深刻地影响世界局势。东盟的发展目标虽然与欧盟也很相似，最终目的都是建成一体化的国家组织，促进各成员国发展与进步。然而就目前形势来看，欧盟与东盟在世界上的地位相差甚远，东盟既没有统一的市场，也没有统一的货币，经济实力更是无法与欧盟相提并论，国际影响力方面也没有可比性。东盟很可能只是历史长河中的一个短暂过客。所以，学术研究，尤其是侧重民族个性以及历史变迁的文学艺术来说，用东盟概念名之，确实有欠妥当。也不可能整合之后进行统一的教学和研究。

面对多元文化的茫然

东南亚国家几乎每一个都是多民族、多语言的，国家内部之间交流起来都不是那么方便。东盟缔约国推出的各国官方语言，就有 10 种。它们是：缅甸语、菲律宾语、印尼语、高棉语、老挝语、马来语、华语、泰米尔语、泰语和越语。

其实，东盟任何一个国家内部选出一种通用语言都不容易，人民交流起来往往南辕北辙，甚至为了争夺语言官方地位，纷争并不少见。譬如印度尼西亚人除了讲印尼语之外，至少能流利地使用700多种当地土著语言中的一种，例如，爪哇语、巽他语和巴厘语，这些语言一般在印度尼西亚国内和当地社区内使用。还有新加坡，这个华人占3/4的国家，却以只占不到本国人口15%的马来人的语言——马来语作为自己的国语，并且将英语、华语、马来语、泰米尔语同时列为官方语言。

除了语言之外，在东南亚，宗教和民族是多元的，每一个国家都不止一个民族，信奉的宗教各式各样。东南亚人信奉的宗教有佛教、印度教、伊斯兰教和基督教等。伊斯兰教是东南亚流布最广的宗教之一，信徒人数约2.4亿，占东南亚总人口的40%，主要处于印度尼西亚、文莱和马来西亚以及菲律宾南部。佛教在泰国、柬埔寨、老挝、缅甸、越南、新加坡等国占有优势。在越南和新加坡，祖先崇拜和儒家思想也广泛流传。基督教在菲律宾、印度尼西亚东部、马来西亚和东帝汶占主导地位。菲律宾拥有亚洲最大的罗马天主教人口。东帝汶主要信奉罗马天主教。人们可以在新加坡、马来西亚等国看到印度教大神毗湿奴的造像，造像之上的鹰成了泰国和印度尼西亚国家的象征；在菲律宾的巴拉望、棉兰老岛，考古发现了印度教的神像。巴厘岛的印度教和印度本土的印度教在宗教仪式方面有了很大的不同，具有了浓重的地方色彩。在越南，流行大乘佛教。而在缅甸、老挝，小乘佛教有着广泛的信众，那金光闪闪的佛塔就是明证。在马来西亚、新加坡等地，中国的儒学传统被华人传承，也被西方的学者当成一种宗教，成了东南亚多民族、多宗教、多元文化的一个有机组成部分。

16世纪后，作为海上要冲的东南亚被崛起的西方海上霸主觊觎，葡萄牙、荷兰、西班牙、英国、法国和美国先后占领这里，划分自己的势力范围。殖民者为该地区带来了西方的宗教、语言与习俗。使西方文化在殖民地得到了广泛传播。来自西方的文化元素与东南亚本土的传统和文化习俗接触碰撞后，使东南亚国家在保留传统文化的同时，也逐渐吸收西方文化。西方殖民文化作为强势的一方，在文学艺术方面给东南亚本土文化带来了一场冲突和洗礼。虽然说东南亚各国原有的族群多样性和文化多样性受到一些影响，但是在很大程度上还是保持了本土文化的复杂性与特殊性。在被西方国家殖民统治的时期，东南亚国家各族群对西方宗教、语言等文化或接纳或抵抗，但总的来说，西方文化对东南亚近现代文化特征的形成起到了激化辅助作用。虽然说摆脱殖民主义，一直以来是东南亚各国人民的愿望，也是艺术创造的动力。但国家独立、主权回归、殖民者逐渐撤离之后，殖民主义的影响却并无法在短时间内消除，而是持续作用于各国的政治经济和社会文化领域。

语言、文化、宗教反差如此之大，研究的定位是非常困难的。所以，迄今为止，难以出现东南亚艺术的研究专家，和这个原因有很大的关系。中国学者的国外问题研究往往是基于语言的学习进行的，概论式的介绍多，深入所在国就某一专题做打井式的挖掘比较少，难以深耕细作，所以往往对艺术问题做浮光掠影的叙述，中国与东南亚国家虽为近邻，但我们对其是雾里看花，影影绰绰，更甚的是充耳不闻，一无所知。

了解东南亚，必先懂印度

在东南亚的中南半岛地区，有一个词非常形象地说明了其文化背景，印度支那，又译印度支那半岛，指亚洲东南部东临南海，西濒印度洋的半岛，因位于中国以南、印度以东而得名。包括今日的缅甸、泰国、老挝、柬埔寨、越南、马来半岛等地。

从公元前 2 世纪起，中国和印度这两个亚洲的文明开始进行辗转的贸易。在古代，从中国到印度之间的通道大概有四条：1. 直接翻越青藏高原穿过喜马拉雅山脉；2. 穿过西域和中亚的戈壁沙漠再经过现在的阿富汗向南（玄奘取经的路线）；3. 穿过云南和缅甸的热带雨林（南方丝绸之路）；4. 从海路过中国南海经马六甲海峡绕过马来半岛（海上丝绸之路）。由于后两条路线都要经过印度支那诸国，这些区域或国家受到中国及印度的政治及文化影响。

据考证，早在公元前，印度文明已开始越过孟加拉湾，传播到东南亚的岛屿和大陆；而到公元 5 世纪，印度化的国家，即按印度政治理论的传统所主导，并且信奉佛教或印度教的国家，已经在缅甸、泰国、柬埔寨、马来西亚和印度尼西亚的许多地区建立起来。公元 1 世纪时，由于受香料和矿产资源的吸引，前往东南亚诸岛屿和沿海地区的印度商人愈来愈多，两地之间的交往也愈来愈广泛。而印度的宗教人士，无论他们属于婆罗门教还是佛教，也沿着这些商旅之路来往于南亚和东南亚两地之间，同时，他们成为文化的传播者。梵文、巴利文被普遍使用，在东南亚已经发现的公元 7 世纪的碑刻中，大部分用梵文书写。东南亚本地人参照古代印度的文字创造出自己的文字，如骠文和孟文，其中包括大量起源于梵语和达罗毗荼语的词汇。现在的一些东南亚语言，例如泰语，仍然明显地用源出于印度式样的字体书写。不少王室根据印度的法典制定了自己的法律。印度的史诗，如《罗摩衍那》和《摩诃婆罗多》两大史诗等成为文学作品和造型艺术的主要题材。

皇家寺院变成了东南亚古典印度化风格的大本营。每座印度教寺庙中心都有一座神殿，象征着地球上的天堂，神殿顶上有一座塔状屋顶，代表着被构想为创世中心的印度须弥山。除了佛教、印度教风格的建筑、雕刻外，印度的绘画、文学、音乐、舞蹈等，在这一地区也产生了很大影响，东南亚国家的人民从印度文化中汲取了有益的养分，创造出具有本民族特色的本土文化。例如，印度舞蹈对东南亚传统舞蹈产生了重要影响，包括艺术法则，手势语汇、表情规范、剧目结构、人物造型、服装色彩、化装造型等等。比如印度有一百零八个“卡那拉”舞姿，这种艺术规范方法传到泰国后便成了泰国舞蹈家总结规范自己民族传统舞姿的方法。

印度的两大史诗《摩诃婆罗多》和《罗摩衍那》成了东南亚传统戏剧创作取之不竭的源泉。如印度尼西亚的古典皮影戏、人偶戏，马来西亚的吉兰丹皮影戏、玛雍戏，泰国的孔剧、大皮影戏，柬埔寨的考尔剧，缅甸的木偶戏，老挝的洛坤剧等，大都以两大史诗故事为题材。

由此可见，和中国文化在东南亚大多在华人族群中流传方式不同，印度文化和东南亚文化已经融为一体，如果不了解印度文化，就搞不清东南亚文化的源与流，也对东南亚艺术的题材与表现方式讲不清。

建立东南亚艺术研究体系

目前，中国对东南亚艺术的研究还处于刚刚起步的阶段，应该说连轮廓还没有描画出来。如果进行艺术教育和艺术研究的话，应该从东南亚艺术的分类开始。

现在，东南亚艺术大致分为四类，文学、音乐、表演艺术和视觉艺术。这是因为文学和艺术有着紧密的关系，东南亚艺术的内容大多和文学有关。研究文学不能忽略东南亚文学的本土特色和作家地位。同时要把殖民统治之前和殖民统治之后的文学区别开来。有文学传统的东南亚国家在殖民统治之前是缅甸、泰国、老挝、柬埔寨、越南、马来西亚和印度尼西亚，在殖民年代和现代则是缅甸、泰国、老挝、柬埔寨、越南、马来西亚、印度尼西亚和菲律宾。

音乐研究主要看音乐与传统、与社会的关系，同时还要了解音乐与舞蹈和戏剧共生共融的现象，东南亚国家的很多音乐并不是独立存在的，是乐舞的综合，这也是东方艺术的典型特点。

表演艺术是东南亚艺术的重要组成部分，在东南亚国家不管是泰国孔剧还是柬埔寨皇家舞蹈剧，不管是印度尼西亚的皮影戏，还是越南的水上木偶，都属这个范畴，丰富多元，品种不少。这里边既有民间传承，又有宫廷秘籍，还有西方血统，剧中有舞，舞中有剧。表演和服饰具有严格的规制，化装造型也有历经百年而不变的执着，同时它们和音乐息息相关，可以延展的层面非常开阔。

东南亚的视觉艺术，尤其是在古代，达到了惊人的高度。如果看到吴哥窟长达数百米的浮雕，泰国大王宫的壁画，风格多姿多彩，让人无不为之惊叹。这里边蕴含了东南亚宗教与美学的传统。其中有孟人堕罗钵底王国在现今泰国、老挝的艺术发展，扶南、真腊的 1 至 9 世纪的艺术，中爪哇和东爪哇时代乃至巴厘岛的印度教影响下的艺术，色彩斑斓。除此之外，还可以关注民间的装饰艺术和纺织艺术。这些，综合在一起，构成了东南亚特有的人文风情。

而要想进行深入的研究，除了具备研究者应该具备的条件之外，语言的学习是不可或缺的。前边已经说过，东南亚的文化多元，语言种类繁多，想做一个东南亚艺术研究的通才几乎是不可能的。做国别研究或某一个大类研究，才具可行性，而这样，对语言的要求还是非常高的。没有语言能力，无法做实地调研，很难做出高水平的成果。

有了语言等基础之后，还要对东南亚艺术研究完成这几个步骤，即：实地调研—文献搜集—国别艺术史—艺术分类概论，之后，才有可能开展大型的《东南亚艺术史》和《东南亚艺术概论》工程，从而构成以中国人视角为出发点的东南亚艺术理论的框架，形成中国研究学派。进而，将这些科研成果转化到教学实践中，培养东南亚艺术方向的本科生与研究生，进而和东南亚各国声誉卓著的高等院校建立起联合办学机制，这样东南亚艺术研究与教育才能行稳致远，健康发展。

（毛小雨，中国艺术研究院戏曲研究所研究员）

文殊信仰在中国

——丝路高僧的五台山文殊信仰

景天星

摘　要：文殊信仰沿着丝绸之路传入中国。中古时期的不少丝路高僧，或者致力于文殊经典之翻译，为文殊信仰奠定最为坚实的经典基础；或者朝礼五台山、修建与文殊相关的寺院，促进了文殊道场信仰的发展，尤其是促进了具有中国特色的五台山信仰的形成；或者通过崇拜文殊化现的化相，促进文殊圣相信仰的发展。从丝路高僧 2 世纪开始的文殊经典信仰到 6 世纪开始的文殊道场信仰，再到 7 世纪开始的文殊圣相信仰，可以看到，文殊信仰在中国有其独特的历史发展过程，并最终形成了具有本土特色的中国化的文殊信仰。

关键词：丝路高僧　文殊信仰　经典信仰　文殊道场　五台山信仰　圣相信仰

佛教是通过丝绸之路传入中国的[①]。之后，整个中古时期，通过丝绸

① 佛教传入中原，一直有多种说法。代表性的观点中，不论是西汉哀帝元寿元年（前 2）的“伊存授经”说，还是东汉明帝永平年间（64—67）的“汉明求法”之说，其传法人摄摩腾与竺法兰以及大月氏人伊存都是通过陆上丝绸之路来到中原的。

之路来华的域外僧人络绎不绝[①]。几乎在同一时段，汉地僧人也展开了波澜壮阔的西行旅程[②]。

汉地西行的僧人中，和文殊信仰有关的不是很多，仅有一些零星记载，如法显（334—420）在其著作《法显传》中曾记载过“摩诃衍人则供养般若波罗蜜、文殊师利、观世音等”[①]；另外，在巴连弗邑[④]，还有一位婆罗门出身的大乘佛教高僧，他的师父是“文殊师利”[⑤]。玄奘（602—664）在《大唐西域记》中记载中印度秣菟罗国[⑥]有“曼殊室利诸菩萨窣堵波等”，而且“其学大乘者供养诸菩萨”，他在去的当天，“诸窣堵波竞修供养”[⑦]。新罗人慧超，曾于开元十一年（723）从广州出发，沿海上丝绸之路抵达印度，再从陆上丝绸之路返回，大约在开元十五年（727）到达安西[⑧]，他写有著名的《往五天竺国传》。唐德宗建中元年（780）五月五日，慧超在五台山乾元菩提寺将《大乘瑜伽金刚性海曼殊室利千臂千钵

---

① 据笔者统计，从东汉桓帝建和元年（147）安息僧人安世高抵达东都洛阳，一直到北宋仁宗皇祐五年（1053）天竺僧人智吉祥和西夏僧人金总持到达汴京（今河南开封），近千年间，来自印度或西域的僧人或居士，有名可循者有近 150 人。参见拙著《丝路高僧传》，陕西人民出版社 2017 年版，第 354—377 页。

② 据笔者统计，从我国第一位西行僧人朱士行（203—282）甘露五年（260）启程开始，一直到北宋宝元二年（1039）怀问携得济、永定、得安从中天竺摩揭陀国归来，近 800 年间，史书所记载的西行的僧人或佛教相关人员多达 700 多人，其中仅有不到 150 名留下了姓名。参见拙著《丝路高僧传》，陕西人民出版社 2017 年版，第 378—392 页。

① （东晋）释法显撰，章巽校注：《法显传校注》，中华书局 2008 年版，第 47 页。

④ 大致位于现今印度比哈尔邦的巴特那（Patna）西北至顶那浦尔（Dinapore）的中途，孔雀王朝的阿育王曾定都于此。

⑤ （东晋）释法显撰，章巽校注：《法显传校注》，中华书局 2008 年版，第 88 页。

⑥ 秣菟罗国，“旧译摩偷罗、摩鍮罗、摩头罗、摩突罗、摩度罗；意译蜜善、美蜜、孔雀。在今朱木拿（Jumna）河西岸的马特拉（Muttra）故城遗址较为偏南；由于河流长期浸蚀的缘故，新城不得不建立在靠北地区。故城在憍赏弥（Kosambi）的西北 217 英里处，为古代印度与西方通商路上之重要地点”。详参（唐）玄奘、辩机撰，季羡林等校注：《大唐西域记校注》，中华书局 1985 年版，第 379 页。

⑦ （唐）玄奘、辩机撰，季羡林等校注：《大唐西域记校注》，中华书局 1985 年版，第 382 页。

⑧ 今新疆库车。

大教王经》录出，“写出一切如来大教王经瑜伽秘密金刚三摩地三密圣教法门，述经秘义”[①]。

但是，来华的印度和西域僧人，却有不少人深深地打上了文殊信仰或者五台山的烙印。他们或者翻译文殊经典，或者朝拜文殊道场，或者在文殊道场修建寺院，或者亲见文殊，甚至有的还受文殊菩萨感召而不远万里、跨过流沙，来到东土弘法，这一方面促进了文殊信仰在汉地的传播，另一方面又加深了文殊信仰在中国的扎根，从而形成了具有本土特色的中国化的五台山文殊信仰。

一、经典信仰——文殊经典的翻译与传播

译传文殊经典，贯穿于丝路高僧活动的始末，从东汉时期到北宋初年，甚至到了元代，都有人翻译文殊经典。

隋代以前，已翻译出不少经典，如东汉的安世高翻译有《宝积三昧文殊师利菩萨问法身经》1卷[②]，支谶翻译有《阿阇世王经》2卷、《文殊问菩萨署经》1卷、《兜沙经》1卷[③]等，三国的支谦翻译有《维摩诘经》2卷[④]，西晋的竺法护翻译有很多经典，东晋的鸠摩罗什翻译有《新维摩诘经》3卷[⑤]，佛陀跋陀罗翻译有《大方广佛华严经》50卷（或60卷）、《文

---

① （唐）不空：《大乘瑜伽金刚性海曼殊室利千臂千钵大教王经》卷1《序》，《大正藏》第20册，第724页下。

② （梁）僧祐撰，苏晋仁、萧錬子点校：《出三藏记集》，中华书局1995年版，第172页。

③ （梁）僧祐撰，苏晋仁、萧錬子点校：《出三藏记集》，中华书局1995年版，第27页。

④ （梁）僧祐撰，苏晋仁、萧錬子点校：《出三藏记集》，中华书局1995年版，第28页。

⑤ （梁）僧祐撰，苏晋仁、萧錬子点校：《出三藏记集》，中华书局1995年版，第49页。

殊师利发愿经》1卷[①]，北魏的菩提流支翻译有《文殊师利巡行经》1卷[②]，梁代的曼陀罗翻译有《文殊师利般若波罗蜜经》2卷，僧伽婆罗翻译有《文殊师利所说般若波罗蜜经》1卷、《文殊师利问经》2卷[③]。

隋唐时期，翻译出来的经典更多，如隋代的阇那崛多翻译有《文殊尸利行经》1卷[④]，唐代的菩提流志翻译有《文殊师利所说不思议佛境界经》1卷、《佛说文殊师利法宝藏陀罗尼经》1卷、《文殊师利咒法藏经》1卷[⑤]，实叉难陀翻译有《大方广佛华严经》80卷、《文殊师利授记经》3卷，后者收于《大宝积经·文殊师利授记会》[⑥]，金刚智翻译有《金刚顶经曼殊室利菩萨五字心陀罗尼品》1卷[⑦]，不空也翻译有很多经典，宝思惟翻译有《文殊师利根本一字陀罗尼经》1卷[⑧]，金刚福寿翻译有《一髻文殊师利童子陀罗尼念诵仪轨》1卷[⑨]，菩提仙翻译有《大圣妙吉祥菩萨秘密八字陀罗尼修行曼荼罗次第仪轨法》1卷[⑩]，等。

北宋初年，翻译出的文殊经典依然很多，如天息灾太平兴国五年（980）到达汴京（今开封），与施护、法天等共同从事译经，赐号“明教大师”。雍熙四年（987）奉诏改名法贤，主要译有《佛说大乘善见变化

① （梁）僧祐撰，苏晋仁、萧鍊子点校：《出三藏记集》，中华书局1995年版，第54页。
② （隋）费长房：《历代三宝纪》卷9，《大正藏》第49册，第86页上。
③ （隋）费长房：《历代三宝纪》卷11，《大正藏》第49册，第98页中。
④ （隋）费长房：《历代三宝纪》卷12，《大正藏》第49册，第103页下。
⑤ （唐）智昇：《开元释教录》卷9，《大正藏》第55册，第569页中—570页下。
⑥ （唐）智昇：《开元释教录》卷9，《大正藏》第55册，第565页下—566页上。
⑦ （唐）智昇：《开元释教录》卷9，《大正藏》第55册，第571页中。
⑧ （唐）智昇：《开元释教录》卷9，《大正藏》第55册，第566页下—567页上。
⑨ （唐）金刚副寿：《一髻文殊师利童子陀罗尼念诵仪轨》，《大正藏》第20册，第782页上—784页上。
⑩ （唐）菩提仙译：《大圣妙吉祥菩萨秘密八字陀罗尼修行曼荼罗次第仪轨法》，《大正藏》第20册，第784页中—791页中。

文殊师利问法经》1 卷[①]、《大方广菩萨藏文殊师利根本仪轨经》20 卷[②]；以法贤之名翻译的主要有《妙吉祥最胜根本大教经》3 卷[③]、《佛说妙吉祥菩萨陀罗尼》1 卷[④]、《曼殊室利菩萨吉祥伽陀》1 卷[⑤]，等等。此外，金总持翻译有《文殊所说最胜名义经》2 卷[⑥]，施护翻译有《最胜妙吉祥根本智最上秘密一切名义三摩地分》2 卷[⑦]，法天翻译有《佛说文殊师利一百八名梵赞》1 卷[⑧]，慈贤翻译有《妙吉祥平等秘密最上观门大教王经》5 卷[⑨]、《妙吉祥平等瑜伽秘密观身成佛仪轨》1 卷、《妙吉祥平等观门大教王经略出护摩仪》1 卷[⑩]，等等。这一译经活动持续深广，以至于元代的西夏高僧沙啰巴翻译有《佛说文殊菩萨最胜真实名义经》1 卷[⑪]，智慧翻译有《圣者文殊师利发菩提心愿文》1 卷[⑫]，等等。此外，也还有一些失译的经典。

其中，西晋的竺法护和唐代的不空是翻译文殊经典较多的两位高僧。

---

① （宋）惟净等编修：《天圣释教总录》卷 2，《赵城金藏》，北京图书馆出版社 2008 年版，第 110 册，第 684 页中。

② （宋）惟净等编修：《天圣释教总录》卷 2，《赵城金藏》，北京图书馆出版社 2008 年版，第 110 册，第 686 页上。

③ （宋）惟净等编修：《天圣释教总录》卷 2，《赵城金藏》，北京图书馆出版社 2008 年版，第 110 册，第 688 页上。

④ （宋）惟净等编修：《天圣释教总录》卷 2，《赵城金藏》，北京图书馆出版社 2008 年版，第 110 册，第 693 页上—中。

⑤ （宋）法贤译：《曼殊室利菩萨吉祥伽陀》，《大正藏》第 20 册，第 938 页上—中。

⑥ （宋）金总持译：《文殊所说最胜名义经》，《大正藏》第 20 册，第 814 页下—820 页上。

⑦ （宋）惟净等编修：《天圣释教总录》卷 2，《赵城金藏》，北京图书馆出版社 2008 年版，第 110 册，第 686 页中。

⑧ （宋）惟净等编修：《天圣释教总录》卷 2，《赵城金藏》，北京图书馆出版社 2008 年版，第 110 册，第 700 页中。

⑨ （明）智旭：《阅藏知津》卷 11，《嘉兴藏》，台湾新文丰出版公司 1987 年版，第 32 册，第 29 页中—下。

⑩ （明）智旭：《阅藏知津》卷 15，《嘉兴藏》，台湾新文丰出版公司 1987 年版，第 32 册，第 47 页中。

⑪ （元）沙啰巴译：《佛说文殊菩萨最胜真实名义经》，《大正藏》第 20 册，第 820 页上—826 页上。

⑫ （明）智旭：《阅藏知津》卷 38，《嘉兴藏》，台湾新文丰出版公司 1987 年版，第 32 册，第 155 页上。

虽然在竺法护之前，已经有安世高和支谶翻译文殊类经典，但是从竺法护开始，文殊类经典才开始大规模传入中原，他翻译的第一部经《须真天子经》2卷[①]，就是文殊类的经典，《须真天子经》，又称《文殊师利所报法言称经》《断诸法狐疑法经》《诸佛法普入方便慧分别昭明持经》《须真天子所问经》，其主旨在于宣扬大乘佛教的菩萨乘思想，经中须真天子问了佛陀32个问题，然后又以三十二事问文殊菩萨，佛陀和文殊都分别回答。文殊菩萨回答完问题之后，须真天子和大子弟们说，“各位有什么疑问，可以再问文殊菩萨”，摩诃迦叶等继续询问如何修习大乘菩萨乘，文殊菩萨说：“六十二见、四颠倒、五覆盖，一切无功德辈，是菩萨行。”当问到“何为道”的时候，文殊菩萨又说，“大哀则道所出生”“道从一切爱欲中求”[②]，这都充分反映了文殊菩萨不离世间而谈佛法的大乘般若思想。

竺法护所翻译的其他文殊类经典，在《出三藏记集》中所载的还有《渐备一切智德经》10卷（或5卷）、《文殊支利普超三昧经》4卷、《阿惟越致遮经》4卷、《文殊师利佛土严净经》2卷、《佛说弘道广显三昧经》2卷、《佛说文殊师利现宝藏经》2卷、《大净法门经》1卷、《魔逆经》1卷、《文殊师利净律经》1卷、《菩萨行五十缘身经》1卷、《文殊悔过经》1卷、《普门经》1卷和《如幻三昧经》2卷[③]，等等。另外，在《大正藏》中，还收有竺法护翻译的《佛说无希望经》1卷[④]，等等。对文殊

① （梁）僧祐撰，苏晋仁、萧錬子点校：《出三藏记集》，中华书局1995年版，第34页。

② （西晋）竺法护译：《佛说须真天子经》卷4，《大正藏》第15册，第110页中。

③ （梁）僧祐撰，苏晋仁、萧錬子点校：《出三藏记集》，中华书局1995年版，第32—43页。

④ （西晋）竺法护译：《佛说无希望经》，《大正藏》第17册，第775页上—781页中。

类的经典的翻译，几乎贯穿于竺法护的整个翻译活动的始终[①]。此外他的译经助手聂承远和聂道真父子也翻译有文殊经典，这都是受到了竺法护的影响。这些经典涉及的主要内容有文殊般若、文殊净土、文殊法门等。关于文殊般若空慧方面的经典，除《须真天子经》外，还有《魔逆经》《文殊支利普超三昧经》等；文殊净土方面的主要经典是晋惠帝永熙元年（290）所翻译的《文殊师利佛土严净经》等；文殊法门有多种，但贯穿于文殊经典始终最为主要的是大乘菩萨行，文殊在多处提到大乘的菩萨行，《佛说文殊师利净律经》《渐备一切智德经》《菩萨行五十缘身经》等都有很详细的记载。

作为四大译经师之一，不空翻译有诸多经典，《贞元录》记载有110部，143卷[②]。他翻译的经典，既有显教的经典，也有密教的经典，而且密教的经典，并不仅仅限于金刚界类。而他翻译的文殊类经典，在唐代也是最多的，而且又以密教经典为主。在《贞元录》中，显教类的有《文殊问字母品经》1卷、《文殊赞法身礼》1卷[③]、《大圣文殊师利菩萨佛刹功德庄严经》3卷[④]，等等；密教类的有《金刚顶超胜三界经说文殊五字真言胜相》1卷、《五字陀罗尼颂》1卷、《圣阎曼德迦威怒王立成大神验念诵法》1卷、《文殊师利菩萨根本大教王金翅鸟王品》1卷、《曼殊室唎童子菩萨五字瑜伽法》1卷、《文殊师利菩萨及诸仙所说吉凶时日善恶宿曜经》2卷、《金刚顶经瑜伽文殊师利菩萨仪轨供养法》1卷[⑤]、《八大菩萨曼荼罗经》1卷[⑥]，等等。另外，在《大藏经》中，还收录有他翻译的《大乘瑜伽

---

① 王晓敏对竺法护所翻译的文殊类经典进行了详细考证与研究，认为其“译数仅次于唐不空三藏”，而且“竺法护的译介很大地促进了文殊信仰在中国的初传，奠定了文殊信仰在中土发展的基础”。详参王晓敏《竺护法与中国文殊信仰的初传》，《西南大学学报》（社会科学版）2013年第6期。

② （唐）圆照撰：《贞元新定释教目录》卷15，《大正藏》第55册，第881页上。

③ （唐）圆照撰：《贞元新定释教目录》卷1，《大正藏》第55册，第772页中。

④ （唐）圆照撰：《贞元新定释教目录》卷1，《大正藏》第55册，第773页上。

⑤ （唐）圆照撰：《贞元新定释教目录》卷1，《大正藏》第55册，第773页上—中。

⑥ （唐）圆照撰：《贞元新定释教目录》卷15，《大正藏》第55册，第879页下。

金刚性海曼殊室利千臂千钵大教王经》10卷[①]，等等。其中《大乘瑜伽金刚性海曼殊室利千臂千钵大教王经》中的“文殊菩萨十大愿”，一直被作为文殊菩萨风格的独特代表。

丝路高僧翻译的文殊经典数量，印顺法师曾进行过系统整理，他认为：“初期大乘经，与文殊师利有关的，部类相当的多。依上项所叙述的而加以分类，A．佛为文殊说的，共七部。B．以文殊为说主，或部分参加问答的，共二十八部，这是‘文殊师利法门’的主要依据。C．偶而提到的，或参预问答而只一节二节的，共十二部。三类合计，共四十七部。除去C类，也还有三十五部。”[②]同时，他还分门别类介绍每部经典集出的时间、版本、翻译者、主要内容和特色等。肖黎民先生“更简洁”地将其分为三类：“‘文殊所说部’（28部）、‘佛为文殊所说部’（7部）和‘文殊相关部’（47部），共82部。”[③]

印顺法师还从文殊菩萨经典中提炼出了文殊法门，认为：“‘文殊师利法门’，不是释尊那样的，依众生现前的身心活动——蕴、处、界、缘起，次第的引导趣入；是依自己体悟的胜义、法界、解脱，直捷的开示，使人也能当下悟入的。”[④]“文殊法门，不只是语句的突出，在行动上也是突出的。”[⑤]肖黎民先生运用西方哲学的方法，从文殊经典中精炼出“六妙

① （唐）不空译：《大乘瑜伽金刚性海曼殊室利千臂千钵大教王经》，《大正藏》第20册，第724页中—775页下。

② 释印顺：《初期大乘佛教之起源与开展》，《印顺法师佛学著作全集》第17卷，中华书局2009年版，第785页。

③ 肖黎民、秦亚红：《文殊智慧哲学精义》，宗教文化出版社2005年版，第165—166页。

④ 释印顺：《初期大乘佛教之起源与开展》，《印顺法师佛学著作全集》第17卷，中华书局2009年版，第796页。

⑤ 释印顺：《初期大乘佛教之起源与开展》，《印顺法师佛学著作全集》第17卷，中华书局2009年版，第798页。

法门”，一并纳入哲学范畴体系予以统摄[①]。这在文殊经典的现代转换与应用方面，无疑起到了重要的作用。其实，丝路僧人翻译的文殊经典，既有义理方面的，也有实践修行方面的。从义理方面，可以看到文殊菩萨的独到风格，如简单、直捷、顿入以及深达法相等；在实践方面，以不空翻译的经典为主，这都很具有参考性。

二、道场信仰——五台圣山的朝礼与修建

假如说对文殊经典的译传与信仰在公元 2 世纪就已经开始的话，那么对文殊道场的信仰却是二三百年之后了。现在，我们知道，文殊菩萨的道场是五台山，但是五台山能够成为文殊道场是有一个历史发展的过程的。来自丝绸之路上的印度或西域高僧通过经典的翻译、圣地的朝礼以及寺庙的修建等，再加上中国僧人的努力，才加快了五台山成为文殊道场的历史进程，从而形成了具有中国特色的文殊道场信仰——五台山信仰。

五台山成为文殊道场，离不开《华严经》的翻译，尽管东汉的支谶已经翻译出了《华严经》的单行本《兜沙经》，但是其中并没有道场信仰的内容。《华严经》中关于道场信仰的《诸菩萨住处品》《入法界品》等都是在六十《华严》中才开始出现的。东晋安帝义熙十四年（418），佛陀的后裔佛陀跋陀罗翻译《华严经》50 卷（后开作 60 卷），历时两年完成，其中提到了文殊菩萨的道场：“东北方有菩萨住处，名清凉山。过去诸菩萨常于中住，彼现有菩萨，名文殊师利，有一万菩萨眷属，常为说法。”[②]这被认为是“出于金口、传于龙藏”，但是，此处的“清凉山”是否就是

① 六妙即妙达“第一义谛”、妙圆“不二法门”、妙入“自在三昧”、妙转“烦恼菩提”、妙言“不即不离”、妙喻“淤泥莲花”，分别构成了文殊智慧哲学的本体论、认识论、方法论、实践论和价值论。详参肖黎民、秦亚红《文殊智慧哲学精义》，宗教文化出版社 2005 年版。

② （东晋）佛陀跋陀罗译：《大方广佛华严经》卷 29，《大正藏》第 9 册，第 590 页上。

山西五台山？当时的人是不确定的。之后的公元 7 世纪末，丝路高僧实叉难陀携带《华严经》梵本，于证圣元年（695）抵达洛阳，历时数年，于圣历二年（699）在大遍空寺译出八十《华严》，其中关于文殊道场的记载也是“清凉山”：“东北方有处，名清凉山，从昔已来，诸菩萨众于中止住；现有菩萨，名文殊师利，与其眷属、诸菩萨众一万人俱，常在其中而演说法。”[①]

另外，唐中宗景龙四年（710），菩提流志翻译的《佛说文殊师利法宝藏陀罗尼经》另载有佛陀的预言：“我灭度后，于此赡部洲东北方，有国名大振那，其国中有山，号曰‘五顶’，文殊师利童子游行居住，为诸众生于中说法。”[②] 但是这里说的也只是“五顶”，而非五台山。一直到唐德宗贞元十四年（798）五月，澄观（738 — 839）奉敕撰《大方广佛华严经疏》时看到《华严经》中的“东北方”时，还又写了一句：“然但云东北方者，其言犹漫。”[③] 因此，从“清凉山”到“五台山”有其历史演变的过程[④]。

尽管直到 8 世纪末澄观对《华严经》的记载仍有困惑，但丝路高僧朝拜五台山的活动却在 6 世纪就已经开始了。史料记载最早朝拜五台山的人是智药三藏，编撰于 8 世纪的唐朝禅宗史书《曹溪大师传》记载，南朝梁武帝天监元年（502），“中天竺国那烂陀寺大德”智药三藏“辞彼国王，来此五台山礼谒文殊”。智药三藏是广东南华寺的创立者，他来到

---

① （唐）实叉难陀译：《大方广佛华严经》卷 45，《大正藏》第 10 册，第 241 页中。

② （唐）菩提流志译：《佛说文殊师利法宝藏陀罗尼经》卷 1，《大正藏》第 20 册，第 791 页下。

③ （唐）澄观：《大方广佛华严经疏》卷 47，《大正藏》第 35 册，第 859 页下。

④ 五台山作为文殊菩萨的道场，已成定论，无可辩驳。但是在五台山佛教历史上，经历了比较长时段的论证过程，此过程始于东晋安帝义熙十四年（418）佛陀跋陀罗翻译《华严经》，终于唐德宗贞元十四年（798），澄观（738—839）撰成《大方广佛华严经疏》。在这近 400 年的时段内，关注五台山的高僧大都被“卷入”这一“正名运动”，最终完成了从“清凉山”到“五台山”的转换，从而也加速了文殊菩萨与五台山清凉圣地的融合。详参拙文《论证五台山即清凉山的历程》，《法音》2010 年第 10 期。

曹溪，“看此水源必有胜地，堪为沙门居止，代代高僧不绝。”于是“劝村人修造住处”。他将寺院取名“宝林”，预言“吾去后一百七十年，有无上法宝于此地弘化，有学者如林”。[①] 而后来六祖惠能受戒时正是 170 年之后。如此重要一位高僧，泛海来华，是为了到五台山朝礼文殊。

公元 7 世纪，朝拜五台山的丝路僧人就更多了，《道宣律师感通录》载：“去岁（663）长年师子国僧，九十九夏，三果人也。闻斯胜迹，跣行至此，寻清凉山，国家供送。今夏在彼，所愿应遂。”[②] 在《古清凉传》中，也记载有一位师子国梵僧释迦蜜多罗，他“本住摩伽陀国大菩提寺”，于麟德年中（664—665），“来仪此土，云向清凉，礼拜文殊师利”。他“自云九十五夏，每跣足而行，常唯一食”，并且“向东北遥礼”[③]。乾封二年（667）六月，他登上台顶，看到了很多殊胜景象。《大方广佛华严经感应传》载，在仪凤年（676—679）中，还有两位西域梵僧，“至五台山，赍莲花执香炉，肘膝行步，向山顶礼文殊大圣”[④]。他们在岩石间、松树下、绳床上，见一尼师端然独坐、口诵《华严》。朝礼五台山最著名的丝路高僧，就是罽宾国三藏佛陀波利[⑤] 了。他于唐高宗仪凤元年（676）抵达五台。从五台县城出发，翻过阁子岭，过茹湖盆地，然后上虎阳岭，这里被誉为“五峰咽喉”。

公元 8 世纪，也有丝路高僧抵达五台。四十《华严》的翻译者般若三藏，于唐建中三年（782）到达广州；兴元元年（784）到贞元二年（786）之间，到达长安。他曾于贞元六年（790）奉命出使北天竺迦湿蜜国，经陆上丝绸之路往返，于八年（792）返回。贞元十年（794）至五台山。贞元中，译四十《华严》。

---

① 《曹溪大师别传》卷 1，《卍续藏经》第 86 册，第 49 页中—下。

② （唐）道宣：《道宣律师感通录》卷 1，《大正藏》第 52 册，第 437 页上。

③ （唐）慧祥：《古清凉传》卷 2，《大正藏》第 51 册，第 1098 页下。

④ （唐）惠英撰，胡幽贞纂：《大方广佛华严经感应传》卷 1，《大正藏》第 51 册，第 175 页中。

⑤ 佛陀波利朝礼五台的事迹又涉及了“圣相信仰”，因此其具体内容将在下一部分表述。

丝路高僧对文殊道场的信仰，也通过修建文殊阁或在五台山修建寺院表现出来。不空是其中最为重要的一位。不空（705—774），全名不空金刚，这是他受灌顶的号，法名智藏，又称不空智。开元七年（719），不空随他的师父金刚智抵达广州海岸。来到大唐以后，他对文殊信仰的推动非常有力，在文殊道场信仰方面，大历元年（766），不空奏请在五台山修金阁寺，两年后，又在五台山修建玉华寺。他还派弟子含光建金阁寺。大历五年（770）七月，他上表“请于太原府至德寺，置一文殊师利菩萨院，并抽参学大德二七人”①；大历七年（772）十月，他又上表“敕京城及天下僧尼寺内各简一胜处，置大圣文殊师利菩萨院，仍各委本州府长官即句当修葺，并塑文殊像装饰彩画功毕”②。当年，还在大兴善寺修建文殊阁，唐代宗为阁主，独孤贵妃、韩王以及华阳公主为大功德主。大历九年（774）六月十五日，不空圆寂。圆寂前，僧人们梦见“千仞宝台摧，文殊新阁颓”③。也就是新建的文殊阁忽然崩坏，这都说明了不空与文殊信仰的因缘。

丝路高僧翻译文殊道场信仰经典、朝礼文殊道场、修建文殊阁或寺院，一步步促进了文殊道场信仰的发展，形成了以五台山信仰为主的文殊道场信仰局面，以至于“公元800年左右，五台山名扬整个中亚地区和吐蕃”。④

三、圣相信仰——文殊化相的显现与崇拜

随着经典信仰、道场信仰的发展，对文殊菩萨圣相的信仰也随之产生。丝路高僧对文殊圣相的信仰，多是以化相的形式呈现出来的，也有

---

① （唐）圆照集：《代宗朝赠司空大辨正广智三藏和上表制集》卷2，《大正藏》第52册，第837页下。

② （唐）圆照集：《代宗朝赠司空大辨正广智三藏和上表制集》卷3，《大正藏》第52册，第841页下。

③ （宋）赞宁撰，范祥雍点校：《宋高僧传》，中华书局1987年版，第11页。

④ ［法］戴密微：《吐蕃僧诤记》，耿升译，西藏人民出版社2001年版，第462页。

人是以亲见文殊的方式来呈现的，还有一些高僧，虽最远在印度，但听说文殊菩萨在“支那大国”，于是前来“朝圣”。自唐以来，史料中记载的文殊菩萨的化相很多，有“老人”、有“神僧”、有“妇人”等，以至于宋代的张商英在《清凉山赋》中说“文殊现老相之中，罗睺化婴孩之内。间僧贫道，多藏五百龙王；病患残疾，每隐十千菩萨”。[①]

丝路高僧在五台山所看到的文殊化相，有“神僧”、有“老人”。慧祥在《古清凉传》中所记载的释迦蜜多罗就见到了“神僧”，乾封二年（667），“多罗与二僧，最为先导，欲至山下，遥望清凉寺，下至半峰，忽遇神僧立于岩上，即五体投地，顶礼数拜，及登未远，乃有数人闻钟声香气。”[②]在这里，释迦蜜多罗忽然看到了一位“神僧”，立在岩石上，然后就“五体投地，顶礼数拜”，再往山上走了不远，不少人还闻到了“钟声香气”。在文殊圣地，碰到这样的“神僧”，一般被认为是“大圣”，也就是文殊菩萨，而“钟声香气”被认为是难得的圣境。

在五台山看到“老人”的丝路高僧，是佛陀波利。在罽宾国时，他就常常“忘身徇道，遍观灵迹”，随后“闻文殊师利在清凉山”，于是“远涉流沙，躬来礼谒”，可见他是沿着陆上丝绸之路来到中国的。唐高宗仪凤元年（676），他杖锡五台，虔诚礼拜，悲泣雨泪，“冀睹圣容”，忽然，他“见一老翁从山而出”，用婆罗门的语言问他来此有何所求？他说：“闻文殊大士隐迹此山，从印度来，欲求瞻礼。”老人说，如果他能回印度取来《佛顶尊胜陀罗尼经》，“当示文殊居处”。他激动异常，当再次顶礼时，却“举头之顷，不见老人”。[③]方知这是文殊菩萨的化相。于是，佛陀波利再回印度，取回该经，后入五台山金刚窟。现今金刚窟旁还有据此而建造的佛陀波利塔。

佛陀波利在五台山遇见文殊化相“老人”的故事对后来的影响很广，不论是对敦煌五台山图、《五台山曲子》、新样文殊画稿还是对《佛顶尊

---

① （宋）张商英：《续清凉传》卷1，《大正藏》第51册，第1129页下。
② （唐）慧祥：《古清凉传》卷2，《大正藏》第51册，第1099页上。
③ （宋）赞宁撰，范祥雍点校：《宋高僧传》，中华书局1987年版，第28—29页。

胜陀罗尼经》的信仰，都有很大的影响，在敦煌第61窟的五台山图[①]中，“西台和中台之间绘有佛陀波利参诣五台山灵场时，文殊菩萨化老人身出现，命其回国取《佛顶尊胜陀罗尼经》的一段因缘故事”[②]。另外，敦煌P.4049“新样文殊”画稿中，有五尊像并一狮子，分别是文殊菩萨、驭狮人于阗王、善财童子、佛陀波利和圣老人。“佛陀波利作老年胡僧形，长眉，身着紧身短袍衫衣，裹腿，作远行状，右肩挂一斗笠，腰间拴一瓶子，胸前一拐杖，屈臂，双手合十，面对文殊老人作礼谒问询状。文殊老人戴风帽，身着长袍衫，长须，端立，屈臂，右手作姿，左手执一拐杖，作与佛陀波利讲话状。”[③]另外，自唐以后，建造陀罗尼经幢之风盛行，唐高宗、武则天、唐玄宗、唐代宗、唐德宗、唐文宗、唐宣宗、唐僖宗与唐昭宗等时期均有所建，并在宋朝达到高潮，元代以后逐渐没落。现在，在中华大地，还保存有不少尊胜经幢，上刻《佛顶尊胜陀罗尼经》，如山西五台山佛光寺经幢、河北天护陀罗尼经幢、山西潞城原起寺经幢、山西交城天宁寺经幢、上海淞江唐经幢、山西高平定林寺经幢、山西五台山尊胜寺经幢、河北赵州陀罗尼经幢、云南昆明地藏寺经幢、浙江杭州梵天寺经幢等[④]。

还有一些丝路高僧，远在印度或者西域就已经听闻到中国的“文殊菩萨”了。唐代的善无畏、金刚智、般若皆是如此。善无畏开元四年（716）到长安。到达长安之前，达到大唐西边的边境时，出现了一位神人，《宋高僧传》载：“至大唐西境，夜有神人曰：‘此东非弟子界也，

---

① 敦煌莫高窟第61窟原名为文殊堂，主尊为文殊菩萨，正壁画《五台山图》，该图全长13.45米、高3.42米，是敦煌莫高窟中最大的壁画。第61窟被认为是“五台山在敦煌的‘缩写’”。详参杜斗城《敦煌所见〈五台山图〉与〈五台山赞〉（摘要）》，《敦煌研究》1988年第2期。

② 杜斗城：《敦煌石窟中的五台山史料》，《忻州师范学院学报》2004年第6期。

③ 沙武田：《敦煌P.4049“新样文殊”画稿及相关问题研究》，《敦煌研究》2005年第3期。

④ 关于各地佛顶尊胜陀罗尼经幢的具体情况，详参李彦、张映莹《〈佛顶尊胜陀罗尼经〉及经幢》，《文物世界》2007年第5期。

文殊师利实护神州。’礼足而灭。”[①]这是说，整个大唐，都在文殊菩萨的管辖范围。金刚智好于游历，约在公元714年时，他到了师子国。国王非常器重他，有挽留之意。他说：“贫道先发诚愿，彼支那国礼文殊师利并传佛法。”当天辞别。王说渡海如此艰难，“不得可到”，但金刚智“宿志不移”，于是，“东向遥礼文殊，西礼观音菩萨，便与徒众告别登舶入海。”[②]最终，金刚智于开元七年（719）到达广东。北天竺迦毕试国人般若还没到大唐时，就“常闻支那大国，文殊在中，锡指东方，誓传佛教”。于是泛海而东，快到广州时又遇大风，飘回师子国之东，然后“又集资粮重修巨舶，遍历南海诸国，二十二年，再近番禺”，又遇大风，“舶破人没”，只有他一人幸存[③]。于是再往东北行半月，于唐建中三年（782）到达广州。靠着文殊菩萨的感召，这些丝路僧人不畏艰险，来到大唐弘法。

还有一些高僧，亲见了文殊，如不空。在大唐译经期间，不空的师父金刚智一度要回印度，并向唐玄宗上奏。开元二十九年（741），玄宗下诏，批准他们师徒回印度。金刚智与不空从西京出发，到达东都洛阳时，金刚智预知时至，知道自己不能再回到印度了，向不空嘱咐后事，希望他能回到印度求取《金刚顶经》更全的梵本。料理完后事，不空遵师遗命，一路南下，到达海边。出海之前，“空自对本尊祈请旬日，感文殊现身。”[④]亲见文殊后，不空已遂心愿，便和弟子含光等僧俗共21人，登船出航。不空对文殊圣相的信仰还体现在诸多方面，如，大历四年（769），不空曾上表《天下寺食堂中置文殊上座》一篇，“令天下食堂中于宾头卢上特置文殊师利形像以为上座”[⑤]，皇帝同意以后，文殊菩萨就取代宾头卢，成为寺庙食堂之主神，这就进一步扩大了文殊信仰的影响。

---

① （宋）赞宁撰，范祥雍点校：《宋高僧传》，中华书局1987年版，第19页。
② （唐）圆照撰：《贞元新定释教目录》卷14，《大正藏》第55册，第876页上。
③ （宋）赞宁撰，范祥雍点校：《宋高僧传》，中华书局1987年版，第23页。
④ （宋）赞宁撰，范祥雍点校：《宋高僧传》，中华书局1987年版，第7页。
⑤ （唐）圆照集：《代宗朝赠司空大辨正广智三藏和上表制集》卷2，《大正藏》第52册，第837页中。

结　语

中古时期丝路高僧的五台山文殊信仰情况，其实给我们提供了一个从域外来观察中国文殊信仰的视角。中国的文殊信仰，最初都是从印度或西域传来的，这其中最为主要的就是文殊经典的信仰，这大约在公元2世纪就已经开始了，这种情况一直贯穿整个中古时期，甚至比这个时期还要长，一直持续到14世纪。而在初始，没有文殊道场信仰，也很少有文殊圣相之信仰。文殊道场之信仰是在公元5世纪以后随着六十《华严》的翻译才逐渐开始的。所以，在公元6世纪，我们才可以看到有丝路高僧朝礼文殊道场。之后，慕名前来朝礼文殊道场的丝路高僧接踵而至，域外丝路高僧朝礼五台山的情况一直到丝绸之路的衰落方才告终。而这又影响到了新罗、日本等东亚国家的朝圣，最终形成了长盛不衰的五台山信仰。而除了“亲见文殊”这种信仰形式外，丝路僧人的圣相信仰大多离不开道场信仰，也就是“慕名”或“亲自”到五台山“睹圣”。

因此，从丝路高僧2世纪开始的文殊经典信仰，到6世纪开始的文殊道场信仰，再到7世纪开始的文殊圣相信仰，可以看到，文殊信仰在中国有其独特的历史发展过程，在每一个历史发展的阶段，文殊信仰都会被注入新的因素。其间，又通过中国僧人的努力，最终，公元8世纪末9世纪初，文殊信仰和五台山信仰完全融合，形成了独具特色中国化的五台山文殊信仰。

（景天星，陕西省社会科学院宗教研究所副研究员）

从波斯笸𥫗到早期中国的裂瓣纹豆*

练春海

摘　要：从山东到云南的中国沿海地区发现了一批早期中国的裂瓣纹豆，形制比较特殊，它与波斯等地发现的笸𥫗有密切关系，这批豆状器物的出土，为我们了解中国古代丝绸之路文化交流的丰富细节，和探讨当下中国文化走向世界提供了重要的素材，具有非常重要的学术意义。

关键词：裂瓣纹豆　波斯风格　丝绸之路　改造

近年来，早期经由陆路或海路输入中国的各种具有鲜明舶来特色的文物越来越受学者们的关注，这些事物往往成为各种文物展览中的明星展品，以至在出版物或新闻媒介频频露面。其中就包括本文要讨论的从战国到秦汉时期中国沿海地区出土的一批“裂瓣纹豆”。纵观这批出土“裂瓣纹豆”，尽管它们分散出土于各地，制作的时间（或殉葬的时间）前后相隔数百年之久，但我们还是可以发现它们之间存在着关联性，以下便拟从这个角度讨论“裂瓣纹豆”产生的文化动因、时代背景及启示。

“裂瓣纹”为模仿绽放状花朵的纹饰，以中心花心状的圆（有时为同心圆）为中心，周围环绕向外展开的花瓣形状。这种纹饰，国内学界叫法很不统一，有叫凸瓣纹（Fluted decoration）的，也有叫水滴纹（Tear shaped decoration）的，这些命名均有以偏概全之嫌，综合考虑，笔者仍

* 基金项目：本文系中国艺术研究院项目“中国工艺美术史前沿研究与学术梳理”（立项批准号：2016–2–28）阶段性成果。

觉得以李零的命名为妥。[①] 裂瓣纹是一种在西方流行时间与空间都非常广的器饰，在埃及、希腊、土耳其、伊朗、阿富汗等地的纹饰，即有墙面的装饰，如波斯帝国阿帕丹东阶、大流士宫以南台阶的墙面上的花朵状的裂瓣纹雕饰；也有以之为饰的器皿，这种器皿在希腊文中称作 Phial ē，拉丁文则作 phiala，汉译为“笸罍”。比较有代表性的笸罍有：现藏于伊朗国家博物馆的薛西斯金碗、不列颠博物馆收藏的阿尔塔薛西斯银盘、卢浮宫收藏苏西亚那出土的银笸罍，以及美国大都会博物馆藏的大流士金碗和盖蒂博物馆收藏的阿契美尼德时期的裂瓣纹银器等。本文要探讨的裂瓣纹豆，主体看似一个裂瓣纹银盒，形式为两个“笸罍”对扣组成。这种使用锤揲工艺制作的裂瓣纹银盒，盒盖上加钮，器下有圈足，整器为中国传统的豆状结构，但局部又有显著的异域风格。

要深入、系统地对有关“裂瓣纹豆”的各种问题进行研究，掌握原始材料就非常重要，我们基本可以确认，目前国内收藏或出土的具有科学发掘信息的裂瓣纹豆总数有 10 件，它们分别出土于晋宁、广州、盱眙、巢湖、临清、青州等沿海地区的考古遗址或墓葬中，时间跨越了从战国到秦汉时期，长达三个世纪，以西汉为主。接下来，我们就按照年代的顺序，对这 10 件裂瓣纹豆的基本信息和视觉特征作一个系统的介绍，以便于后面讨论的顺利展开：

战国时期的银豆两件：

均出土于山东青州西辛战国墓。年代为战国末年（约公元前 3 世纪晚期）。其中银豆一，高 10.6 厘米、腹径 11.6 厘米、底径 6 厘米，重 375.25 克。盒体部分是用银片锤揲而成，“因受力不均，有些地方太薄，容易造成破损，器壁有很多漏洞和小眼，就是属于破损，并非范铸的气眼。”[②] 器与盖以子母口扣盒，盖口錾刻弦纹，鎏金。口沿之下，器壁饰双层裂瓣，盖饰三青铜钮，造型不可辨，似为卧姿虎豹。底接青铜圈足，

---

① 李零：《论西辛战国墓裂瓣纹银豆——兼谈我国出土的类似器物》，《万变：李零考古艺术史文集》，生活 · 读书 · 新知三联书店 2016 年版，第 107—134 页。

② 李零：《论西辛战国墓裂瓣纹银豆——兼谈我国出土的类似器物》。

有鎏金痕迹，圈足内嵌漆木底。器钮、圈足没有铆接痕迹，似焊接。圈足内嵌漆木盖，似钤方印，但印文不清。银豆二高 10.6 厘米、腹径 11.6 厘米、底径 5.8 厘米，重 385.03 克，器口似受到挤压而略有变形，器壁很薄，破损比较严重。器形、纹饰和制作工艺均同银豆一，圈足内也有漆木盖。

西汉时期的银豆四件：

银豆一，1997 年安徽巢湖北头山 1 号墓（曲阳君胤之墓）北边箱出土，编号为 BM1：22。器高 11.4 厘米、口径 11.2 厘米，约重 364 克，无钮，有底座。年代为西汉，公元前 2 世纪左右。李零以为："此器也是半成品，不但三钮阙如，而且连焊点也未做。器口带饰未鎏金。"[①] 李零的推断有一定的道理，这种半成品有可能是故意为之，因为它是殉葬品，半成品符合明器"备而不用"的丧葬礼仪规范。[②]

银豆二，1978—1980 年山东淄博临淄大武乡窝托村西汉第二齐王刘襄之墓随葬坑（QK1）出土，年代可参考墓葬下葬年代（约为公元前 179 年）。器物编号 QK1：72，高 11 厘米、口径 11.4 厘米，重 570 克。该豆的特点是兽钮、圈足为铆接，而不是焊接。无器口带饰。

银豆三，2009—2012 年江苏南京盱眙县大云山一号墓（西汉第一代江都王刘非墓，下葬时间为公元前 128 年）前室盗洞内出土，编号 M1K16：661，高 12.1 厘米、口径 13.2 厘米，重量不详。该豆盖部虽然做好了焊点，但三钮未安。

银豆四，1983 年出土于广州象岗第二代西汉南越王赵眜墓（该墓约葬于公元前 122 年）主棺室足箱，编号 D2，高 12.1 厘米、口径 13 厘米，重 572.6 克。此器出土时器壁光滑，大体完好，唯器壁一侧留下若干小洞，有圈足，造型与大云山墓出土银豆几乎完全相同。

---

① 李零：《论西辛战国墓裂瓣纹银豆——兼谈我国出土的类似器物》。

② 有关明器特征的讨论可参见练春海：《器物图像与汉代信仰》，生活·读书·新知三联书店 2014 年版，第 4—8 页。

西汉时期的铜豆四件：

铜豆一，1956—1957 年在云南晋宁石寨山滇王族墓地 11 号墓出土，西汉（年代约在公元前 175—前 118 年之间），编号为 M11 号墓：6。此器为镀锡青铜器（镀锡又称鎏锡，是滇青铜器上常用的加工技术，其光泽仅次于银器），盖钮铸有三鸟钮。

铜豆二，1956—1957 年在云南晋宁石寨山滇王族墓地 12 号墓出土，西汉（年代约在公元前 175—前 118 年之间），编号 12 号墓：33。此器高 12.5 厘米、口径 14.2 厘米，盖钮铸有三兽。[①] 为镀锡青铜器。

铜豆三，1958 年冬晋宁石寨山滇王家族墓地 23 号墓（西汉晚期墓）出土，高 11 厘米，镀锡青铜器。

铜豆四，1958 年冬晋宁石寨山滇王家族墓地 23 号墓（西汉晚期墓）出土，高 11 厘米，镀锡青铜器。

从以上数据来看，其实可以总结出它们有几点规律和特点：（1）这些器物的出土地主要分布在中国东南沿海地区，表明它们的来源或许与海上运输有关，或者基本上就是来源于安息、罗马等地。[②]（2）它们的尺寸实际上都很小，不逾一拳。而且年代越早的越小，出土地越往北的越小，云南晋宁出土的尺寸最大。（3）从制作方法上来看可以分为两类。一类是银豆，一类是铜豆。银豆出现得早，出土地分布在沿海地区，铜豆出现得晚。银豆为多种工艺、多次加工而成，铜豆为一次加工而成，后者系对前者的仿造。（4）器物的主人都是诸侯王。（5）盒身带有异国情调，银盒即便不是进口的，亦很有可能是聘请外国工匠在本地制作的，[③] 而铜盒则为本土仿制无疑。总的来说，这些裂瓣纹豆所包含的信息

① 晋宁县文化体育局编：《古滇王都巡礼：云南晋宁石寨山出土文物精粹》，云南民族出版社 2006 年版，第 113 页。关于此器盖上之兽钮造型，李零以为是豹钮。

② 孙机：《凸瓣纹银器与水波纹银器》，《仰观集：古代文物的欣赏与鉴别》，文物出版社 2015 年版，第 263—277 页。饶宗颐：《由出土银器论中国与波斯、大秦早期之交通》，载《华学》第五辑（2001 年），中山大学出版社，第 1—13 页。

③ 赵德云亦赞同不排除此种可能性。赵德云：《凸瓣纹银、铜盒三题》，《文物》2007 年第 7 期。

量比较大，需要分几点来讨论。

从来源的角度看，这些裂瓣纹豆均与当时的外贸或朝贡有一定的关系，或直接或间接。有直接关系的是六件银豆，根据李零的观点，战国晚期相当于伊朗地区的帕提亚王朝时期（公元前 247—前 224 年，即我国古代文献中所记载的安息），中国与西方进入了第一个商贸往来、文化交流的高峰期，可见这几件裂瓣纹银豆与中西方贸易往来之间的密切关系。关于这批器物是哪里制作的，学术界有两种看法，一种认为是外国制造，经海路或陆路传入中国。另一种则认为是本地铸造，完全是中国人的作品。[①] 前说以孙机为代表，后者以倪克鲁（Lukas Nickel，奥地利维也纳大学艺术史系教授，汉学家）为代表。孙机的观点为大多数学者所认可，毕竟目前还没有证据显示银质盒体、金银锤揲工艺是中国传统工艺。而倪克鲁的依据是这种类型的银盒在西方也找不到原型，并且有些银盒在他看来还是铸造的。关于"银盒为铸成品"的说法已为李零所否认。[②] 笔者以为，在西方没有找到同类型产品，并不表示它们就是中国本地所产，就像明清时期出口的瓷器一样，很多订单都是按照外国要求来生产，他们有时甚至提供设计样稿；[③] 还有一种情况，就是这种款式在原产地没有发现遗存。但不管哪一种，裂瓣纹盒源于西方应该不会有太大问题。再者，那些裂瓣纹银豆经过焊接或铆接这点也说明了它们的主体是舶来的。因为如果那些银豆是在中国本土制作，并且用不同材料加工出器身的不同部分然后进行组合，那么我们就要追问这种操作有何特殊意义？工匠们为什么不将银豆制作成一体式的，像云南晋宁出土的铜豆那样？显然，

① 其实赵德云提到的一个观点也很值得注意。他说广州南越王墓出土的裂瓣纹豆，器盖、器底原有铭文，附加凸楔和圈足后，有的遭到了破坏。在他看来，这说明裂瓣纹盒在改造之间"已在南越国被使用了一段时间"，笔者以为这未必是事实，但这种迹象确实表明了裂瓣纹盒作成之后，经历了转移，留下了各种验收（包括物勒工名）、登记、收藏的痕迹。赵德云：《凸瓣纹银、铜盒三题》。

② 李零：《论西辛战国墓裂瓣纹银豆——兼谈我国出土的类似器物》。

③ 虽然我们不能在波斯找到形制完全一致的裂瓣纹银盒，但是我们可以找到一些形制相关的。

这不符合常理。可见银豆的盒体在当时是非常罕见的奢侈品，是由外国使节带来的贡品或者远渡重洋的商人贩运来的物品。

银盒与豆的关系。裂瓣纹豆非常特别，它是经过再次设计加工的产品。在前文的讨论中，我们通过比较这些具有异域风格的器物，知道构成这些裂瓣纹豆的核心要素（裂瓣纹盒）当为舶来品。可以想像，这种裂瓣纹盒的生产与设计者在设计和生产这些银盒时，可能没有想到它最后的模样、使用方式会是这样的。因为那些工匠是按照本民族的文化传统、使用习惯去设计和制作那些银盒的。有两点可以证明这种产品备受当时中国上层社会的青睐，一是在古代中国贵族墓中出土了各种带裂瓣纹饰的金银制品，比如，大云山汉墓同时就出土有银盘，银盘上的裂瓣纹与银豆的纹饰几乎是一致的。二是在滇王家族墓地中发现了相关的仿制品。那些贵族们以什么样的眼光来看待这类风格独特的事物和改造它们的呢？这种银盒与中国传统器物形制区别较大，它们是作为奢侈品被接受的，但这种接受是有条件的，有保留的，因此必须进行一定程度的改造。它们之所以被改造成豆的形制，笔者认为很可能与高足器物便于单手操持有关。此外，南越王墓所出裂瓣纹豆出土时豆内尚存药丸半罐，[①] 在某种意义上，它的形制来源可能也与模仿熏炉有关，当然熏炉也是豆式的器具，它在当时被用作修仙的道具，因此也可以看成是一种具有特殊的药具。古代贵族在改造银盒时，参照对象不约而同地集中到了中国传统的“豆”式器物，显然是功能使然。共同的文化心理引领他们把异质的“裂瓣纹盒”转化为中国传统的“豆”式器物，根据“豆”的结构特点，外来的银盒转化为“豆”的部件，银盒的整体结构和功能被包容或取代的同时，异域的风格又得到了保留。

银豆与铜豆的关系。由于中国传统工艺中并不擅长对银的加工，因此只好用相关的设计来弥补，这就是青铜焊接或铆接工艺。经过加工的

---

① 广州市文物管理委员会、中国社会科学院考古研究所、广东省博物馆编辑：《西汉南越王墓》（上），文物出版社 1991 年版，第 210 页。

产品从外形上看基本就符合“豆”的标准了，有豆身、盖钮和柄足，豆身就是银盒。这是中西合一，以中为本。这些银豆实际上是用银和铜两种材料制成的复合材料器物，而滇国出土铜豆的特点又有所不同。其一，当时滇国虽然对于中原地区贵族的各种奢侈品非常感兴趣，但是因为渠道的问题，无法直接获得那些奢侈品，因此只能自己进行仿制。其二，银器的造价很高，因此滇国贵族使用了较为廉价的镀锡青铜来代替。其三，沿海地区出土的裂瓣纹豆，其本身是一个改制品。在某种意义上，在当时的条件下，有些限制是客观存在的，比如中原地区不擅银加工工艺技术，因此采用焊接或铆接青铜部件实属不得已而为之。而滇国自有其技术上的优势。其四，在古代中国及其周边地区，锤揲技术要到唐代以后才日渐成熟，所以滇国改用了范铸技术来仿制裂瓣纹银豆。可以一体制作出裂瓣纹豆，同时还使其表面非常光亮。

在早期中国，滇国对中原诸侯王所喜好的奢侈品的仿制不只裂瓣纹豆一个例子，还有当卢，以下两件均为西汉时期的物品，①它们所反映出来的联系与裂瓣纹豆比较相似。第一件是出土于南昌汉代海昏侯墓的当卢，上面有一只朱雀作展翅回首、张喙鸣叫状。雀尾分成三组，每组端部有一孔。朱雀头羽上也有一孔，雀身上亦有孔，并且较其他孔都大。或以为这些孔可能有珠饰，但现已佚失。另一件当卢则来自石寨山 7 号汉墓，通高 13.6 厘米。它的形状与海昏侯墓所出当卢几乎完全一致，是一件经锤揲工艺加工成的铜片。与前者不一致的地方是，这件当卢上的朱雀无论是雀翎上的眼，还是头羽上的珠饰与当卢的其他部位都是同种材料一次加工而成。②两件当卢均为铜鎏金制品，其中一件当卢（或同批产品）很可能是另一件的原型。因为两件当卢上的朱雀纹样除了造型完

① 孙机认为此物在汉代当为马珂，而马珂可能系于胸前或马尻。但是从刘永华的研究来看这种尺寸较小的物品也有可能是用于马面的当卢，因此权且以当卢名之。参见孙机《中国古舆服论丛（增订本）》，上海古籍出版社 2013 年版，第 99 页；刘永华《中国古代车舆马具》，清华大学出版社 2013 年版，第 175—178 页。

② 有人称之为鎏金孔雀纹当卢，“孔雀纹”之说不当，当为“朱雀纹”。参见晋宁县文化体育局编《古滇王都巡礼：云南晋宁石寨山出土文物精粹》，第 54 页。

全一致以外，朱雀右脚后侧的一个凸起状细节也基本一致。这个细节看起来与主体形象关系并不紧密，甚至我们都不知道它代表什么意义，连这样细节都一致只能说明一个问题，即它一定经过翻模复制这道工序。当然，石寨山的这件当卢，模子翻制好之后还经过一些细节处理，有些结构被修改，如朱雀腹部的一处珠饰，经过修改过渡更为自然，而有些细节则被消除了。通过对比，不难发现，石寨山当卢不仅继承了海昏侯当卢（或它的同批产品）的造型特点，在制作上又极具典型的地方特色，用铸造工艺代替锤揲工艺进行加工。其实，我们发现普驮铜鼓墓出土的一件铜鎏金当卢与海昏侯墓出土的另一件当卢图案也非常接近。[①] 但是这两件实物在轮廓形状上有所差别，很明显海昏侯墓中所出为舶来之物，与传统当卢的纹饰特点有所差别，而普驮铜鼓墓所出为仿造物，仿制之时结合了传统的当卢外形样式，材质改为铜鎏金，但在图案上却是完全一致的。这两个例子表明，对裂瓣纹豆、当卢这类中原地区上层社会的奢侈物的仿制行为，在滇国贵族中十分常见。李零在他的研究中提到，“西汉时期，裂瓣纹银豆多出于诸侯王陵。无论皇帝所赐，还是王侯自造，都是高等级的身份象征。滇王是藩王，地位不如汉王，降格以求之，只能以铜代银，但其仿制对象仍是高等级的银豆。……古人把银、锡视为类似的金属，……锡器制造，在云南很有传统。”[②] 这句话较好地概括了滇国与中原的物质文化交流与影响关系，当然它也还有商榷的余地。从铜豆、铜当卢的情况来看，它们都是在当地制作的，这个结论应该没有问题。但那些银豆是不是各地王侯改作的，或者算不算他们改作的还可以再讨论，至少就其中主体部分（裂瓣纹盒）而言，诸侯王制作之说恐怕不实。它们的来源地和制作者，甚至最后如何流转到那些诸侯王手中，都没有足够的材料来阐明。但前文的讨论也说明了，滇王对汉地诸

① 江西省文物考古研究所、首都博物馆编:《五色炫曜：南昌汉代海昏侯国考古成果》，江西人民出版社 2016 年版，第 105 页；孙机《中国古舆服论丛（增订本）》，第 99—101 页。

② 李零:《论西辛战国墓裂瓣纹银豆——兼谈我国出土的类似器物》。

侯的生活习性非常了解和羡慕。舶来文化与中国本土文化的相结合，既有作为接受者主动追求的一面，也有传播者努力的一面。比如十八九世纪欧洲钟表匠为了能让所生产的钟表更符合大清皇帝的喜好，便把钟表上的纹饰都改成了具有中国特色的“车马人物、花鸟鱼虫”，以及“日月星辰”，等等。[①]

裂瓣纹豆与国家或区域交流之间的关系。从前面的分析，我们可以看到，这 10 件裂瓣纹豆，反映了丝绸之路上各种流通的物质在与不同社会层次和不同区域的交流中形式非常多样，并且因为交流的层次不一样，交流的结果也不一样。裂瓣纹豆核心部件或组件（以及这种组件的原型）来源于西亚地区，虽然我们目前不能确认它是主动的引入，还是被动的传播，但是其技术、工艺、人才都是外部的。接下来是第二步，从我们对它们出土的分布规律来看，我们会发现它们基本都发现于沿海地区，这个地区既可能是这些裂瓣纹盒进口时登陆的地方，也可能是最终辗转的地方，如果是前者的话，则说明，当时的海上丝绸之路其实已经非常发达，如果是后者的话，或者又可以说明汉代中央政府对诸侯王的监控力度在沿海地区要稍微弱一些，因为后者远离汉代权力中心，所以生活也就比较奢靡腐化。但不论哪一种，最后都成了诸侯王的赏玩之物。但是汉代诸侯王可以享用的东西，其藩属之国的诸侯未必敢于使用，或者用得起，所以有一些改变，说明丝路文明的影响非常深远。

其实，对于国际间的文化交流而言，古今中外都存在相似之处。以中国的紫砂文化在西方本土化为例。[②] 作者吴若明在她的研究中谈到，随着海上丝绸之路的兴起，17—18 世纪宜兴的紫砂壶也成为中国外销陶瓷中的重要组成部分，被欧洲各国争相收藏。其中德国萨克森选帝侯奥古斯特强力王（August the Strong）最有代表性，他在位期间收藏了大量的中国瓷器，除了数量庞大的青花、古彩、白瓷以外，还收藏了数百件宜

① 萧寒等：《我在故宫修文物》，广西师范大学出版社 2017 年版，第 2 页。

② 吴若明：《宜兴紫砂与波特格尔陶——论传统手工艺的区域之变与当代转化》，文章为“2018 中国工艺美术理论与批评论坛：传统手工艺的当代转换”会议文章。

兴紫砂，并流传至今。这些作品在德国乃至十八世纪的宜兴紫砂收藏中都占有重要的地位。当然，从萨克森宫廷所藏的紫砂来看，有些被收藏的紫砂显然经历了在欧洲的再装饰过程，与我们前面讨论的“裂瓣纹豆”现象如出一辙。并且，他们也没有停止在改造的阶段，而是开始了“仿制”（有如云南“滇王”所为）。仿制最成功的代表人物是普鲁士炼金师弗里德里希·伯特格尔（Johann Friedrich Bottger）。在改造过程中，他充分地考虑了“产品造型、器物类型、装饰工艺”等因素，改变了紫砂以茶具为主的单一状态，生产出了更多适合欧洲生活的器皿。

这个例子对我们研究丝路文化，探讨当下如何让中国传统文化走向世界，都具有非常重要的参考意义。

通过从山东到云南中国沿海地区发现的这批早期中国出土裂瓣纹豆的研究，我们不仅认识到它与波斯等地发现的篚罍之间的密切关系，即这批豆状器物可能是一种具有订制特点，两两篚罍对扣的器物，还了解到了中国古代丝绸之路文化交流的丰富细节，还可以知道它对早期中国有着多样的和深远的影响，中国中原地区和潘属国在丝路文明影响下有着很不一致的表现。当然，这些对探讨当下中国文化如何走向世界提供了重要的参考，具有非常重要的学术意义。

（练春海，中国艺术研究院美术研究所副研究员）

敦煌文献与佛教图像

敦煌本《董保德等功德赞》再探

马 德

摘　要：《董保德等功德赞》作为在佛事活动庆典仪式上的赞文草稿留存于世，是敦煌遗书中罕见的记载宋代画工的史料。赞文高度评价了董保德等的画艺画技，叙述了他们从事各种佛教建筑活动的功德，因画行都料董保德在官府担任押衙职务而得到高度赞扬，应该看作是对一个时代的画家群体的歌颂。但即使是敦煌，这种情况在历史上只是个别现象，即使在敦煌宋代以后，在作为手工业劳动者阶层的画匠们社会地位普遍有所提高的背景下，其他无论是押衙画师还是都料级匠师以及他们的团队，尽管在佛窟中作为供养人而有了一席之地，但都没有发现有这类赞记文书出现。因此，作为对民间画工团体的颂扬，《董保德等功德赞》彰显其在中国美术史上的重要价值意义。

关键词：董保德　画行都料　功德赞　画匠群体

一、三件《董保德等功德赞》的梳理定稿

《董保德等功德赞》是敦煌写本中极为罕见的记载画工的史料，前贤

已做了大量研究。[①] 在敦煌遗书中为两个编号：S.3929V 和 S.3937V，实则为一件，书写于唐代宫廷写经《妙法莲花经·方便品第二》之背面，共三份稿件，兹录文于后：

S.3929V 之一（简称甲本，框架稿）

盖闻三身化现，化同三界之仪；四智圆明，圆救四生之苦，迦毗尔迹，梦瑞诞于危峦；震旦垂风；灵祥生于宕谷。爰自乐僔遥礼，法良起崇，君臣缔构而兴隆，道俗镌妆而信仰。石壁刀削，虫书记仙岩之文；铁岭锥穿，像迹有维摩之室。金容宝相，晃耀千龛；月面星仪，晶晕万窟。仙葩圣果，遍林麓以馨鲜；异兽祥禽，满溪峦而遨跃。三贤道者，进道茅庵；十地圣人，证圣草屋。矧以修行张（长）老，寂住其中；食苦参子以充斋，著麻莎裳而蔽体。乃有往来瞻礼，见耀炎于黄昏；去返巡游，睹香云于白日。观音菩萨，易体而行；萨诃圣人，改形化现。由是山头谷地，佛刹之精丽难名；窟宇途间，梵室之殊严莫喻。厥有节度押衙知画行都料董保德等，廉和作志，温雅为怀，抱君子之清风，蕴淑人之励节；故传丹青巧妙，粉墨希奇，手迹及于僧瑶，笔势邻于曹氏。画蝇如活，佛铺妙似于祇园；邈影如生，圣会雅同于鹫岭。而又经文粗晓，礼乐兼精，实圣代之贤能，乃明持之应世。时遇曹王累代，道俗兴平，营善事而无傍，增福因而不绝。或奉上命驱荣，或承信士招携，每广受于缠盘，亦厚沾于赏赐。家资丰足，人食有余。乃与上下商宜：“行侣评薄，君王之恩隆顶报，

① 刘铭恕：《斯坦因劫经录》，载商务印书馆《敦煌遗书总目索引》，商务印书馆1962年版。姜伯勤《敦煌的画行与画院》，载《1983年全国敦煌学术讨论会文集·石窟·艺术编》（下），甘肃人民出版社1985年版。黄征、吴伟编校：《敦煌愿文集》，岳麓书社1995年版。马德：《〈董保德功德颂〉述略》，《敦煌研究》1996年第3期。《敦煌工匠史料》（甘肃人民出版社1997年版）二书均有录文。王惠民：《〈董保德功德记〉与隋代敦煌崇教寺舍利塔》，《敦煌研究》1997年第3期。李刈：《敦煌写本〈董保德功德颂〉的年代及有关问题》，《敦煌研究》2007年第6期。

信心之敬重要酬，共修功德，众意如何?”寻即大之与小，尊之与卑，异口齐欢，同音共办。保德自己先依当府子城内北街西横巷东口弊居，联壁形胜之地，创造蓝若一所，刹心四廊，图塑诸妙佛铺；结脊四角，垂拽铁索鸣铃。宛然具足，新疑弥勒之宫，创似育王之塔。其时积善之家，长幼归依敬信。又云又云。又于窟宇讲堂后，建此普净之塔，四壁图绘云云。是以五土平分，迥开灵刹；三峗特秀，势接隆基。辉浮孟敏之津，影辉神农之水。门开慧日，窗豁慈云；清风鸣金铎之音，白鹤沐玉毫之舞。果唇疑笑，演花句于花台；莲脸将止，披业文于业座。威灵罕侧，谅瞻仰之难思；色相所求，因归依而有属。功德即毕，心愿斯圆。

S.3929V 之二（简称乙本）

盖闻三身化现，化同三界之仪；四智圆明，圆救四生之苦，迦毗尔迹，梦瑞诞于危峦；震旦垂风；灵祥生于宕谷。爰自乐僔遥礼，法良起崇，君臣缔构而兴隆，道俗镌妆而信仰。石壁刀削，虫书记仙岩之文；铁岭锥穿，像迹有维摩之室。金容宝相，晃耀不啻于千龛；月面星仪，挺持有侔于万窟。仙葩圣果，遍林麓以馨鲜；异兽祥禽，满溪峦而遨跃。三贤道者，进道溢塞于茅庵；十地圣人，证圣骈填于草屋。矧以修行张（长）老，寂住其中；食苦参子以充斋。著麻莎裳而蔽体。乃有往来瞻礼，见耀炎于黄昏；去返巡游，睹香云于白日。观音菩萨，易体而行；萨诃圣人，改形化现。由是山头谷地，佛刹之精丽难名；窟宇途间，梵室之殊严莫喻。厥有节度押衙知画行都料董保德等，廉和作志，温雅为怀，守君子之清风，蕴淑人之励节；故传丹青巧妙，粉墨希奇，手迹及于僧瑶，笔势邻于曹氏。画蝇如活，佛铺妙越前贤；邈影如生，圣会雅超于后哲。而又经文粗晓，礼乐兼精，实佐代之良工，乃明持之膺世。时遇曹王累代，道俗兴平，营善事而无傍，增福因而不绝。或奉上命驱荣，或承信士招携，每广受于缠盘，亦厚沾于赏赐。衣资给足，粮食供余。先思仰报，报于君恩；仍酬答于施然，以轻酬于信施。修当来之胜福。先于当府子城内北街西横巷东口弊居，联璧形胜之地，创造蓝若一所，刹心四廊图塑诸妙佛铺；结脊四角，垂拽铁索鸣铃，菀然具足。又于此岩，共诸施主权修窟五龛，彩绘一一妙毕。又有信心募召，彩绘灵龛，住箔多时，居傍日久。（中间删去三行）因即行侣会坐，上下商宜，共修此古精蓝，报答君恩施主，岂非好事？遂乃同音共办，异口齐欢，即日施工，下手建造。即于古塔下得珍珠缨珞一瓶子，可有贰升次米；内有某物。当破上件物色，造一珠缳，亦可以酬先人心愿矣。先资国泰人安，法轮常转。大王遐寿，以日月而齐明；永握西关，作苍生之父母。

S.3937V（简称丙本）

（前缺）衣资给足，粮食供余。先思仰报于君恩；然以轻酬于信施。而又讣居火宅，若雷响而暂鸣；自了坯躯，等蟾光而速耀。遂制裁资产，募召良工，谨于本府子城内衙宇表外北街西横巷东口弊居，联璧形胜之地，创建云云。屋顶结脊，四角联拽，铁鸣铃，宛然具足。又于此岩，共诸施主诱引，再修古龛五所，一一彩绘妙毕。又于北方毗沙门造头冠一所，妆金彩画；又三峗山建法华塔一所，又于讲堂槿帐门两扇，新著纸布妆饰，绘天王两躯。又因信心召邀命，来画仙龛，驻箔多时，居傍日久，遂见普净古塔置立年深，基宇摧残，金容色参，遂共行侣发语，上下商宜，再共修造精蓝，岂非好事？故得同音齐应，异口称欣，一诺相随，不违善事。寻乃即日下手，运土开基云云。则于塔下得珍珠璎珞一瓶子，可有二升；沙□一个，麸金一瓶亦尔，内有金指环六个，银指环五个，纯金珠子一索，又移一大石。当用此物以修功德，造珍珠像一帧，供养本处。不逾多载，廊穹以忉利立成；俄匝三周，殿刹以灵山化出。

三份稿件中，甲本字迹比较工整，但内容较少；乙本和丙本有似草稿，比较潦草，且有大量涂改痕迹。从书写顺序上看，显然是从右到左，依次为甲、乙、丙；从内容上看，甲本应该是个主题和框架，略去的具体内容在乙本中得到补充；丙本是段落节选，是对乙本结尾部分修改和补充。[①]文中对莫高窟的历史追述和对董保德的赞颂方面几乎没有什么变动，甲乙二本对其溢美之词一字未删；而在叙述董保德的佛事功德方面，乙本增加"修古龛五所"；丙本又补充"造天王头冠""建三危山法华塔""讲堂棂门并绘天王像"等，而甲本中只记录在自家巷口建兰若和修普净塔两件事，其余均以"云云"代替，显然是留待另作补充。

按常理，本《功德记》应该再有一个比较完整的全稿。所以，我们在这里根据甲乙丙三本的内容，以甲本为框架，以书本为底本，参照丙本，梳理出一份完整的文本如下：

节度押衙知画行都料董保德等功德记

盖闻三身化现，化同三界之仪；四智圆明，圆救四生之苦，迦毗尔迹，梦瑞诞于危峦；震旦垂风，灵祥生于宕谷。爰自乐僔遥礼，法良起崇，君臣缔构而兴隆，道俗镌妆而信仰。石壁刀削，虫书记仙岩之文；铁岭锥穿，像迹有维摩之室。金容宝相，晃耀千龛；月面星仪，晶晕万窟。仙葩圣果，遍林麓以罄鲜；异兽祥禽，满溪峦而遨跃。三贤道者，进道茅庵；十地圣人，证圣草屋。矧以修行张（长）老，寂住其中；食苦参子以充斋，著麻莎裳而蔽体。乃有往来瞻礼，见耀炎于黄昏；去返巡游，睹香云于白日。观音菩萨，易体而行；萨诃圣人，改形化现。由是山头谷地，佛刹之精丽难名；窟宇途间，梵室之殊严莫喻。厥有节度押衙知画行都料董保德等，廉和作志，温雅为怀，抱君子之清风，蕴淑人之励节；故传丹青巧妙，粉墨希奇，手

① 王惠民认为是董保德自己对第一份不满意，而亲笔书写第二、三份以作补充。见前揭王惠民文。

迹及于僧瑶，笔势邻于曹氏。画蝇如活，佛铺妙似于祇园；邈影如生，圣会雅同于鹫岭。而又经文粗晓，礼乐兼精，实圣代之贤能，乃明持之应世。时遇曹王，累代道俗兴平，营善事而无傍，增福因而不绝。或奉上命驱荣，或承信士招携，每广受于缠盘，亦厚沾于赏赐。衣资给足，粮食供余。乃与上下商宜：“行侣评薄，君王之恩隆顶报，信心之敬重要酬，共修功德，众意如何?”寻即大之与小，尊之与卑，异口齐欢，同音共办。先思仰报于君恩；然以轻酬于信施。而又讣居火宅，若雷响而暂鸣；自了坯躯，等蟾光而速耀。遂制裁资产，募召良工，谨于本府子城种下宇外北街西横巷东口弊居，联壁形胜之地，创建蓝若一所，刹心四廊，图塑诸妙佛铺；结脊四角，垂拽铁索鸣铃。宛然具足，新疑弥勒之宫，创似育王之塔。其时积善之家，长幼归依敬信。又于此岩，共诸施主诱引，再修古龛五所，彩绘一一妙毕。又于北方毗沙门造头冠一所，妆金彩画；又三峗山建法华塔一所，又于讲堂榁帐门两扇，新著纸布，妆饰绘天王两躯又因信心邀命，来画仙龛，驻箔多时，居傍日久，遂见普净古塔置立年深，基宇摧残，金容色参，遂共行侣发语，上下商宜，再共修造精蓝，岂非好事?故得同音齐应，异口称欣，一诺相随，不违善事。守乃即日下手，运土开基建造。则于塔下得珍珠璎珞一瓶子，可有贰升；次米麸金一瓶，亦在，内有金指环六个，银指环五个，纯金珠子一索，又得一大石。当用此物以修功德，造珍珠像一帧，供养本处。不逾多载，廊穹以忉利立成；俄匝三周，殿刹以灵山化出。是以五土平分，迥开灵刹；三峗特秀，势接隆基。辉浮孟敏之津，影辉神农之水。门开慧日，窗豁慈云；清风鸣金铎之音，白鹤沐玉毫之舞。果唇疑笑，演花句于花台；莲脸将止，披业文于业座。威灵罕侧，谅瞻仰之难思；色相所求，因归依而有属。功德即毕，心愿斯圆。先资国泰人安，法轮常转。大王遐寿，以日月而齐明；永握西关，作苍生之父母。

对《董保德功德赞》的名称，刘铭恕先生早年拟名为《节度押衙董保德建造兰若功德颂》，[1] 王惠民先生将三件一并拟名《节度押衙董保德重修普净塔功德记》。[2] 笔者之前曾拟作《董保德诸佛事功德颂》等名[3]，李刈先生简言《董保德功德颂》，[4] 等等，不一而足。

敦煌文献中保存有众多铭、记、赞、颂类文书，一般认为，铭记一类文书是要长久的保存的，一般用于勒石刻碑，或书册题壁；而赞颂一类的文书只是在特定场合使用，比如斋会、道场等，使用完毕后即当场焚烧。但如这类功德类文书，一般是在佛事工程竣工后的庆典仪式上宣读的文本，在宣读完毕后焚烧，所以这类文书一般保存下来的都是草稿（未指定具体事宜者及教学用的范本除外）。“发愿文”即属于赞颂类文书。黄征先生认为抄写较为工整的甲本是用于“开工典礼上诵读”，故拟名为《建窟发愿文两篇》。[5] 仔细审读三件写本，均书于写经废弃的残经背面，应该都是草稿；而誊写整齐的定稿不应该另有其文，很可能已经在斋会上一次性使用后当即焚烧。故黄征先生的说法很有道理：董保德等在普净塔竣工后（非开工时）举行过一次庆典活动，此文书正是在这次庆典斋会上的“表文”，其正本定稿由“表白法师”于斋会上诵读后焚烧。另一方面，敦煌的斋会、道场使用的文本一般是“庆”“赞”文，而本文书详细叙述了董保德等人大量的造兰若、修窟龛、建塔院等“佛事功德”，并将所有这些功德在此一次性地表述完整。所以，本文书应该是在普净塔竣工之后举行的一次庆典仪式（法会），对此前所有的佛事功德所做的叙述和赞颂，所以称功德庆赞文比较贴近原意。因此，本文下面将这份文献拟名为《节度押衙知画行都料董保德等诸佛事功德记》，简称

---

① 刘铭恕：《斯坦因劫经录》，载商务印书馆编《敦煌遗书总目索引》，商务印书馆1962年版。

② 王惠民：《〈董保德功德记〉与隋代敦煌崇教寺舍利塔》，《敦煌研究》1997年第3期。

③ 拙作《〈董保德功德颂〉述略》，《敦煌研究》1996年第3期。

④ 李刈：《敦煌写本〈董保德功德颂〉的年代及有关问题》，《敦煌研究》2007年第6期。

⑤ 黄征、吴伟编校：《敦煌愿文集》，岳麓书社1995年版。

《董保德等功德记》或《功德记》。

仔细观察，丙本和乙本之间好像是有意剪开的；看其内容，丙本主要是关于古塔下发现金银财富的具体清单，在作为发愿文的赞文中大概是属于可有可无一类，但我们觉得还是补充完整比较好。

二、底层高级画师的群体意识

敦煌文献中有关于董保德于戊辰年活动的记载。董保德生活的公元十世纪有两个戊辰年，一为公元 908 年即五代后梁开平二年；二为公元 968 年即宋乾德六年。《董保德功德颂》云："时遇曹王，累代道俗兴平，营善事而无停，增福因而不绝。""曹王累代"即瓜沙曹氏归义军政权，董保德所处的曹王时代即曹元忠时期，即公元 968 年，保德已是都料，这时董保德至少应该是四十岁以上。①

《董保德等功德记》也可算是敦煌石窟艺术史上的重要文献之一，在称颂董保德的画技时，十分引人注目地写道，董保德"故传丹青巧妙，粉墨希奇，手迹及于僧繇，笔势邻于曹氏。画蝇如活，佛铺妙似于祇园；邈影如生，圣会雅同于鹫岭。而又经文粗晓，礼乐兼精，实圣代之贤能，乃明持之应世。"其中"手迹及于僧繇，笔势邻于曹氏"②；这是当时敦煌社会对佛教艺术创作者们的一般概念，是一个中国式的概念，它道出了敦煌石窟佛教艺术中国化的历史渊源。这里的曹氏指曹不兴，僧繇为张僧繇，两位都是中国佛教艺术的代表人物；代表中国化佛教艺术的两个阶段，即曹不兴时代的"秀骨清像、褒衣博带"和张僧繇时代的"面短而艳""秾丽丰肥"两个大的发展阶段，而这两个代表人物都活动于中国江南，这两个阶段也都是在东晋、南朝形成的。这是因为，传入中国江

① 李刈：《敦煌写本〈董保德功德颂〉的年代及有关问题》，《敦煌研究》2007 年第 6 期。

② 这里需要说明一点的是：敦煌的许多历史文献，在行文方面都采取倒叙的手法，如这里的曹氏和僧繇，就是时间顺序方面前后颠倒。

南一带的佛教造像，一开始就被按中国传统文化艺术形式得以改造，成为中国化的佛教艺术，产生出曹、张两位佛教艺术大师。而敦煌佛教艺术作为中国的佛教艺术，它也经历了一个过程之后才得以中国化，即南朝化；而中国化了的敦煌佛教艺术同样也经历曹氏与张氏两个阶段。而后面的“又经文粗晓，礼乐兼精”则说明董保德有一定的文化历史和文学艺术方面的基础知识，因此也可算是当时的敦煌画家当中的文人。而且，在记文作者眼里，这位画匠出身的押衙，是与中国画史上的僧繇、不兴齐名的美术大师！因此，董保德的画在敦煌应该算是不同于普通民间画匠画工们的“文人画”了。

通过《功德记》的描述可以看出，董保德是一位了不起的大画家，可以和他之前的中国历史上的任何一位画师相提并论。这就让我们产生了几点疑问：一、既然董保德是中国历史上的“大师级”的画师，可为何不见在传世的画史和其他史料中有记载？也没有他的一幅作品传世呢？试想：如果不是敦煌藏经洞的开启，恐怕世人没人会知道他。二、既然他的画作那么出色，而且他还带着众人在莫高窟“权修五龛”，在宋代重修的百余座洞窟中，至少应该有他重修的一两座吧？可为什么没有发现一幅能让人赏心悦目的杰出作品呢？

这里先回答第一个问题：就是董保德他们的画技，并没有记文说的那么好。当然，这不是说董保德不努力，而在很大的程度上是取决于社会环境的影响和制度的约束；因为在董保德所处的时代，敦煌莫高窟的艺术已经严重程式化，不要说根本不可以出现像曹、张那样的大师作品，就连唐代前期的大一统时代的中原水平也望尘莫及。如莫高窟宋初第55窟壁画，虽然内容丰富，又贴近社会，生活气息浓郁，但画技、画艺却不被后人看好。这里也就可以解释第二个问题：虽然大画师董保德带领众人在莫高窟“权修五龛”，但这个时代也就不会有什么“旷世杰作”留给后世了。同时，董保德等人在窟上绘画一般是受窟主和施主之托，也需要收取一定的报酬，所以我们在莫高窟就看不到有他署名的作品。《董保德等功德记》多次提到“酬仍酬答于施然，以轻酬于信施。”就是说明他平时也和普通工匠享受一样的待遇。恩师姜伯勤先生也认为："董保德的身份，从文书可知，董保德是一名有造诣的画师。而甲本说他'实佐代之良工，乃明时之膺时'则准确说明他是一名高级画工。董保德'粗晓'经文，说明他不是士大夫出身的画家，而只是有一定文化程度的手工业者上层。"①

实际上，《董保德等功德记》所赞颂的并不是董保德一个人，而是以董为首的一个画家群体。不论甲本还是乙本，都非常突出地标明"董保德等"就是最好的说明！所有的功德都是大家做的，即使是当了行会头目、节度押衙，也不能把别人做的都划归你的名下。而且，本记文特别不断强调董保德是为"报君恩"或诸施主劝请，和众工匠一起从事这些佛事活动的，并收取了一定的报酬，所以是不能算作自己的；加上工匠地位历来低下，即便是都料级匠师，也应该和普通工匠一样默默无闻。董保德虽然可以为自己树碑立传，但作为由最底层一步步凭技艺做到都料并出任押衙的工匠，他十分清晰自己普通工匠的位置，心里还是装着与其朝夕相处的那些伙伴们，和一向支持他的一众乡邻。还有，从古塔下面发现金银财宝后，董保德和大家怀着对佛教的敬畏之心，因材制宜，全部用琮打造为一幅幅精美的珍珠佛像，也展示出敦煌历代工匠的高尚品格和优良传统。有意思的是，在几份《功德记》稿中，甲本自然未细述，乙本原作"造一珠缨"，最后由丙本按实际情况改为"造珍珠像一帧"。

很明显，董保德是无数敦煌古代画匠中被热情讴歌的第一位幸运儿。真正让董保德（等）成为中国画史上的一流画家的原因，其实就是他的"节度押衙"这个小得不能再小的官衔，加上"都料"级和画师和行会头目，这一双重身份，成就了他的"一世英名"。因为他作为画家当了官，就可以把历史上所有的对画家的溢美之词全部加到他和他的同伴们头上。

① 姜伯勤：《敦煌的"画行"与"画院"》，载《敦煌艺术宗教与礼乐文明》，中国社会科学出版社 1996 年版，第 13—31 页。原载《1983 年全国敦煌学术讨论文集·石窟·艺术编》（下），甘肃人民出版社 1985 年版。

因此，不要小看了这个“节度押衙”，他在子城内有“衙宇”，虽然也可能是像他这样的一群小吏们集体办公的地方，但也是一般人望尘莫及的。所以他把兰若建在“衙宇”附近的巷口。也正是因为有了这个“特权”，才可以使他为他自己和一众弟兄们能得到这样一份赞颂文书。这就是古人常说的在其位，谋其政，承其重，得其名，获其利；荣誉归于位置而不是归于人。所以，我们一定要把这份《董保德等功德记》中的赞美，看作是集体荣誉，是对一个时代的一个团队的成就的肯定。利用董保德个人的绘画水平，“画蝇如活”“邈影如生”等，赞扬众位画匠。

三、不是都料的押衙画师与不是押衙的都料匠师

同样的押衙，同样的都料，处在同一个时代，其他人就没有董保德团队这样的殊荣了。在同是敦煌石窟的林窟第20窟，有这样一方画匠题记：

> 雍熙伍年岁次戊子三月十五日，沙州押衙令狐信延下手画副监使窟，至五月卅日口具画此窟周毕。愿君王万岁，世界清平，田莹善熟，家口口口，口孙莫绝。值主窟岩，长发大愿，莫断善心；坐处雍护，行口通达，莫遇灾难。见其窟岩也。

这位令狐信延也是一位担任“节度押衙”的画家，但他没有“都料”的头衔，因此就没有像董保德那样受人赞誉。但从该窟主室保存较好的壁画来看，其画艺画技在当时也属上乘。

在同属敦煌石窟的瓜州榆林窟第35窟的供养人像列中，有一位题榜为“施主、沙州工匠、都勾当画院使、归义军节度押衙、银青光禄大夫、检校太子宾客竺保”，[①] 大概是敦煌画匠之中职务最多、头衔最高者，但

---

① 参见拙作《敦煌古代工匠研究》，文物出版社2018年版，第350页。

可能在画家行业中并不是出类拔萃，所以也就和令狐信延的情况差不多：技不如人，职务再多头衔再高也没有董保德的美誉。另外还有数名押衙级的画匠，情况亦是如此。[①]

再看另一位件关于匠都料赵僧子的文书（P.3964）：

> 乙未年十一月三日立契：塑匠都料赵僧子，伏缘家中户内有地水出来，阙少手上工物，无地方觅，今有腹生男苟子，只典与亲家翁贤者李千定。断作典直价数：麦贰拾硕、粟贰拾硕。自典已后，人无雇价，物无利润。如或典人苟子身上病疾、疮出、病死者，一仰兄佛奴面上取於本物；若有畔上及城内偷却高下之时，仰在苟子祇当。忽若恐怕人无凭信，车无明月，二此之间，两情不和，限至陆年。其限满足，容许修赎。若不满之时，不喜修赎。伏恐后时交加，故立此契，用为后验。（记号）　只典身男苟子（押）　内典口承兄佛奴（押）　商量取物父塑匠都料赵僧子（押）知见亲情米愿昌（押）知见亲情米愿盈（押）知见并畔村人杨清忽（押）知见亲情载元寺僧愿通（押）

赵僧子也是都料级别的匠师。并不是他的技不如人或贡献太小，但他的日子过到这种典卖儿女的程度，还有那么多的亲友到现场作证，根本原因可能还是他没有在官府有个哪怕是最小的“押衙”头衔，否则应该是没什么大的问题。

在敦煌宋代石窟的供养人题记中，我们也发现不少的“都料”级的匠师，如“纸匠都料”“金银行都料”“弓行都料”“伎匠都料”“木行都料”“鞍行都料”“铁匠都料”“泥匠都料”等。虽然他们都是最高级别的巨匠大师，有一些也在官府担任押衙职务，但在敦煌遗书中也没有发现专门赞颂他们的文章。看来，在当时人们的眼中，绘画作为艺术活动，与

① 参见拙作《敦煌古代工匠研究》，文物出版社2018年版，第350页。

其他手工行业还是有一定的区别。这就是作为艺术家的画匠，似乎受到中国文人画的影响，而出现专门称颂出身卑微的优秀画师们的赞文。

四、几点感想

第一，对莫高窟的赞颂及其佛教社会化意义。

《董保德等功德记》出现于敦煌石窟佛教艺术的后期。因此它在赞颂董保德的同时，对敦煌石窟从创建到发展的几百年的历史用简短的语言进行了高度概括，即所谓“君臣缔构而兴隆，道俗镌妆而信仰”：从君主、大臣到普通百姓，从出家僧团到在家信众，莫高窟牵动着整个敦煌社会，明确指出这里实际上是一处社会化的活动场所。

第二，热情讴歌民间画工的中国美术史意义。

董保德等人的画技是否达到了记文所述“手迹及于僧繇，笔势邻于曹氏”、“画蝇如活”“邈影如生”的水平，另当别论。但作为民间画匠，获得这样的赞誉，敦煌佛教艺术在这里体现了中国美术史的意义。

第三，预示着手工业者的地位与社会的发展变革。

敦煌遗书中尽管还没有发现对其他工匠们专门的长篇赞颂，但通过对同样是民间手工业者的画匠的赞颂，可以看出是对民间手工业者的肯定，“画行”“金银行”一类手工业行会组织民间工匠们的涌现，反映了民间工匠们社会地位的整体提升，同时也展示着社会的发展变革。

因此，《董保德等功德赞》不应该只是一份简单的功德赞文或平常上的表文，而是一份具有特殊价值和意义的历史文献。

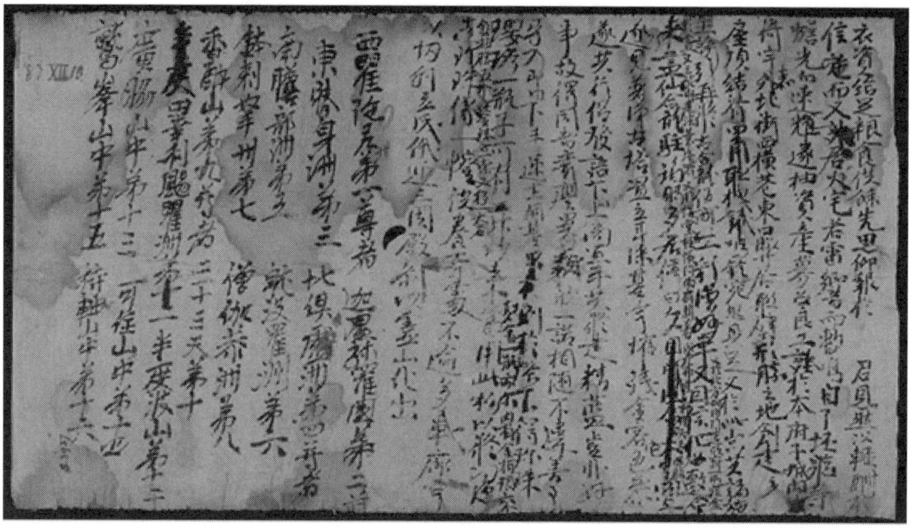

S.3929V

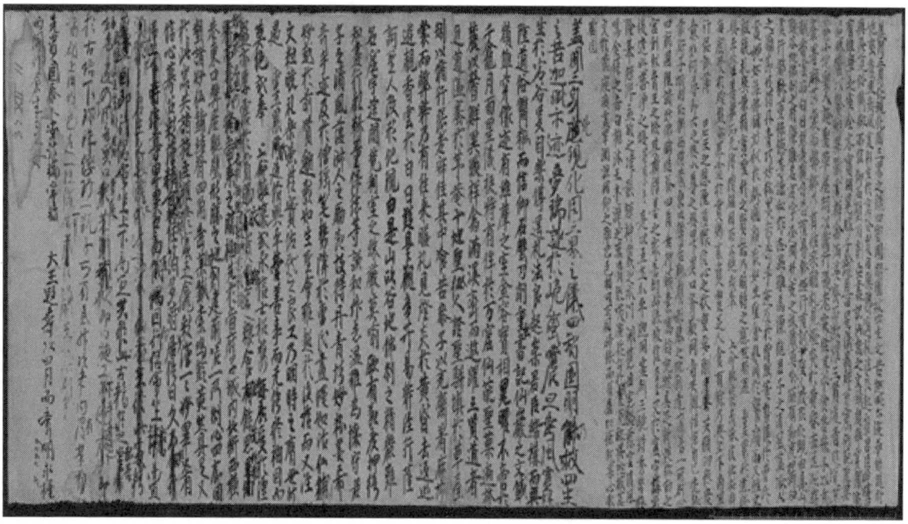

S.3937V

（马德，敦煌文献研究所前所长、研究员）

黑水城遗存《父母恩重经》卷首画研究 *

崔红芬

摘　要： 俄藏黑水城出土佛经卷首画内容丰富多彩，它是对经文内容形象而生动的体现，更具视觉效果，为推动佛教传播起了积极作用。本文欲对俄藏黑水城汉文《父母恩重经》卷首画进行考证研究，首先考察黑水城《父母恩重经》的版本，认为不同地区的佛经对西夏产生影响。然后对经文卷首画内容进行解析，并与敦煌壁画、绢画和大足石刻浮雕进行比较，探究黑水城卷首画与其他变相的不同之处和特点，分析仁孝时期《父母恩重经》翻译成西夏文及卷首版画流行的原因。

关键词： 俄藏黑水城　《父母恩重经》卷首画　敦煌变相

佛教自两汉传入中土，不断与中土儒家孝道思想相融合，尤其是南北朝时期，儒释曾针对孝道问题而展开激烈论战。在《父母恩重经》出现之前，由西晋高僧竺法护所译《佛说盂兰盆经》是一部短小的宣扬孝道思想的佛经文，此经译出后，受到中土信众的欢迎而广为流传。南北朝时期的梁武帝于大同四年（538）创设盂兰盆会的仪式，民间也纷纷效仿，出现盂兰盆节。唐朝的盂兰盆会更为流行，仪式更为壮观。在这种背景的影响下出现的《父母恩重经》是唐朝以来流行的一部佛教伪经，是在佛教不断与儒家文化的冲突交锋和融合吸收过程中产生的。《父母恩

* 本论文为2018年度国家社会基金重大专项冷门绝学和国别史等研究（批准号2018VJX009）的阶段性成果。

重经》虽然没有入藏流传，但因其思想内涵比较符合中国的孝道传统和道德标准，又结合佛教信仰的特色，所以唐宋的民间却广为流行，出现不同版本及大同小异的经名，如《佛说父母恩重经》《报父母恩重经》《大报父母恩重经》和《佛说父母恩重难报经》等，现有写本、刊本、石刻本等。据此经绘制的经变也出现在敦煌壁画、绢画和大足石刻浮雕等处。《父母恩重经》及其变相相得益彰，共同促进佛教发展和佛经的传播。《父母恩重经》不仅在敦煌、黑水城和山东等地有遗存，而且还传入高丽和日本等。

学界对《父母恩重经》的成果主要集中在文献版本、经变相图和释道比较研究等方面，其中郑阿财[①]、马世长[②]、孙修身[③]、秃氏祐祥[④]、冈部和

① 郑阿财：《〈父母恩重经〉传布的历史考察》，载项楚、郑阿财主编《新世纪敦煌学论集》，巴蜀书社 2003 年版，第 27、48 页；《敦煌本慈善孝子报恩成道经考论》，《敦煌学国际研讨会文集》，北京图书馆出版社 2005 年版，第 131—140 页。

② 马世长的《〈父母恩重经〉写本与变相》（敦煌研究院编：《敦煌研究文集・敦煌石窟经变篇》，甘肃民族出版社 2000 年版，第 397 页）和《〈报父母恩重经〉与相关变相图》（《宿白先生八秩华诞纪念文集》，文物出版社 2002 年版，第 521—586 页）分别对《父母恩重经》不同版本和变相进行考证。

③ 孙修身对佛教版本和变相研究的文章有《〈佛说报父母恩重经〉版本研究》载敦煌研究院编：《段文杰敦煌研究五十年纪念文集》，世界图书出版社 1996 年版，第 239—249 页；《大足宝顶与敦煌莫高窟佛说佛说父母恩重经变相的比较研究》，《敦煌研究》1997 年第 1 期；《成武本〈佛说父母恩重经〉之意义》，《北京图书馆馆刊》1998 年第 3 期；《山东成武白浮图村〈父母恩重经〉碑校记》，《敦煌研究》1997 年第 2 期。

④ ［日］秃氏祐祥：《父母恩重经のに就いて》，日本《宗教研究》新五卷四号。

雄[①]、新井慧誉[②]、誉胡文和[③]、胡发强等[④]、安忠义[⑤]和朴相国[⑥]等相关研究多涉及敦煌、大足、黑水城的佛经版本以及敦煌、大足等处变相。本文欲在前人研究基础上，对俄藏黑水城汉文《佛说报父母恩重经》的卷首画内容进行考证，并探讨西夏佛经卷首画的版本依据及与敦煌、大足经变的关系。

一、黑水城藏《父母恩重经》版本

经变画和经文卷首画都与经文有着密切联系，是对佛经内容的生动反映和体现，与佛经一起共同促进佛教的传播和流行。我们在考证俄藏汉文本《父母恩重经》卷首画之前要清楚其经文的版本情况。

俄藏黑水城文献汉文和西夏文佛经中都保存《父母恩重经》，俄藏黑水城汉文佛经有 4 件，有 4 种名称，即 TK-119《佛说报父母恩重经》、TK-120《佛说父母恩重经》、TK-139《佛说父母恩重经》和 TK-240《佛

① ［日］冈部和雄：《〈父母恩重经〉中的儒教、佛教、道教》，《世界宗教研究》1996 年第 2 期。

② ［日］新井慧誉对房山、敦煌和黑水城的《父母恩重经》有系列研究文章，如《房山石经の〈父母恩重经〉》、《房山石经の〈父母恩重经〉の丁兰本新资料（房408）について》、《房山石经の〈父母恩重经〉の古本新资料（房 4、5、7）について》、《房山石经の〈父母恩重经〉の古本新资料（房 40A）について》、《小报经〈宝父母恩重经〉（俄 TK119）について》、《大英博物馆所藏の敦煌发见〈父母恩重经〉变相画（英藏）について》、《黑水城发见の〈父母恩重经〉（俄藏TK120）について》等。

③ 胡文和的《对大足宝顶〈父母恩重变相〉重新研究》（敦煌研究院编：《2004 年石窟研究国际学术会议论文集》，上海古籍出版社 2006 年版，第 1087—1109 页）。

④ 胡发强、刘再聪：《从甘博藏〈报父母恩重经变〉看唐、宋洗儿风俗》，《西藏大学学报》（社会科学版）2008 年第 2 期。

⑤ 安忠义：《甘肃省博物馆藏〈报父母恩重经变〉研究》，《丝绸之路》2003 年S1 期。

⑥（韩）朴相国编著《全国寺刹所藏木板集》（韩国文化财管理局，1987 年）中初步统计，现藏于韩国各个图书馆、寺院和私人等处的《报父母恩重经》有不同刊板年代的计 41 种，年代从正统癸亥到嘉庆十一年之间。

说父母恩重经》。俄藏西夏文佛经有第 181-185 号，馆册第 6570、5048、6670、759、6876 号《佛说父母恩重经》。英藏黑水城西夏文文献中也有 5 件，即 Or.12380-3082（K.K.）《佛说父母恩重经》、Or.12380-3050（K.K.II.0244.uuu）《佛说父母恩重经》、Or.12380-3050V（K.K.II.0244.uuu）《佛说父母恩重经》、Or.12380-2757（K.K.II.0281.a.xi）《佛说父母恩重经》、Or.12380-0060（K.K.II.0283.qqq）《佛说父母恩重经》等。另外，在内蒙古自治区博物馆也藏有西夏文写本《佛说父母恩重经》（M11.017-02P）。[①] 黑水城出土文献存在《佛说报父母恩重经》和《佛说父母恩重经》两种经题。

《父母恩重经》在敦煌、黑水城、山东和四川等地皆有遗存，以敦煌藏经洞出土最多，分别保存在国内、国外图书馆和博物馆。因敦煌文献和经变学界研究较多，所以我们首先结合敦煌、山东和房山石刻遗存的《父母恩重经》等对俄藏黑水城各个编号《父母恩重经》的内容进行考证、比较和分类，确定黑水城汉文本的版本依据。学者通过对敦煌出土《父母恩重经》及相关讲经文、赞文比对研究，认为存在不同版本，[②] 综合学者的研究，主要有三个版本，即甲本、乙本和丙本等，大致简要概述

---

① 史金波、陈育宁主编：《中国藏西夏文献》（第 17 册），甘肃人民出版社、敦煌文艺出版社 2006 年版，第 123—124 页。

② ［日］秃氏祐祥：《父母恩重经のに就いて》（《宗教研究》新五卷四号）将其所见《父母恩重经》版本分为“丁兰本”“古本”“增益本”“高丽”“大报本”“省略”等六类。孙修身将所见《父母恩重经》分为四大类，即甲本（全本）、乙本（删节本）、丙本（定本）、丁本（权宜本），参见《〈佛说报父母恩重经〉版本研究》。郑阿财将写本《父母恩重经》分为四大类，即甲种（丁兰本）、乙种（古本）、丙种、丁种。另外还有安岳石刻属于乙种本、山东石刻属于丁种本变体，参见郑阿财《〈父母恩重经〉传布的历史考察》（项楚、郑阿财主编：《新世纪敦煌学论集》，巴蜀书社 2003 年版，第 27—48 页。马世长把《父母恩重经》写本分为全本、删本和别本，参见马世长《〈父母恩重经〉写本与变相》，敦煌研究院编：《敦煌研究文集·敦煌石窟经变篇》，甘肃民族出版社 2000 年版，第 397—419 页。樊锦诗主编的《报恩父母经典故事》（华东师范大学出版社 2010 年版，第 61 页）中认为《父母恩重经》有三个版本即有孝子故事的全本，删掉孝子故事的删本，将父母养育恩德概括为十恩德题目和不孝子入十八地狱的名称的别本。

如下：

第一，全本或甲本或丁兰本《父母恩重经》[①]

此版本的经文中出现丁兰木母等孝子故事。《父母恩重经》最初出现在武周时期的《大周刊定众经目录》卷15“伪经目录”，唐智昇在《开元释教录》卷18“别录中伪妄乱真录第七”中列有《父母恩重经》一卷（“经引丁兰、董黯、郭巨等，故知人造，三纸”）。[②] 唐圆照撰《贞元新定释教目录》卷28沿用《开元释教录》之说。因为此经引述了中国、外国孝子的故事，被认为有较为明显的伪造痕迹，视为伪经，不能入藏流行。马世长考证，全本《父母恩重经》多是唐前期职业书手写本，格式规整，书法亦佳。[③] 郑阿财查证此类的佛经有S.149、2269、6087、7203、北图号字14、人字22号、上博48、北大D100、Dx1982＋Dx1989、台北中央图书馆31等10件。马世长认为S.149、6074、2269、6087、北图号14、阙字40号为全本。

第二，删节本或乙本《父母恩重经》[④]

此本在敦煌文献中保存最多，也是敦煌地区最为流行的一种。为了掩饰其伪造之嫌疑，丁兰木母等孝子故事皆被删除，见收录在《大正藏》第85册，第2887号的《父母恩重经》。从遗存文献可以确定，虽然都是删节本，没有孝子故事出现，但也却存在多个版本。郑阿财查证此类的佛经有S.1097、1189、1323、1548、1907、2084、3228、4476、5215、5253、5408、5433、5642、6062、7635、7779、2285、P.3919-2、北图辰字36号、阙字40号、裳字33号、翔字25号、奈字28号、洪字39号、李字85号、霜字81号、北大D101、上博56、Dx44、304、975、1140、

---

① 孙修身：《〈佛说报父母恩重经〉版本研究》，载敦煌研究院编《段文杰敦煌研究五十年纪念文集》，世界图书出版公司1996年版，第240页。

② （唐）智昇撰：《开元释教录》，《大正藏》第55册，第673页上。

③ 马世长：《〈父母恩重经〉写本与变相》，载敦煌研究院编《敦煌研究文集·敦煌石窟经变篇》，甘肃民族出版社2000年版，第402页。

④ 孙修身：《〈佛说报父母恩重经〉版本研究》，载敦煌研究院编《段文杰敦煌研究五十年纪念文集》，世界图书出版公司1996年版，第241页。

1595、3075＋3084、日本中村不折藏等35件数。

第三，丙本或别本或定本《父母恩重经》[①]

丙本与全本、删节本比较存在诸多不同之处，马世长定为别本。虽然没有出现孝子故事，但与其他删减本也不尽相同。孙修身认为，丙本没有出现孝子故事，却把父母养育的恩情总结为十种恩德，列有小标题而没有颂文；增加了对不孝子的惩处及下地狱的描述，列出十八地狱的名称；除了对不孝子的劣迹进行详列外，还增加作为女子不孝之罪；行文更为流畅，用词更接近世俗化。郑阿财的划分更加详细，他确定的丙种版本与孙修身的丙本并不一致，二者之间存在很大差别。郑阿财把没有出现孝子故事且文末有“若有一切众生能为父母作福造经，烧香请佛，礼拜供养三宝，或饮食众僧，当知是人能报父母其恩”和“若有众生能为父母或器乐十五日造佛槃名为盂兰盆，现佛得果，当知是人报佛母恩”定为丙种。郑阿财考证房山石经第2册“隋唐刻经”中所刻《父母恩重经》的残石过于残缺无法判断版本，而第3册中大和六年（832）、大和七年（833）所刻《佛说父母恩重经》则属于丙种系统。郑阿财把没有孝子故事，经文有父母十恩德及十八地狱的具体描述定为丁种，认为丙本是从乙本向丁本过渡的一种版本。

此外，孙修身认为还有一种版本，在敦煌文献中没有发现，只见于藏经洞出土的绢画上，认为是删节本的再次删节本。

我们在了解敦煌等地遗存《父母恩重经》内容之后，可以参照此对黑水城出土文献进行比较分析。首先我们可以确定，俄藏黑水城汉文TK–119《佛说报父母恩重经》、TK–120《佛说父母恩重经》、TK–139《佛说父母恩重经》、TK–240《佛说父母恩重经》、Or.12380–3082（K.K.）、Or.12380–3050（K.K.II.0244.uuu）、Or.12380–3050V（K.K.II.0244.uuu）、Or.12380–2757（K.K.II.0281.a.xi）、Or.12380–0060（K.K.II.0283.qqq）等原

① 孙修身：《〈佛说报父母恩重经〉版本研究》，载敦煌研究院编《段文杰敦煌研究五十年纪念文集》，世界图书出版公司1996年版，第242—243页。

则上都属于孙修身所称的丙本，或马世长所称的别本或郑阿财所称的丁种，但实际上俄藏黑水城汉文本和西夏文本《父母恩重经》又多有不同，内容表述不同，各有千秋。因为西夏文过于残缺，我们不好比较，以汉文本为主，兼及西夏文本，我们分析比较如下：

TK-119《佛说报父母恩重经》西夏刻本，经折装，共16折，32面，每面5行，行16—17字，上下单边，字宋体。TK-119本内容没有孝子故事，经文与敦煌甲乙本相差甚远，与敦煌丙本内容接近。

TK-119与敦煌丙本相同之处：有十恩德且标有小题目，对不孝子惩治及下地狱受诸苦难，对女儿不孝的种种行为描述。不同之处：敦煌本虽然有十恩德，但没有赞颂，俄藏TK-119既有十恩德标题，又有赞颂内容。敦煌本有十八地狱名称，而俄藏TK-119没有出现十八地狱名称。俄藏TK-119有“儿行千里，母心行千里；儿行万里，母心行万里”，敦煌本又没有，而在P.2418号讲经文中所引用经文有“儿行千里，母行千里；儿行万里，母行万里”的内容。比较P.2418和TK-119的内容，认为俄藏TK-119虽然只多出“心”字，要比敦煌本的描述更加贴切和形象。

俄藏TK-119有“佛言：若有善男子、善女人，为父母造此经典，是真报得父母深恩也。如能造一卷，得见一佛；能造十卷，得见十佛；能造一百卷，得见一百佛；能造千卷，得见千佛；能造万卷，得见万佛。缘此人造经力，是诸佛等常当拥护，令其人父母得速生天界，离地狱苦。”敦煌本中没有此段内容，而刻于五代后汉乾祐元年（948）的山东武成本《佛说父母恩重经》却有与俄藏TK-119相同的内容，只是在用词上稍有差别。孙修身对山东武成本录文如下：“佛言：若有善男子、善女子，为于父母，敬造斯经，是真报父母深恩也。能造一卷，得见一佛；能造十卷，得见十佛；能造百卷，得见百佛；能造千卷，得见千佛；能造万卷，得见万佛。缘此人造经力故，是诸佛等，感当拥护，令其父母，得来升天，离地狱苦。”[①] 从这段内容可以确定，黑水城汉文本又与山东武成本有着一定的渊源关系。

TK-120 首缺，西夏刻本，经折装，共 5 折半，11 面，每面 5 行，行 13 字，上下单边，宋体，经文有十恩德和小标题，没有赞颂内容，与 TK-119 不同。

TK-240 西夏刻本，经折装，残缺严重，仅存“第三生子忘忧恩 颂曰：慈母生君日，五脏忽开张。身心俱闷绝”内容，由此可以确定，TK-240 与 TK-119 相同，都存在颂赞内容，不同之处是 TK-240 有“颂曰”二字，TK-119 没有。

TK-120 与 TK-119、TK-139 其他一些内容的表述也不尽相同，首先，TK-120 载十恩德之后有“世间众生，阿孃怀子，十月之中，起坐不安，如擎重担，饮食不下，如长病人。月满生时，受诸苦痛。须臾好恶，恐畏无常。如煞猪羊，血流洒地。且生一个，苦尚如斯。何况更多，十男五女有此苦。生得此身，但长顽愚，不思父母，咽苦吐甘……”TK-119 和敦煌本则无此内容，而 TK-139（西夏刻本，蝴蝶装，白口，版心题“恩”，下有页码）却保存此段内容。

TK-120 强调报恩可以刺血书写是报恩经，为报父母究竟怜悯恩。内容为“若能为于父母刺血书写是报恩经，是为报父母究竟怜悯恩。佛言：善男子、善女人，如上修是真孝顺男女，则为以报父母深恩。若不尔者，非小顺子，与诸禽兽无异也。”这段文字在其他俄藏汉文本中没有，却与俄藏西夏文 Or.12380-3050V（K.K.II.0244.uuu）残经内容相似。

TK-119 和 TK-139 都保存有卷首，比对其内容，TK-139、Or.12380-3082（K.K.）和 Or.12380-0060（K.K.II.0283.qqq）残经与敦煌本丙本相同，内容为“与大比丘众二万八千人俱”，而 TK-119 则是“与大比丘众三万八千人俱”。可见，不仅敦煌出土的《父母恩重经》存在多个

① 孙修身：《成武本〈佛说父母恩重经〉之意义》，《北京图书馆馆刊》1998 年第 3 期。

版本，而且黑水城汉文和西夏文本也存在多个不同版本，且汉文本之间的差别也相对较大。

俄藏黑水城汉文 TK-139、TK-240、TK-119、TK-120 都没有出现年代。根据克恰诺夫的描述，俄藏西夏文《佛说父母恩重经》（第 181 号，西夏特藏第 150 号）应与俄藏汉文 TK-120 内容相同，克恰诺夫记载，其中一篇经文汉译文中有题记：死去的中书令的儿子们为纪念他而施写此经文，标注的时间为天盛四年（1152），即仁孝时期。

《佛说父母恩重经》（第 184 号，馆册第 759 号）有后记，内容为此经发愿者清信弟子虑刮莉矜（梁吉祥狗）为感激父母恩德，散施经文 1000 卷。发愿者祝愿他的父母早日超生极乐世界，获菩萨正果。日期为：猜泊己唆淮翠氦聚涠（天盛壬申四年五月施[①]）。

西夏文《佛说父母恩重经》（第 185 号，馆册第 6876 号）刻本，经折装，存 26 折页，每折 6 行，行 13 字，经题后有仁孝皇帝（奉天显道耀武宣文神谋睿智制义去邪惇睦懿恭皇帝）御校勘。英藏黑水城 Or.12380-3082（K.K.）和 Or.12380-0060（K.K.II.0283.qqq）残经的经题后有“淖瞭瘭粄藪艱莝藉践罵綃篪佬楚稍坞否例窿猜索彝握（奉天显道耀武宣文神谋睿智制义去邪惇睦懿恭皇帝贤译）”。

根据这些黑水城文献零散记载，我们可知，在仁孝时期开始将《父母恩重经》翻译成西夏文，汉文本流传时间则会更早。仁孝“奉天显道耀武宣文神谋睿智制义去邪惇睦懿恭皇帝”使用时间最长，以其尊号校经和译经也最多。据考证，“奉天显道耀武宣文神谋睿智制义去邪惇睦懿恭皇帝”尊号是在夏大庆二年（1141）八月以后才开始使用。[②] 大庆年间仁孝开始大规模校勘佛经，同时也进行了小范围的译经活动。上述题记在仁孝时期天盛年间已经被信众施印流传，说明西夏文《佛说父母恩重经》在仁孝天盛以前已翻译成西夏文流行。

① 天盛四年五月，即水猴年（1152 年 7 月）散施。

② 崔红芬、文志勇：《西夏皇帝尊号考略》，《宁夏大学学报》（人文社会科学版）2006 年第 5 期，人大复印资料《宋辽夏金元》2007 年第 1 期全文转引。

根据敦煌等地写本和石刻经内容，有题记最早的是西川安岳石刻《父母恩重经》，时间为开元二十三年（735）。《房山石经》第3册有隋唐时期刻《父母恩重经》，其时间分别为大和六年（832）和大和七年（833）。P.2285为唐宣宗大中元年（847）写本，S.4476为唐僖宗乾符二年（875）写本，P.2418是后唐明宗元成二年（927）讲经文。S.1907为后晋出帝开运二年（945）。山东成武本《佛说父母恩重经》是后汉乾祐元年（948）石刻经，山东成武县白浮图村北宋太平兴国九年（984）石刻《父母恩重经》和山东还藏有唐元和六年（811）石刻经。上图119、P.3919皆为后周显德六年（959）写本。西夏境内的西夏文《父母恩重经》在天盛年间已经流传，那么汉文流行时间更早。

由此可见，自唐朝至宋、西夏时期，《父母恩重经》在西北、山东和四川等地皆流传不衰。黑水城汉文和西夏文《父母恩重经》在很大程度上受到周边文化的影响，既与敦煌丙本有密切关系，也与山东后汉年间石刻经有紧密联系。党项人内迁以后，不断受到汉文化的影响，西夏建国，拥有今天河西地区、兰州、宁夏、陕西北部、内蒙古一部分、青海部分地区等，河西流行的经典自然对西夏产生影响很大；另外，从德明到秉常时期西夏先后六次向宋朝请赐佛经，或西夏与宋边境交往而使宋地佛经传入西夏境内。西夏佛教文化受到来自不同地区的影响，在其境内形成多渠道文化融合发展的局面。

二、俄藏黑水城卷首画解析

1.黑水城卷首画内容考察

佛教绘画以视觉形象发挥传播佛教的功能，画面也与经文密切相关，是对经文主题内容的形象反映。我们在清楚黑水城《父母恩重经》版本后，探讨其卷首画的内容。在黑水城汉文四个编号的《父母恩重经》中，TK–119和TK–139存在卷首画，TK–139卷首画仅存一页，佛画内容为两个披衣合十僧人立像（图一），有头光，他们应该是面向佛陀敬礼，听佛所讲《父母恩重经》。

TK-119卷首画所表现内容丰富，共三个折页，我们分别介绍如下，首先解析中间一幅，中间画面表现佛陀讲说《父母恩重经》的场面（图二）。说法场景分为三个层次，最上方有山峰的简单描绘，表现佛陀说法的地点，即王舍城耆阇崛山。佛陀端坐莲花宝座上，有身光和头光，一手说法印，一手触地印，中间为二位弟子侍立两侧，左面是阿难，右面是迦叶，二位弟子双手合十。再下面是二位跪拜出家弟子，披衣合十。

图一　TK-139《佛说父母恩重经》卷首画

图二　TK-119《佛说父母恩重经》卷首画中间一幅

这个场景简单明了，仅以二弟子和二出家弟子代表了众多菩萨、弟子、天龙八部等听闻佛法场景。佛陀身后的画面非常简单，但这些内容却较好地表现了佛陀说《父母恩重经》场面。相应经文内容为“如是我闻，一时佛在王舍城耆阇崛山中，与大比丘众三万（二万）八千人俱，及诸菩萨摩诃萨无量无边天龙八部四众围绕世尊。时有圣者，名曰阿难，问于如来世尊，父母恩德，其事云何？彼诸菩萨咸共赞言：善哉，善哉！尔时，如来告阿难曰：谛听谛听，当为汝说，唯然世尊，愿乐欲闻。佛告阿难父母恩德有其十种。”

TK-119卷首画是以佛陀说法为中心，分左右两面围绕着报恩而展开，以连环画的形式表现，每一方块内容表现一个故事。右面有八幅连环画的场面，有七幅有榜题，表现为报父母生养之恩而采取的具体方法。这七幅画面有榜题，一幅没有榜题，七幅榜题分别为父母绕须弥山处、为父母割肉之处、为父母剜眼睛之处、为父母割心肝之处、为父母打骨处、为父母受刀轮之处、为父母吞铁丸之处。（图三）

图三　TK-119《佛说父母恩重经》卷首画右面八幅

这七幅报恩内容在佛经中也有充分的表述，其内容为：“尔时，如来以八种深恩梵声告言大众，汝当谛听。假使有人左肩担父右肩担母，研皮至骨，研骨徹髓，绕须弥山，经百千匝，血流没踝，犹不能报父母深恩。假使有人遭饥馑劫，为于父母，尽以其身，脔割碎坏，经百千劫，犹不能报父母深恩。假使有人为于父母，手执利刀，剜其眼睛，经百千劫，犹不能报父母深恩。假使有人为于父母，亦以利刀割其心肝，不辞痛苦，经百千劫，犹不能报父母深恩。假使有人为于父母，打骨出髓，百千矛戟，一时刺身，经百千劫，犹不能报父母深恩。假使有人为于父母，百千刀轮，于自身中，左右出入，经百千劫，犹不能报父母深恩。假使有人为于父母，吞热铁丸，遍身焦烂，经百千劫，犹不能报父母深恩。”另一幅没有榜题的右面下面一图，绘两个成年男性，前者侧身回头顾盼后行者，后行者端立，两手弯至胸前，作说话之状，此图大概表述内容即是“弃诸胜友，朋附恶人，习以成性，遂为狂计。被人诱引，逃窜他乡，违背父母，离家别贯”的相应经文。以此内容表现不孝子的诸多行为，正因为此，才出现左面上刀山下火海的地域场景。

左面，最上图双幅，表现受刀山火海之苦，没有出现榜题，但依据内容判断是对不孝子的惩治，即上刀山下火海的情景（图四）。经文有对不孝子的惩治，其内容为：“佛告阿难，不孝之人，命终身坏，之后坠阿鼻地狱，其狱纵广八万由旬，四面铁城，围绕罗网。其地炽火洞然，猛烈炎炉，雷奔电烁。镕铜烧铁，流灌罪人。铜狗铁蛇，恒吐烟焰。烧煎煮炙，脂膏焦然。苦痛哀哉，难甘（堪）难忍。钩戟枪槊，剑柱刀轮，如云如雨，空中而下。或斫或刺，苦楚罪人。历劫受殃，无时暂歇。又令更入诸地狱中，头戴火盆，铁车分裂，肠肚骨肉，缭乱纵横。一日之中，万死万生，如斯苦事，无量无边。是诸罪人等皆因前生五逆不孝，故受斯苦。”卷首画采用简单明了的画面，没有严格遵照经文内容而画，以简单的画面将百姓耳熟能详的地狱诸种恐怖描述出来。

图四 TK-119《佛说父母恩重经》卷首画左面一幅

图五 TK-119《佛说父母恩重经》卷首画行孝连环画

以下6幅行孝连环画均有榜题：为父母受持戒条、为父母供养三宝、为父母布施修福、为父母书写经典、为父母读诵经典、为父母忏悔罪愆（图五）。相应场景参见佛经内容："佛告佛子，欲得报恩为于父母，书写此经；为于父母，读诵此经；为于父母，受持斋戒；为于父母，忏悔罪愆；为于父母，供养三宝；为于父母，布施修福。若能如此，名曰孝顺之子，不依此行，是地狱人。"绘画忠实于经典内容，把经文每个内容都有描绘。

通过上述卷首画的内容，我们可以得知，TK-119《佛说报父母恩重经》主要强调报恩内容，三折卷首画，中间佛陀说《父母恩重经》作为引出佛经的主体，右面七幅报恩的场景，主要突出儒家报恩思想和具体表现，而左面则出显佛教报恩的具体表现，儒家和释教的孝道思想在卷首画中得以完美融合和体现。

同时在右侧出现不孝子的行为，左侧最上面才描绘了对不孝子的惩治，把儒家说教和佛教孝道统而为一。俄藏黑水城 TK-119 卷首画在其布局上还是仿照壁画形式绘制的。中间为主要内容，其他内容分别画于两侧。西夏绘画虽然比较粗糙，也不是非常精美，但从内容可以判断是依据敦煌丙本或别本进行绘制的。西夏人将礼佛敬僧和孝敬父母融为一体，无论是儒士还是佛教徒对“孝悌”这一传统奉行不变，为报父母恩，除了有中国传统的做法之外，还可以充分利用佛教宣说，为父母供养三宝、布施、持戒、写经和诵经等也都可以积累福德，报答父母生育、养育之恩。（图六）

图六　TK-119《父母恩重经》卷首画全景图

通过卷首画的解析，我们可以认为，《父母恩重经》虽然融汇了儒家孝道观念，但并没有强调子女对父母单方面报恩的传统，也没有把子女对父母报恩视为超越一切最优先的道德规范，佛教在融合儒家的孝道观的同时也保存了自身的特点。《父母恩重经》则把报父母生养之恩与报佛僧恩、报三宝恩并列对待。从一般百姓的生活视角出发，把现世现报的伦理观和因果轮回，超生极乐世界的最终果报兼顾得较为合理。

2. 黑水城卷首画及佛经流传的原因

《父母恩重经》在仁孝时期翻译完成，与仁孝提倡儒释文化有密切关系。仁孝在位时期是西夏文治最为兴盛的时期，西夏政权给予孔子的最高封号为“帝”。人庆元年（1144）六月，仁孝令州、县各立学校，国中增弟子员至三千人，然后又复立小学于禁中，凡宗室子孙七岁到十五岁皆得入学。设教授，仁孝与后罔氏亦时为教训导之。[①]可见西夏也非常重视蒙童教育。人庆二年（1145）八月，夏重大汉太学，亲释奠，弟子员赐予有差。[②]人庆三年（1146）三月，仁孝尊孔子为“文宣帝”，令州郡悉立庙祀，殿庭宏敞，并如帝制。[③]乾祐十四年（1183）八月，西夏儒臣斡道冲卒，为奖励他在儒学方面的贡献，仁孝令图其像，从祀学宫，俾郡县遵行之。[④]可以想象当时各地孔庙的数量一定不少。仁孝时期，学校设立更加完备，学生人数大增，儒学也得到进一步的发展。

在仁孝推崇佛教和提倡儒学的大背景下，组织翻译和校勘《父母恩重经》也说明统治者对此经的重视。《父母恩重经》在信众中传播也有利于统治者的统治。仁孝时期，统治者还把忠孝思想写进了法律，《天盛律令》第一卷规定，对子女谋杀亲人、妻子谋杀丈夫、下级谋杀上级等罪犯一律不论主从，皆以剑斩；将谋逆、失孝德礼、不孝顺、不恭、失义、不睦、内乱等列为十大不赦的罪状；弟子、学生等对官家所派师傅、先生打斗而杀时，当与杀诸司局分人上属大人、承旨之罪相同，也一律剑斩。

---

① （清）吴广成撰，龚世俊等校证：《西夏书事校证》第三十五卷，甘肃文化出版社1995年版，第412—413页。

② （元）脱脱等撰：《宋史》卷四百八十六《夏国下》，中华书局1997年版，第14025页。

③ （清）吴广成撰，龚世俊等校证：《西夏书事校证》第三十六卷，甘肃文化出版社1995年版，第417页。

④ （清）吴广成撰，龚世俊等校证：《西夏书事校证》第三十八卷，甘肃文化出版社1995年版，第447页。

西夏为了推行儒学发展，翻译和刊印了很多儒家经典，如：《孝经》《尔雅》《贞观政要》《论语全解》等，黑水城也出土了不少儒家典籍，如《论语》《礼记》《忠臣》《孝行》《孟子传》等。西夏人在自己编撰的著作中融合了很多的儒家思想，骨勒茂才的《番汉合时掌中珠》中有“仁义忠信，五常六艺，尽皆全备，孝顺父母，六亲和合……搜寻文字，纸笔墨砚，学习圣典，立身行道，世间扬名，行行禀德，国人敬爱，万人取则，堪为叹誉，因此加官”以及其他有关孝悌、科举及第的内容。曹道乐的《新集慈孝传》和《德行集》宣扬儒家的伦理道德和慈孝节义观。[①] 仁孝时期刻印的大型辞书《圣立义海》对孝道思想也有宣扬。《圣立义海》《杂字》与上面提到的《番汉合时掌中珠》一样，均以天、地、人“三才”为纲。西夏谚语中也有：傲慢无朋友；彼此发誓比命贵；不孝敬父母，会增加灾难和不幸[②] 等说法。民间传统与卷首画表现的思想是一致的。

党项人非常敬佩忠孝节义之人，大安九年（1082），夏人攻陷宋属永乐城，有延安孝女孟氏“随其父戍城，兵败，其父战殁，女呼号，徒步入城中求得父尸，大恸五日而死，夏人怜之，并其父葬焉”。[③]1135 年，会州人程俊，年幼时，父母陷落夏国，他“常号泣自毁。迨长，捐家财数十万往赎，未至，北向号泣，寝食俱废。夏人感动，还其母邵氏。俊日夕承顺奉养备至，乡里称为至孝”。[④] 这两则动人的故事说明了人之德性，节孝为先，也体现了儒家的孝道思想已深深根植于夏人之心。黑水城出土一幅描绘关羽的《义勇武安王》版画，这幅表现中国传统忠孝节

---

① 聂鸿音：《西夏文〈新集慈孝传〉释读》，《宁夏大学学报》（人文社会科学版）1999 年第 2 期。

② 陈炳应：《西夏的诗歌、谚语所反映的社会历史问题》，载白滨编《西夏史论文集》，宁夏人民出版社 1984 年版，本文参照俄语对个别译文稍做变动。

③ （清）吴广成撰，龚世俊等校证：《西夏书事校证》第二十六卷，甘肃文化出版社 1995 年版，第 298 页。

④ （清）吴广成撰，龚世俊等校证：《西夏书事校证》第三十四卷，甘肃文化出版社 1995 年版，第 399 页。

义思想的版画曾在西夏境内流传，说明了西夏人对关羽的敬仰。

西夏人骨勒茂才编写的《番汉合时掌中珠》中讲到一个用儒家“孝道”教化破案的故事，有一个失道小人，为私利伤害他人，被人告到官府，在罪证面前，不肯招认，对他进行拷打，仍然抵赖。无奈，判案官员就用孝道教化罪犯：“愚蒙小人，听我之言，孝经中说，父母发身，不敢毁伤也，如此打拷，心不思惟，可谓孝乎。”① 通过判案人员的一番儒家思想教育使他认罪伏法。这个故事虽然过分夸大了儒学说教的作用，但它至少说明了党项人非常重视孝道。

三、敦煌、大足变相与黑水城卷首画比较

除了黑水城《报父母恩重经》卷首画之外，在敦煌、四川等处皆有保存《父母恩重经变相》。敦煌莫高窟六件变相，其中绢画二件，其一件藏大英博物馆，一件藏甘肃省博物馆；四铺壁画，即第 238 窟东壁窟门南侧，中唐；第 156 窟前室窟顶北侧，晚唐；第 170 窟北壁，宋代；第 449 窟东壁窟门北侧，宋代。莫高窟第 238 窟《父母恩重经》变相上部因烟熏变黑，内容无法辨认。中间为说法场面，下部是三条屏风画。在说法场景的两侧未见描绘父母恩德的画面，估计因残缺严重，已经无法辨认确定了。我们可以把除了第 238 窟以外敦煌和四川等地出现的绢画、变相和石刻像内容分别进行简单的比较分析。

① （西夏）骨勒茂才著，黄振华等整理：《番汉合时掌中珠》，宁夏人民出版社 1989 年版，第 63—64 页。

图七　莫高窟第156窟《父母恩重经变相》

莫高窟第156窟是一幅经变图，最上绘连绵起伏的山峰，表现佛说此经时的地点和场景。中间为佛陀在说法，围绕听法诸多圣众，这是变相的主题，所占比例很大，也很突出。下面是表现佛经内容，如有“卧侧栏车”“开怀哺乳”“及至长成，反为不孝”“欺凌伯叔，打骂兄弟”“弃诸善友，朋附恶人”“父孤母寡，独守空房”“为父母写经”等场景。通过比较，可以确定此内容既有敦煌乙本，也有丙本的相应内容。（图七）

莫高窟第449窟在构图上与第156窟有很多相似性。中间突出部位为佛陀在说法，弟子、菩萨、天龙八部和世俗弟子等围绕听法，这是变相的主题。远处绘植物、楼阁，表现佛说此经时的地点和场景。下面是依据佛经所描绘的故事，表现“人生在世，父母为亲，非父不生，非母不养”“横上（簪）其头，既索妻妇，得他子女，父母疏远”“父母年高，气力衰老，终朝至暮，不来借问”“复无褥被，寒苦辛厄，难遭之甚，年老色衰”“或呼唤呼，嗔目惊怒，妇儿骂詈，低头含笑。妻复不孝，子复

五讁。夫妻和合，同作五逆”“礼佛供养”“写经诵经”等。（图八）

图八　莫高窟第449窟《父母恩重经变相》

莫高窟第170窟经变也是以较大的画面描绘说法图，弟子、菩萨、天龙八部和世俗弟子等围绕听法，这是变相的主题。远处绘植物、楼阁，表现佛说此经时的地点和场景，与第449窟有相似之处。第170窟与第156窟、第449窟在构图上也有不同，经文故事的内容不是画在说法图的下面，而是画在说法图的两侧。比对其内容，可以确定有“人生在世，父母为亲，非父不生，非母不养”“父母怀抱，和和弄声，含笑未语”“卧侧栏车”“横上（簪）其头，既索妻妇，得他子女，父母疏远，私房室内，共相语乐”“男女有病，父母病生，子若病除，慈母方差”“妻复不孝，子复五谪。夫妻和合，同作五逆”“父母年高，气力衰老，终朝至暮，不来借问”“供养三宝”等。（图九）

图九　莫高窟170窟《父母恩重经变相》

大英博物馆所藏绢画，大约年代为五代时期，绢画保存基本完整，首先佛说法图所占比例较大，下面是依据经文绘制的故事内容，大致内容有"……草上……卧侧……田不养""父母怀抱，和和弄声，含笑未语，饥时须食，非母不哺，渴时须饮，非母不乳""父母养儿，去离栏车，十指甲中，食子不净，应各有八斛四斗。计论母恩，昊天网极。呜呼慈母，云何可报""既索妻妇，得他子女，父母转疏。私房屋室，共相语乐。父母年高，气力衰老不来借问"等内容，判断经文故事是依据

图十　大英博物馆藏《父母恩重经变相》

图十一　甘肃省博物馆藏《报父母恩重经变相》

敦煌乙本绘制完成。

甘肃省博物馆藏一幅北宋淳化二年（991）绢质《报父母恩重经变相》，高 182 厘米，宽 127 厘米，以蓝色和绿色为衬底，有经文故事，配以日月、山水、建筑和花草等，内容丰富，上下结构。最上层绘七佛，有榜题，从左往右依次为南无毗婆尸佛、南无尸弃佛、南无毗舍浮佛、南无拘留孙佛、南无拘那含佛、南无迦叶佛、南无释迦牟尼佛。第二层绘七宝，即藏宝、珠宝、佛宝、兵宝、玉女宝、象宝和轮宝等。第三层也是绢画主要突出部分，绘佛说讲说父母恩重经的场面，弟子、菩萨、天龙八部、比丘、比丘尼、优婆塞、优婆夷等听闻佛法。说法图的两侧分别是依据经文绘制的父母养育子女和子女不孝的故事共十五幅，有榜题，从说法图左面往右面，从下往上再从上往下，内容是“父母恩德，昊天罔极”“人生在世，父母为亲。非父不生，非母不养”“十月将满，产后母子俱显，洗浴时”“母为其子开怀出乳，以乳乳之时”“或在栏车摇头弄脑时”“父母将子随行加颈时”“父母养育，卧在栏车时”“或复拽腹随行，呜呼向母时”“父母怀抱含笑未语和弄声时”“或得果品，以与其子，一遇不得，娇啼佯哭”“孝子不娇，必有慈顺”“娇子不孝，必有五谪”、“父母年老，气力衰微时”“得他子女，私房室内，共相欢乐”“子亦长大，求索妾时”等。最下面绘“佛邈真记”的内容。甘博经文故事也是依据敦煌乙本绘制完成。

重庆大足宝顶山石刻小佛湾第 13 窟和大佛湾第 15 窟两处，各有一铺《父母恩重经》变相，小佛湾风化严重，以大佛湾第 15 窟高浮雕保存完好（见图十二），刻于南宋时期，内容分为上下结构，共三层，最上部分为七佛，手印不同，分别是毗婆尸佛、尸弃佛、毗舍浮佛、拘留孙佛、拘那含佛、迦叶佛、释迦牟尼佛。中间是依据经文的故事，计有11个情节，“投佛祈求嗣息”不见经文和其他变相中，其余为父母对子女十种恩德，即怀胎守护恩、临产受苦恩、产子忘忧恩、咽苦吐甘恩、推干就湿恩、哺乳养育恩、洗涤不净恩、为造恶业恩、远行忆念恩和究竟怜悯恩。最下部分可有阿鼻地狱诸多场景，其一恶鬼手捉瓢状物向罪人口中灌铜铁水，罪人拒绝反抗。其二有一身带枷锁之人，两旁刻有毒蛇，口内喷吐火焰，火烧身有枷锁的人。其三刻巨大山石压住一人，仅露人头，人头一侧刻一只恶犬，向被压的罪人的头部喷吐烈火，作烧人之形态。

推干就湿恩

投佛祈求嗣息

哺乳养育恩

生子忘忧恩

图十二　大足变相故事

通过上述梳理，我们可知，敦煌壁画和绢画皆没有出现丁兰木母等孝子故事，应该是根据敦煌删本绘制的，但比对壁画和绢画的内容，他们又体现出敦煌乙本和丙本的《父母恩重经》的相应内容。敦煌出土的壁画和绢画主要突出佛说父母恩重经的说法场景，所占比例较大，而依据经文绘制的故事或是绘在说法图的下面，或是绘在说法图的两侧，所占比例较小。依据经文所绘或画的经文故事所选内容也各不相同，画面和构图形式较为多变，主要强调父母养育子女的诸多恩德，也表现了不孝子的种种不孝行为，并没有出现对不孝子的惩处。

甘博藏绢画与大足石刻同样都出现七佛的内容，大足在七佛下面是经文十恩德故事，而甘博则出现七宝的场面，这是《父母恩重经》或《报父母恩重经》所没有的内容，七宝出现在《弥勒经》变相中，可以说明经变故事的选择上具有一定的随意性，结合当时流行佛经的情况，又增加不同佛经的内容，使得《父母恩重经》变相内容更加丰富多彩。我们可以认为敦煌壁画和绢画主要是《父母恩重经》的体系。

在黑水城卷首画 TK–119 和刻于南宋时期的重庆大足石刻第 15 窟变相则出现对不孝子惩处的画面，二者出现时代相当。大足石刻所刻阿鼻地狱场面要比黑水城卷首画丰富，更接近佛经内容，体现经文“命终堕阿鼻地狱，其狱纵广八百由旬，铁为罗网。其地赤铁，赤火炯焰，猛烈火炉，累奔电烁。烧铜铁汁，流注罪人。铜狗铁蛇，恒吐烟焰”等。而黑水城卷首画内容简单明了，只是出现上刀山下火海的场景，更贴近百姓生活。虽然在地狱场景二者有一致性，但大足石刻依旧主要是体现父母养育十恩德画面，而黑水城则突显作为子女如何报恩的场景。

黑水城卷首画虽然仅有三折页，以佛陀说法内容居中，左右两面则体现报恩，仅在右面最下角画有两个男人的场面说明二子长大从恶的不孝画面，在左上角有一幅体现对不孝子惩治的画面。而其他内容皆为报父母深恩的内容，右面七幅主要体现儒家思想报得父母深恩的诸多表现，如父母绕须弥山、为父母割肉、为父母剜眼睛、为父母割心肝、为父母打骨、为父母受刀轮、为父母吞铁丸等。黑水城卷首左面报恩图主要表现佛教如何报得父母深恩的场景，如为父母供养三宝、布施、持戒、写经和诵经等都可以积累福德，报答父母生育、养育之恩，而且佛教强调的报恩才是最终的报恩的体现，也是佛教弘扬的目的之所在。

黑水城卷首画将儒家孝道思想和佛教提倡的大孝思想有机结合在同一画面中，中间以佛说报父母恩重经作为引导。我们分析各地流行的《父母恩重经》《报父母恩重经》和保存的壁画、绢画、卷首画和石刻浮雕变相，可以确定，在敦煌主要流行《父母恩重经》及其变相，内容虽然也有对不孝子不孝行为的体现，但主要突出父母恩德，属于《父母恩重经》变相系统。在四川大足变相中虽然加进对不孝子惩治的内容，但也主要强调父母生养恩德，应该属于由《父母恩重经》到《报父母恩重经》的过渡时期。到西夏时期，强调父母生养恩重的思想和报父母深恩的思想同时流行，既流行《父母恩重经》和《报父母恩重经》，又在经变中突显报父母养育深恩的内容，并增加对不孝子不能报父母恩德的可怕下场，黑水城 TK–119《报父母恩重经》属于另一体系，与敦煌壁画、绢画只强调父母生养恩德有一定差别。《父母恩重经》虽然把儒释对孝顺父母的思想都充分反映出来，但毕竟是佛教伪经，宗旨是要弘扬佛法，所以体现佛教报恩要高于儒教思想，佛教不仅可以报父母现世恩德，也可以报来世恩德，只要信仰佛教，供养三宝，父母可以往生极乐世界，摆脱轮回之苦。俄藏西夏文馆册第 5048 号《佛说父母恩重经》（写本—卷子装）也有附注：此经是为感激父母的养育之恩而施写的。

俄藏黑水城汉文《佛说父母恩重经》（TK–120）虽然没有卷首画，但经末有为亡故父亲积累功德，印施佛经和举行各类法事活动的题记，内容为“伏以 /《佛说父母恩重经》者，难陀大圣问一身 / 长养之恩，/ 妙觉世尊开十种劬老之德。行之，/ 则人天敬仰；证之，则果位独尊。诚 / 谓法藏真诠，教门秘典。仗此难思之力，冀酬 / 罔极之慈。男儿呱呱等，遂以 / 亡考中书相公累七至终，敬请 / 禅师、提点、副判、承旨、座主、山林戒 / 德、出在家僧众等七十余员，烧结 / 灭恶趣坛各十座，开阐番汉大藏 / 经各一遍，西番大藏经五遍，作法 / 华、仁王、孔雀、观音、金刚、行愿经、乾 / 陀、般若等会各一遍，修设水陆道场 / 三昼夜，及作无遮大会一遍，/圣容佛上金三遍，放神幡伸静供/演忏法，救放生羊一千口，仍命工……”[①] 这一题记所反映的内容正是佛教徒宣扬《父母恩重经》和绘制变相所要达到的最终目的，要报父母深恩，不仅要行儒家的孝道，而且不应仅仅局限于中国传统的观念里侍奉和满足父母，更要以此推行佛教，修福田，造功德，弘传佛经，供养三宝，灭除父母罪过，使他们皈依三宝，奉持五戒，希求来生有美好的归宿。

综上所述，黑水城汉文或西夏文《佛说父母恩重经》或《佛说报父母恩重经》存在不同版本，主要来源于唐朝以来流行的《父母恩重经》的删减本。通过对经文版本和卷首画与敦煌、大足和山东等地壁画、绢画和石刻浮雕等比较，可以确定黑水城《父母恩重经》或《报父母恩重经》受到来自河西和中原等文化的共同影响，卷首画一改敦煌壁画、绢画等突出父母生养之恩，而主要强调报恩思想，以及对不孝顺父母可怕后果的表现，与黑水城出现“饿鬼图”所要表达的思想内涵是一致的。黑水城佛经卷首画与敦煌壁画或绢画、大足石刻浮雕相比简约明了，人物减少，人物与背景比例搭配也发生较大变化。另外，黑水城卷首画反映内容更加贴近百姓生活，具有更为形象生动和浓郁的生活气息等。

（崔红芬，河北师范大学历史文化学院教授）

① 《俄藏黑水城文献》第六册《附录·叙录》，上海古籍出版社 1998 年版，第 14 页。

石窟寺中轮回图的文化解读

李海波

摘　要： 中国的石窟中佛教的轮回图是比较常见的遗存之一，以形象的方式描绘出佛教的世界观和生命观，六道轮回是轮回图所表达的主体内容。轮回是最为佛教义理的重要概念，各类轮回图所展示的内容除去佛教信仰的表达之外，还有更为深刻的死亡超越的文化内涵，在人类的死亡文化史上具有不容低估的思想价值和社会意义。

关键词： 石窟寺　轮回　佛教　印度教

石窟寺构成丝绸之路沿线文化景观中的一道靓丽彩虹。石窟寺中的壁画历来是美学、图像学、历史学、宗教学、艺术学、乐器学、图像学等诸多学科不可或缺的一个研究领域，近年来又有环境学、生态学等新的学科也加入其中。在这些壁画当中，轮回图是一个常见的图像，形态各异的六道轮回图通过惟妙惟肖的创意将佛教深奥、复杂的轮回说展示给世人，构成佛教教化的一个途径。事实上，轮回图在普通寺庙和佛教造像中也不鲜见，尤其是在藏区，几乎每座寺院里都绘有“六道轮回图”的壁画，且带有浓郁的高原色彩。

顾名思义，轮回图展示的是轮回，讲说的也是轮回，轮回观念背后展示的是佛教的因果报应理论，构成的佛教生命观大厦。对于佛教领域内轮回观念的解说和阐释可以用汗牛充栋来比喻。本文从轮回图出发，从形而下到形而上探讨轮回图中所蕴含的死亡文化内涵、关涉的死亡超越面向及其在人类文化史上的价值和意义。

一、现存石窟寺的六道轮回图及其文化内涵

轮回图受到关注主要来自石窟寺的遗存，笔者梳理材料，整理出目前比较有名的六道轮回图，主要有：

1. 重庆大足石刻的六道轮回图（南宋）

世界文化遗产大足石刻是世界八大石窟之一，代表了9—13世纪世界石窟艺术的最高水平，是人类石窟艺术史上的璀璨丰碑，现存23处，其中以宝顶山摩崖造像的六道轮回图为精品，蓝面阎魔狱主两手抓着大轮盘，轮盘共分为四圈，将佛教“十二因缘、因果报应、转世轮回”等学说的内容与教义用生动、立体的浮雕形象加以呈现，并在图的左右壁上刻出偈语加以说明。通俗的立体构图和易懂的文字说明形式，使其与我国其他石窟艺术中的同类题材相比，显得独树一帜。

2. 安西榆林窟第19窟（五代）的六道轮回图

榆林窟六道轮回图是敦煌石窟艺术系统中用来表现佛理“十二因缘”的一幅壁画。构图巧妙，技法独特，但目前损毁严重。

3. 新疆柏孜克里克千佛洞第18窟（唐）的六道轮回图

该图上部已经残缺，中部为王道、人间道、畜生道、饿鬼道。下部为地狱道，这幅图的重点在于刻画地狱之苦，画面设计对称，想象力强，人物生动。

4. 浙江省杭州市西湖玉皇山慈云岭造像（五代后晋）

慈云岭造像属于西湖石刻，是后晋天福七年（942）吴越王钱弘佐雕造。有摩崖龛2个，主龛内造像7尊：阿弥陀佛、观世音、大势至、二菩萨、二力士。龛内上部左右浮雕飞天和伽陵频迦。龛楣上还刻有七佛、文殊、普贤。左侧为北宋绍圣元年（1094）“佛牙赞”题记，右侧为地藏龛，此处龛楣浮雕上有“六道轮回”图。

5. 四川省泸县玉蟾山摩崖造像

玉蟾山的摩崖造像共计414尊，始凿于宋代，大多数龛像为明景泰至天顺年间雕造，为宋、明时期佛道造像的集合，题材极为丰富，以各种观音像居多，除去佛菩萨等作为主尊的各类造像，十八罗汉飘海图、悟道图等，六道轮回图也出现在这些造像当中。

除上述几处之外，还有大量散布于寺院、佛塔、佛龛等处的六道轮回图，不过，石窟寺形式的轮回图体量最大，内容最丰富，将佛教的内容以完整全面的艺术形式展现出来。以大足石刻为例，六道轮回图的主体内容都包括以下几个面向。

重庆大足石刻六道轮回图（龙小凡摄）

大足石刻轮回图最醒目的是又高又大的无常大鬼，佛经中也经常将之叫做“阎摩狱主”“阎罗王”。他双手紧握一个大轮盘，嘴巴紧紧将之咬住，露出两颗尖利的牙齿。象征着六道众生都离不开十二因缘轮盘从中心到边缘分为四层，最中心跏趺坐者表示修行者，从修行者心中向六个方向发出六道毫光，把轮盘分成了六个部分，每道毫光中都有几个小圆圈，里面都是呈跏趺坐的佛和菩萨。放射状的毫光由行者心的部位发出，表达的佛教义理是：“万法唯心”“自性清净心即佛性”“众生皆具佛性”

等。六道光线把圆盘分为六个区域，分别指向六道。修行者身旁分别有三个动物，小猪，表示“贪”，下边有条绿色的蛇，表示“嗔”，还有一只鸽子，表示“痴”，分别指代佛教所说的“三毒”，修行就是从“三毒”中出离。

六个区域之中，第二圈的上面三部分分别指代三善道的生命形式：正中有日月的为“天道”，左边是“阿修罗道”，右边有四个人，代表“人道”。下面三部分指代三恶道，中间是“地狱道”，右边是“饿鬼道”，左边是“畜牲道”。以上是佛教理解的众生的六种生命形式，每一个生命遵循因果报应定律而在六道中轮回流转。

轮盘的第三圈，是佛教十二因缘说的形象体现，十二因缘被形象地表现为盲人—瓦匠—猴子—船—空房子—接吻—眼中箭—饮酒—摘果子—孕妇—分娩—死亡，分别代表无明—行—识—名色—六处—触—受—爱—取—有—生—老死。十二因缘是佛教的基本道理，它从生命起源的高度将生命现象分为从“无明”到“老死”的十二个过程，十二因缘两两之间顺序形成一对因果联系，其中，无明是所有生命的起点，也是每一个生命流转的根源。这十二种缘起相互之间存在着一定的转换、衍生关系，集中体现了六道轮回观念中的因果关系和时空关系。这里存在一个问题——为什么是 18 个区块？怎么多出来 6 块？对大足石刻六道轮回图的解读中基本上都没有提及。这里其实蕴涵着佛教更为深层次的生命观。根据佛教的缘起论，生命与所生存的世界是相互依赖而存在的，即：有情世界依赖于器世界而生存，二者相互作用，生命的流转还需要构成世界的四大元素——地水火风的参与，以及与虚空和意识的互动。如此表述，便构成 18 个区块。

更为形象的展示是最外圈，也即第四圈，共十八个格块，每格刻有一个生灵转世轮回的图像，有的人头畜尾，有的畜头人尾，有的畜头畜尾。这是以头表示生所属，以尾表示亡所属。例如，头是人，表示此生命下辈子要变人，兽的尾，则表示此生命前辈子是兽，轮回中生命形式的变化都有个体生命的善恶业力决定，因果报应理论以此形式的表达跃然纸上。

通常对六道轮回图的解读就是上面的内容，实际上，轮回图的轮盘和阎摩王只是中部构图。轮回图实际上分为三个部分，以大足石刻的轮回图为例，在整个轮盘的下方左右两边分别两组构图，组成轮回图的下半部分。其中，左边是两个人像，近似一官一卒，以手扶轮，这两位表示“贪”；轮盘右下方有一只猴子，一边抚摸下身，一边望着后面的少女，表示“爱”，这两组造像表达的是：众生的“贪”“爱”之心是轮盘旋转不休的源动力所在。

六道轮回图的最上部分和下部分一样往往容易被忽略。通常，阎罗王和轮盘整体构图的上方有日、月、佛陀的造像等，指代着对轮回的超越，也是通俗所说的，超世间的存在，在佛教，即表示佛菩萨所代表的终极的“常乐我净”涅槃状态，也代表佛经中所说的佛国佛土。六道轮回图，展示的不仅仅是普通生命的流程，更指向生命的超越。宗教的本质在于终极关怀，回答生命的终极指向，缺失这一部分，就无法称为宗教。在六道轮回图中，轮回是全图的视觉中心，也是生命存在的状态，是个体生命需要冲破的以自他之业力。下部分说明轮回的动力，上部分指出了超越轮回的境界，和轮回圆盘一起才是完整的佛教生命观，蕴涵着佛教自身的超越性。

二、轮回说的文化溯源及逻辑起点

破解人类生死之谜成为人类最初自我认识的支撑点。人类相信死后有生命或轮回的信仰，几乎在所有宗教和文化中都占有重要地位。轮回观念实际上反映了人类对死亡的恐惧，而这正源于人类对生以及人身的认识。不能否认，对死亡恐惧的意识构成了轮回观念起源的先决条件。以古埃及为例，虽然还没有确切的轮回观念，但埃及人对人死后的处理方式实际上触及这一问题。“埃及人主要关怀的是死亡，他们相信死者的灵魂要进入阴间，在那里，奥西里斯要根据他们在地上的生活方式来审判他们。”[①] 因此在埃及的金字塔中，总要留下一个小洞，让灵魂跑出塔外。在埃及人的认识中，“灵魂”是脱离肉体存在的，而且终会回到身体里来，这是典型的形神二元论，并且形成了以《亡灵书》和金字塔为标志的埃及文明。在知识和文化勃兴的古典时代，古希腊罗马中国和印度文化中也分别存在几种具有代表性的观点：

1. 总体而言，古希腊罗马文化系统承认灵魂的存在，属于典型的形神二元论。古希腊神话中有两种基本灵魂观念：一种是肉体灵魂，它与物质身体相联系，由此而随物质身体的运动而存在或消亡；另一种是独立灵魂，它既可以依赖于身体的存在，亦可以独立而存。这两种灵魂观念是对立的，古希腊的哲学家对灵魂的看法基本上是沿着这两条认识路线进行的。苏格拉底（Sokratesl，约前 469—前 399）曾经明确地说过：“死就是灵魂与身体的分离。”[②] 柏拉图（Plato，约前 427—前 347）进一步地发展了这种理论，在他的《理想国》第十卷中通过战士厄洛斯之口讲述了人死后灵魂的经历和轮回转世的经过[③]。而毕达格拉斯（Pythagoras，约前 580—约前 500）更是被称为希腊古哲中第一个倡说灵魂轮回观念的人，他认为“首先，灵魂是个不朽的东西，它可以转变成别种生物；其次，凡是存在的事物，都要在某种循环里再生，没有什么东西是绝对新的；一切生来具有生命的东西都应该认为是亲属”[④]。西方先哲的灵魂观形成了西方传统二元论的观点，即将身和心、主体和客体，以及现象和本体相分离，罗素曾深刻指出这种心物分离的宗教根源：亦即“心和物之间的区别——这在哲学上、科学上和一般人的思想是已经成为常识

① ［英］罗素:《西方哲学史》，何光武、李约瑟译，商务印书馆 1982 年版，第 25 页。

② ［英］罗素:《西方哲学史》，何光武、李约瑟译，商务印书馆 1982 年版，第 178 页。

③ ［古希腊］柏拉图:《理想国》，郭斌、张竹明译，商务印书馆 1986 年版，第 418—426 页。

④ ［英］罗素:《西方哲学史》，何光武、李约瑟译、商务印书馆 1982 年版，第 59 页。

了——有着一种宗教上的根源，并且是从灵魂与身体的区别而开始的”[①]。

2. 在印度文化系统中，轮回是最为流行的观念之一。但印度多样性的宗教文化对于轮回有不同的看法，到了佛教以“缘起”的朴素辩证法观察生命现象，洞察到众生的存在是非断非常、即生即死而又因果、身心相续不断的无穷无尽流转过程，才将轮回这一观念引入新的理论阶段。

3. 在中国文化系统中，当印度佛教传入中国以后，轮回概念才逐渐被明确下来。以伦理为核心的儒家和儒教主要是通过对生的认知来实现对死的认识。儒家和儒教承认死亡以后有某种实体的存在，但没有确切的轮回观念。孔子对于人格神和鬼神的问题，采用一种两可的态度，不议论也不否定[②]。就道家和道教而言，庄子认为生死只不过是人存在的一种形态，即所谓的“齐生死”，但是人要超越生死，最后成为不死或永生，亦即成仙的过程。显然，庄子的论断在一定程度上意味着取消生死差别，把死亡还原到自然属性，但并没有脱离将死亡视为存在的一种朴素形式。道教修炼成仙是实现对死亡超越的修行方式，这与道家的观点是完全不同的，因为其立足于生死的差别，而不是相续统一。中国民间信仰鬼神崇拜，人死后的魂魄、鬼魂、灵魂间接地触动到轮回观念。在印度佛教中国化的过程中，中国佛教最终结合中国传统固有的生死观念对轮回说做了进一步的阐发。

简言之，“死而不亡或灵魂不死，是人类智慧初开期对于生死之谜的普遍的、共同的解答”[③]，这为轮回观念的形成提供了逻辑起点：人类对生死的差别有具体的认识，并且在确定身心或形神二元论的基础上，预设了灵魂或者它的一部分为实体的存在，这种实体本身与肉体是脱离的，只有当它与肉体结合以后才能形成人或其他生物。很显然，这种思维的

---

① ［英］罗素：《西方哲学史》，何光武、李约瑟译，商务印书馆 1982 年版，第 179 页。

② 中国哲学教研室、北京大学哲学系：《中国哲学史》，商务印书馆 1995 年版，第 31—32 页。

③ 陈兵：《生与死——佛教轮回说》，内蒙古人民出版社 1994 年版，第 2 页。

逻辑起点在不同的文化中具有普遍性。

三、轮回观念的文化内涵

轮回观念亦被称为“流转”“生死轮回”和“轮回转世”等，但轮回所包含的最重要的逻辑内涵，即轮回的主体，在不同的宗教里面有不同的论述：

1. 印度宗教对轮回的说明非常具有代表性，各个派别对轮回的逻辑分析五花八门。顺世派否定灵魂的存在，持反轮回说；正统的婆罗门教数论派、瑜伽行派和宿作因派等主张灵魂实有、相续不断。释迦牟尼生活在印度思想界百家争鸣的时代，《长阿含经》第十四卷梵动经和《毗尼毗婆沙》卷五中揭示出当时思想的状况是：六十二见、九十六种外道并出，他们各自“唯我道尊”。佛教自创立之始虽然承认了轮回现象的存在，但对此的解释却与印度传统宗教派别迥然相异，亦与主流的婆罗门教有分歧，这主要表现在扬弃以他力信仰为中心的本体神学（onto-theology）[①]方面。

2. 印度佛教轮回学说经历了一个历史发展过程，其鲜明特点主要体现为以下几个方面：

（1）在原始佛教中，“无我”论是三法印之一。这里的“我”可以是“人无我”或“法无我”。从理论上讲有情和万法是因缘和合而成的，本身不具有自性。婆罗门教、印度教和佛教中的“我”有所不同，前者指向的主要是梵天的天赋万物意义，因为梵天是宇宙的创造神；后者指向的主要是世间万物的发生问题，因为“我”是因缘和合的产物。虽然它们在本质上都是本原论，但后者的因果关系（条件论）和前者的本原（起源论）毕竟是有差别的。在原始佛教的轮回观念中，业决定了轮回的

① 林镇国：《龙树中观学与比较宗教哲学——以象征诠释学为比较模型的考察》，选自蓝吉富主编：《中印佛学泛论——傅伟勋教授六十大寿祝寿论文集》，台湾东大图书股份有限公司 1993 年版，第 25—43 页。

进行。佛陀一方面承认世俗层面的轮回，另一方面破斥执着于自性，强调因缘和合，万法无常。因此，在原始佛教中，由于万物不具有自性，所以，轮回的主体无从谈起，整个轮回是包含于因果关系中的。

（2）在部派佛教中，如犊子部等就开始解决原始佛教中轮回的遗留问题。既然因缘和合而成的万物不具有自性，那么轮回的载体是什么？为此，犊子部、经量部、大众部提出“补特伽罗”“一心相续”等概念，但仍是在变相地承认万物具有自性。不过，这样具有自性的思想明显违背佛陀的说法。更合理地阐释这一问题，则是由提倡“心造诸法”的大乘唯识学完成的。

（3）大乘中观对自性和实相的分析与轮回有密切的关系。以《中论》第二十四品中的“三是偈”为例：“众因缘生法，我说即是无，亦为是假名，亦是中道义”（大正藏第30册），可以看到以龙树思想为代表的大乘中观主要是从以下几个方面来破斥万物自性的：

第一，“众因缘生法”，“生”不是“产生”的意思，而是讲各种条件对“法”缘生的相互待起，因为法依赖于各种因缘。如果将“生”理解为产生，那么“众因缘生法”就具有本原意义，这样就陷入了本体论，而龙树表达的是缘起即因果关系对事物的制约性。

第二，“众因缘生法，我说即是空”。这句话可以有两种理解：“法”是空的、“众因缘生法”是空的。按照空是无自性的规定和理解，上述的话就会转化为法是无自性的、“众因缘生法”是无自性的。“自性”是性为自有，不待因缘。龙树的“空”观已经涉及思维和存在的关系问题。

第三，“亦为是假名”，即法是“假名”。为什么是“假名”呢？这涉及名实关系，即名是假，为假有，实是真，为真实，假名才真实的反映。如果将名实关系继续深入，就会过渡到思维和存在的关系，即名实关系是思维和存在关系的表征。

第四，“亦是中道义”。一方面，法是空无自性的；另一方面，法是假名。只有认识到这两点，才符合中道。法空无自性，指法依赖于因缘。而从思维或认识讲，法是人们给予事物的名号，它本身并无意义，并非真实存有。因而，“亦是中道义”以思维和存在的关系，方能体现出中观的认识。

除此之外，龙树在论述“空”的时候，还提出“八不中道”，即“不生亦不灭，不常亦不断，不一亦不异，不来亦不去。”（大正藏第30册，《中论》观因缘品第一），作为对中观的进一步解释和补充。他的“空”观，是从因果关系入手的，以本质和现象的关系为贯通，以思维和存在的关系为归宿，丰富了“中观”的逻辑内涵。龙树还提到“实相”的概念，实相是宇宙万物的真实状态或本来状态，它反映了事物的性质；实相不是单个事物的，而是关于整个宇宙的。龙树肯定事物有实相，但人们的认识经常为事物的假象所蒙蔽，只有通过实际体验和理论思维，才能获得事物的实相。龙树的中观实际上是否定万物自性的，整体上是对因缘的继承。中道的生死轮回观强调了众生的生命是因缘集起，生灭相续，因果相续的活动过程，并且这种生灭流变的过程，不可用有、无、断、常等概念来界定。

（4）相对于中观，唯识学对轮回问题进行了比较透彻的回答，其分析也更加复杂：

第一，唯识的起点也是专注于万法，由于因缘和合的作用，万法本身不具有自性。但是，世俗关于万法的认识及认为万法具有自性，它们不合乎佛法，因而，不能真切认识万法的实相。

第二，就佛法对万法的认识而言，可以分为几个层次，这就是“三自性”说。执着于概念为实有是遍计所执性，这是以名为实的认识；执着于万法是因缘和合而成，这是依他起性；排除客观实有，体认万法只有识是圆成实性，这是最圆满的认识。这三种层次的认识是在否定万法实有的基础上不断递进的结果。

第三，在破斥万法实有的基础上，唯有识才能洞察万法的实相。那么，对于轮回而言，其主体是什么？唯识将认识划分为八识，即要完成对万法实相以及轮回仅仅要靠前六识是不够的，特别是第八识——阿赖耶识具有保持认识万法的功能，而成为“种子”。《瑜伽师地论》对种子下了七个定义：一常法不能为因，二无常法已生未灭时与他性为因，三无常法已生未灭时与后念自性为因，四必得余缘，五须成变异，六与功能相应，七必相乘相顺。《成唯识论》讲种子有六义：一是刹那灭，二是果俱有，三是恒随转，四是性决定，五是待众缘，六是引自果。这六个义蕴与《瑜伽师地论》七个定义是完全吻合的[①]。种子是本有和熏习的结合，即因缘和合的结果。唐窥基法师的《成唯识论述记》云："如是业果，前中后际，生死轮回，不待外缘，既由内识，净法相续，应知亦然。谓无始来，依附本识，有无漏种，由转识等，数数熏发，渐渐增胜，乃至究竟。"在实现轮回的过程中，种子的功能充当了主体。

3. 在中国文化系统中，一方面，人死断灭论的影响较大，王充、何承天、范缜及多数宋明理学家，都从形神不能相离的角度来阐释"人死如薪尽火灭"的理论，物质基础既已破坏，岂有精神独存之理。另一方面，有关灵魂、精灵的观念却也根深蒂固，只是缺乏对于轮回观念的具体分析。自从印度唯识学传入中国之后，中国的法相唯识学才对轮回进行了全面的解答，但在理论上对印度思想并无太多突破和创新。但就中国佛教总体而言，却在回应和融合中国固有的儒、墨、道家等思想的过程中，提出了颇富中国思想文化色彩的因果报应论和六道轮回观。

4. 犹太教、基督教早期教义中，也都出现过类似轮回的观念，例如犹太教对轮回转世的信仰（或称之为 gilgul）已存在上千年；基督教在四福音书及经外圣书的"Logia"（基督语录），也有类似轮回的思想[②]，直到6世纪左右，此类观念才被认为与教义不相符合而渐渐淡出[③]。尽管有学者认为这些古老的思想反映出原始基督教曾受印度思想，尤其是印度佛教的影响[④]，但它们与古希腊哲学家们的形神二元论灵魂观更是一脉

① 胡晓光：《浅议唯识学的种子论》，《法音》1999 年第 4 期（总第 176 期）。

② 朱谦之：《印度佛教对于原始基督教之影响》，《佛学研究》1996 年，总第 5 期。

③ [英] 关大眠著，郑柏铭译：《当代学术入门：佛学》，辽宁教育出版社 1998 年版，第 29 页。

④ 朱谦之：《印度佛教对于原始基督教之影响》，《佛学研究》1996 年第 5 期。

相承。古希腊哲学家们，诸如阿那克西美尼（Anaximenes，约前570—前526）、赫拉克利特（Heracleitus，约前540—前480）以及德谟克利特（Democrats，约前460—前370）等，在对灵魂作分析时，把灵魂与气、水、火或其他物体联系起来，而柏拉图则有所谓的“理性灵魂”说，这些关于灵魂的理论都没有脱离物质与意识的范畴，因此在描述生死流转过程中，他们将不灭的实体本身确定为轮回得以发生的基础，由于人们认为灵魂为实体，所以，不存在轮回转世主体的矛盾。与这种具有实体的形神二元论灵魂观类似的，还有伊斯兰教的“苏非”（Sufi）神秘教派，也曾具有较完备的轮回传说，但与佛教的精当分析相比，其轮回理论仍显得朴素、简单。

通过以上的分析，轮回观念的逻辑内涵在印度文化特别是印度佛教中最为丰富。就印度佛教而言，轮回观念的逻辑脉络主要呈现为：因缘和合的普遍性—万法非有自性—唯识—种子，其逻辑内涵集中体现为实体和自性。

四、轮回观念的逻辑扩展

轮回观念是世界文化中带有普遍性的观念，也是宗教之所以成立的基础之一。在宗教关于轮回观念的论述中，其内容远远超出轮回本身，而涉及更多内容，这主要有：

1. 与轮回相关的观念，诸如来世、永生等成为一些宗教理论的基石。人类都有不让自身局限于人类的某一部分或时期的强烈渴望，揭示出人类潜能的各个方面以达到神性，成为人类生存的价值和目的。“拯救和解脱或进入永生都意味着在与神性实在的联系中实现了这种潜能；这个神性实在被称为‘真·知·乐’或永恒的宇宙佛。……更深层的人类精神潜能的实现不是永远保持我们当下这个自我封闭的个体存在，而是在于超越它。”[①] 在佛教中，如何克服生老病死并解脱成佛是一个重要问题，摆脱轮回的最好方法就是成佛。从生老病死到成佛中间，轮回转世起着重要的桥梁作用。佛的境界是什么？如何才能成佛？是否人人具有佛性？这些问题都只有建立在轮回的基础上才能加以讨论。

2. 轮回观念直接触及实体问题，根据经典的实体概念表述，实体是独立而不依赖于其他事物的存在。所以，确定他物是否为实体的标准在于是否有自性。因此，轮回首先涉及实体与自性的概念。由于原始佛教否认万法具有自性，所以涉及本质和现象概念。实体本身是一个本原问题，而后对轮回的论证主要从认识论着眼，所以，这又涉及本原以及认识论的相关概念。由于因缘贯穿佛教中心，因果关系为轮回涉及的概念。总之，轮回观念涉及实体、属性、本质、现象、本原、因果等多种概念。佛教在繁琐的概念转换中，对轮回作了说明。

3. 轮回观念具有伦理道德意义。无论不同宗教对人类的生存和终极状态有怎样的描述，建立怎样的模式，它们都有一个普遍共识，“即成为世俗进程永恒成果部分的，绝不是与贪婪的自私自利结合在一起的当下小我”，而是达到一个“超越个体自我界限的状态”之大我。这势必要求自我必须放弃以小我为中心的生存，而“宗教的作用就是带领人们完成这一至关重要的抉择。”[②] 那么在人类迈向超越个体自我界限的过程中，道德和精神成长并不能在一生中一蹴而就，因此，生命流转的轮回观念在时空上为这种成长提供了实现的可能性。以佛教为例，轮回与成佛有密切联系。轮回说为善恶不同的行为招致苦乐不同的异熟果报提供了答案，止恶扬善成为成佛的重要前提。此外，善恶是先天还是后天等问题与佛性的先天还是后天在逻辑上是一致的，就种子在成佛中的意义而言，这种先天与后天的结合，适应了人生实践的需要，也意味着道德形而上意

① ［英］约翰·希克著，陈志平、王志成译：《理性与信仰—宗教多元论诸问题》，四川人民出版社 2003 年版，第 156—157 页。

② ［英］约翰·希克著，陈志平、王志成译：《理性与信仰—宗教多元论诸问题》，四川人民出版社 2003 年版，第 158 页。

义的确立。

4. 轮回观念具有解释学意义。轮回是否真实存在，这很难有决断的答案。正如西方神学家约翰·希克（John Hick）所言："我们是有限的、易犯错误的、脆弱的宇宙片断。但由于我们具有寻求意义的内在需求，所以我们或者根据有意采纳的或者根据无意预设的宇宙特征的观念——大图景——而生活。"[①] 总之，人的价值就体现在追求无限过程中。轮回观念集中反映了人类在认识世界时形成的范式，它能为人们的追求提供理论支撑，有益于贯通世界与人类之间的联系。

当今，轮回观念已扩展到非宗教学领域，逐渐进入自然主义的视野。对于死亡和死后生存的关切大量出现在超心理学、神秘学、死亡学、灵语、再生、脱体经验以及那些在临床上死而复生的人的报告中[②]。科学家和哲学家们对于精神生命的状态，一直有争论，这些争论极大地拓展了对于人类精神的研究纬度。

（李海波，西北大学丝绸之路研究院教授）

---

① 周昌乐：《禅悟的实证——禅宗思想的科学发凡》东方出版社 2006 年版，第 167 页。

② ［英］约翰·希克著，陈志平、王志成译：《理性与信仰—宗教多元论诸问题》，四川人民出版社 2003 年版，第 149 页。

云冈石窟营凿三题

赵昆雨

提　要： 本文涉三个观点。一、重新认识与云冈石窟营凿年代相关的“神瑞说”，由此对昙曜五窟之前的武州山佛教活动进行推测。二、高允《鹿苑赋》中“絙飞梁于浮柱，列荷华于绮井”一语，对应的是今云冈第 7、8 窟。三、根据云冈石窟现存的北魏延昌纪年造像龛，对云冈晚期洞窟分期作进一步的补充。

关键词： 云冈　神瑞说　鹿苑赋　延昌

一、反思“神瑞说”

云冈石窟始凿于何年，众说纷纭，其中以神瑞（414—416）、兴安（452—454）及和平（460—465）三说[①]最具代表。

① 兴安、和平二说均依据《魏书·释老志》中的这一段文字：“和平初，师贤卒。昙曜代之，更名沙门统。初，昙曜以复佛法之明年，自中山被命赴京，值帝出，见于路，御马前衔曜衣，时以为马识善人。帝后奉以师礼。昙曜白帝，于京城西武州塞，凿山石壁，开窟五所，镌建佛像各一。高者七十尺，次六十尺。”只是二者对文意理解不同。“兴安说”主张者认为，“和平初，师贤卒。昙曜代之，更名沙门统”说的是一件事，接下来第 2 个“初”字之后的一段话才是讲昙曜“于京城西武州塞，凿山石壁，开窟五所”的事情。这是互不相关的两件事。“和平说”主张者认为，“和平初”就是昙曜在武州山开窟的时间。之后的一段话既以“初”字开端，说明是插入的另一段，与“开窟五所”无关。

“神瑞说”，最早出自唐人道宣《大唐内典录》卷四《后魏元氏翻传佛经录》，其云：

> 道武皇帝魏之太祖也，改号神瑞元年，当晋孝武太元元年也。出据朔州东三百里筑城立邑，号为恒安之都，为苻秦护军，坚败后，乃即真号，生知信佛，兴建大寺，恒安郊西大谷石壁皆凿为窟，高余十丈，东西三十里，栉比相连，其数众矣。①

在这段不足百字的记述中，年代、年号屡有混淆，“神瑞”本属明元帝时的年号，而非道武帝；神瑞元年即东晋安帝义熙十年（414），而非孝武太元元年（376）。故此，“神瑞说”向不为人重。

1947年，宿白先生发现金皇统七年（1147）曹衍撰《大金西京武州山重修大石窟寺碑》（以下简称《金碑》），由碑文可知，早在金代，曹衍即对云冈石窟的开创问题进行探究分析，其云：“道武迁都之后，终其世才十年，其间创立城郭、宫室、宗庙、社稷、百官制度，见于史笔，其事实繁。至于凿山为寺，理应未暇。（道）[太]武毁教，末，帝虽感白足之言，寻即殂落，亦非其所为也。献文即位之初，幸其寺，则寺兴于前矣。其间，唯明元、文成二帝。据《录》特标神瑞之号，明元实经其始；《内典录》明载和平之事，则文成实继其后矣。彼《（和）[弘]明》所记，以孝文为建寺之主者，盖指护国而言也；法轸云十寺皆孝文所建，非也。然则明元始兴通乐，文成继起灵岩，护国、天宫则创自孝文，崇福则成于钳耳，其余诸寺次第可知。……验其遗刻，年号颇多，内有正光五年，即孝明嗣位之九年也。然则此寺之建，肇于神瑞，终乎正光，凡七帝，历百一十一年。虽辍于太武之世，计犹不减七八十年。”② 此处，曹衍订正了道宣前述年号、年代几处错误，惟“神瑞说”一仍沿用。

---

① 《大正藏》（第55册），台湾新文丰出版公司1983年版，第267页。

② 宿白：《〈大金西京武州山重修大石窟寺碑〉校注》，载宿白《中国石窟寺研究》，文物出版社1996年版，第52–75页。

《金碑》是云冈石窟研究史上的重大发现，“从碑文本身，可以看出它并不是率尔之作。撰者既通释书，又娴经史；既注意图志寺记，更重视寺中遗刻。洋洋洒洒，都二千一百余言，从开窟伊始迄皇统重修，云冈石窟的古往今来，可以说略备于斯。《析津志》和《大典》之所以全文抄录，正说明元末明初著录古迹的学人对它的重视”[①]。《金碑》中，曹衍既对神瑞说持肯定的态度，又定论武州山石窟寺“明元实经其始”，对此，我们即需引起足够的重视，它很可能反映的正是明元帝时代武州山佛教活动的一些史实。

明元帝时代，武州山的主要活动是行祈福、祭祀之礼。据《魏书·志第十》记载：“永兴三年三月，帝祷于武周、车轮二山。……于山上祈福于天地神祇。及即位坛兆，后因以为常祀，岁一祭，牲用牛，帝皆亲之，无常日。”祀天与祭祖是古代社会统治者必行的大事，明元帝在武州山巅立坛兆祀天祈福，每岁一祭、常祀无定时，仍保留着拓跋鲜卑游牧民族行祀之礼的灵活性。“明元始兴通乐，文成继起灵岩”[②]，此“通乐”建筑，当是山巅祀天祈福的产物，有一定的功能性。不过，随着北魏西郊祭天制度的确立与规范，“通乐”概渐荒废，稍后到来的昙曜依原址重新利用，便有了道宣《续高僧传》所记昙曜“以元魏和平年，任北台昭元统，住恒安石窟通乐寺”之说[③]。《开元释教录》《历代三宝纪》亦载昙曜于和平三年集诸德僧在武州山译《净度三昧经》《付法藏传》等，其译场亦应不出通乐寺。

宿白先生较早指出：“昙曜和平中住恒安通乐寺，则北魏通乐的位置疑不出‘昙曜白帝凿山石壁开窟五所’的昙曜五窟附近。”[④] 2010 年云冈

---

① 宿白：《金碑的发现与研究》，《中国石窟寺研究》，文物出版社 1996 年版，第 91 页。

② 宿白：《〈大金西京武州山重修大石窟寺碑〉校注》，《中国石窟寺研究》，文物出版社 1996 年版，第 54 页。

③ “恒安石窟”为云冈石窟的别称。

④ 宿白：《〈大金西京武州山重修大石窟寺碑〉校注》（注一二）“通乐问题”，《中国石窟寺研究》，文物出版社 1996 年版，第 62 页。

石窟窟顶西区发现了北魏佛教寺院建筑遗址，这是一处较为完整的塔院式结构的佛教寺院，包括房址20间（套）、塔基1座。房址均为前廊后室结构，又分单间和套间，有的房间内还铺设火炕。房址中少见佛像，多为日用陶器，说明这里不是礼佛区，而是僧侣的生活区或译经、藏经场所。有的墙面下部涂有朱红颜色，这种情况另见于大同操场城北魏皇宫遗址和方山永固陵前的陵寝遗址，说明房间装饰规格较高。塔基坐北朝南，平面近方形，主体为夯土，由三部分组成：一是砌在塔基四周的石片，起保护塔基的作用；二是塔基外围的夯土；三是塔基中部的细沙土紧密坚硬。塔基上有柱洞7排40个，排列有序，有长方形、圆形、方形及椭圆形，另有一些不规则形，应是原来塔的立柱穴[①]。

无论明元帝之“通乐”与昙曜“通乐寺”是否为同一寺院；也无论武州山顶以塔为中心的佛教寺院是否为由明元帝之“通乐”、经昙曜译经逐步扩建形成的“通乐寺”，一个不争的事实是——昙曜开窟之前，作为国家定义下的祈福神山——武州山，已有寺院存在。

那么，昙曜之所以选择武州山镌窟不是偶然的，也不是孤立的。平城考古已证实，北魏修建宫城、明堂等大型建筑所需石材以及墓葬中的石棺床、石柱础等，多取自武州山砂岩，这种传统一直延至太和年间。至于太安元年（455）张永造砂岩石佛坐像、太安三年（457）宋德兴造砂岩石佛坐像等个人发愿的单体造像、造像碑、造像塔等等，不排除是在武州山就地取石制作完成后再行输出。武州山不是一夜之间石破天惊成就为一座佛教艺术殿堂的，它由一座普通的山成为国家祈福的神山，再升华为大型皇家石窟寺，自有其演变发展的过程。《魏书》所云昙曜白帝开窟五所，亦仅就昙曜五窟而言，其始凿年代不应概括整座武州山佛教造像活动的历史。

---

① 参见张庆捷等《云冈石窟窟顶西区北魏佛教寺院遗址》，《考古学报》2016年第4期。

二、高允《鹿苑赋》与武州山石窟寺

高允，历仕北魏太武、文成、献文、孝文四朝，博通经史、天文、术数，“自高宗迄于显祖，军国书檄，多允文也”。高允创作的《鹿苑赋》，“借平城鹿苑佛事建设的成就，抒发对鲜卑拓跋氏走出蛮荒、偃武修文、兴佛从善伟业的赞颂。该赋第一自然段，讲述的是拓跋皇家兴造鹿苑佛事的因缘；第二段记述了献文帝对武州山石窟寺与鹿野苑石窟寺的建设；第三段是写平城胡汉僧侣的讲法、译经和坐禅情况，并隐射指出了北魏佛教大兴的原因；第四段盛赞献文帝幽居鹿苑，急流勇退、清心寡欲、无为而治的英明举措；结尾一段是作者的感慨与自警。”①

《鹿苑赋》的写作时间，张焯先生认为是延兴五年（475），高允随皇帝巡视云冈石窟之后。该赋第二段如是云：“暨我皇之继统，诞天纵之明睿；追鹿野之在昔，兴三转之高义；振幽宗于已永，旷千载而有寄。于是命匠选工，刊兹西岭；注诚端思，仰模神影；庶真容之仿佛，耀金晖之焕炳。即灵崖以构宇，疏百寻而直上；絙飞梁于浮柱，列荷华于绮井。图之以万形，缀之以清永；若祇洹之瞪对，孰道场之途迴。嗟神功之所建，超终古而秀出；实灵祇之协赞，故存贞而保吉。凿仙窟以居禅，辟重阶以通述；澄清气于高轩，伫流芳于王室。茂花树以芬敷，涌醴泉之洋溢；祈龙宫以降雨，侔膏液于星毕。”②

此谓“絙飞梁于浮柱，列荷华于绮井”一句，意指由梁柱贯通相间隔的窟顶（平棊），其间雕饰莲花（藻井）。平棊藻井雕刻者，鹿野苑石窟自是不具备，此处当指云冈洞窟中的景象无疑。那么，它对应的是云冈哪一窟呢？延兴五年之际，云冈已完工的洞窟首推昙曜五窟，但是这五个洞窟均属穹隆顶的大像窟，本无平棊藻井之说。第9、10窟前室窟顶倒是“飞梁”、“荷华”纵横，具平棊藻井，但此二窟被公认为是“太

---

① 张焯：《云冈石窟编年史》，文物出版社2006年版，第412页。

② 高允：《鹿苑赋》，《四库全书》（第472册），台湾商务印书馆2005年版，第675页。

和八年（484）建，十三年（489）毕”[①]。第12窟前室同样具平綦藻井，高允尽管享98岁之高龄，但该窟于其太和十一年（487）正月亡故前恐不会镌就。如此，只有第7、8窟最符合高允当时目之所视的节点。

第7、8窟是一组前后室结构的双窟，约凿于孝文帝延兴元年（471）前后，孝文帝时年四岁，营窟造像之事显然与他无甚干系，而是刚做了太上皇的献文帝以及冯太后等势力所为。冯氏尽管“家世奉佛”，但至少在献文帝承明元年（476）六月暴崩之前，其精力与兴趣不在武州山。相反，献文帝“敦信释老尤深”，从465年嗣位到471年逊位做太上皇，虽受冯太后掣肘未能独揽朝纲，但权利不见削弱。《魏书·释老志》云：“高祖践位，显祖移御北苑崇光宫，览习玄籍。建鹿野佛图于苑中之西山，去崇光右十里，岩房禅堂，禅僧居其中焉。”[②]《南齐书·魏虏传》亦云：“宏父弘禅位后，黄冠素服，持戒诵经，居石窟寺。”[③]献文帝经常纳引沙门及谈玄之士论道说法，又锐意革兴云冈石窟寺，第7、8窟之凿应与他有密切关联。若此，公元467年献文帝幸武州山石窟寺，一者是为了昙曜五窟的落庆，另一方面应与计划开凿第7、8窟有关。八年过后，延兴五年五月，献文帝带高允等人再幸武州山，第7、8窟也该到落庆的时候了。

曹衍《金碑》中转引《云中图》语：“又按《云中图》云：‘文成和平（八）[六]年、献文天安元年革兴造石窟寺’。然未知有何所据。”[④]

《云中图》今已佚，是隋唐时人依据北魏记录而言云中地理史事之著，曹衍既在《金碑》中转引，说明辽金时尚存世。此处，“和平八年”更为“和平六年”较妥，其与天安元年属并列关系。和平六年（465）五月十一日，文成帝卒于太华殿。次日，拓跋弘即位。次年春正月，改元

① 宿白：《大金西京武州山重修大石窟寺碑校注》，《中国石窟寺研究》，文物出版社1996版，第60页。

② 魏收：《魏书》（卷114），中华书局1984年版，第3038页。

③ 萧子显：《南齐书》（卷57），中华书局1972年版，第990页。

④ 宿白：《〈大金西京武州山重修大石窟寺碑〉校注》，载宿白：《中国石窟寺研究》，文物出版社1996年版，第53页。

“天安元年”。《云中图》中的这条记载信息量很大，首先，它表明献文帝时代营建石窟寺与文成时代不同。其次，“革兴”涉及的范围比较宽泛，可以是洞窟的形制、粉本的风格，亦可为工匠团队的取源、发愿造像的集团等。“自佛狸（太武）至万民（献文），世增雕饰”[①]；“皇兴中，又构三级石佛图。榱栋楣楹，上下重结，大小皆石，高十丈。镇固巧密，为京华壮观”[②]。这些史料也反映了献文时代的营建工程，无论佛教理念还是造像意趣都有别于文成。第7、8窟正是针对文成时期昙曜五窟的样法作出的新调整。

三、云冈延昌三龛的分期意义

太和十七年（493）秋七月，孝文帝外示南讨，兵据洛阳，意图迁都。次年冬十月，正式迁洛，北魏平城时代终结，云冈营凿工程开始进入晚期阶段。云冈晚期持续近三十余年，柔然“入塞寇抄”，尤以孝昌二年（526）北镇纷乱，平城被废，云冈营造工程遂偃旗息鼓。

延昌中，宣武崇佛，天下州郡僧尼寺已达一万三千七百二十七所，徒侣逾众。延昌虽仅历四年（512 ~ 515），却是云冈雕凿历程中由盛转衰前的最后一闪熠耀。云冈石窟中有纪年造像罕如凤毛麟角，而晚期洞窟中仅延昌纪年造像铭即存三例，足见此时开窟凿像活动之空前活跃。此三龛分别为：[③]

①第28–2窟西壁延昌三年七月二十五日（514）造像龛

该窟高2.3米，东西2米，进深1.5米。北壁一佛趺坐，褒衣博带，舟形背光直抵窟顶。东壁零乱分布四小龛，其中一圆拱龛内一佛趺坐，龛外两侧各一立侍菩萨，龛基有佛弟子惠奴正始四年（507）八月造像题记。题刻记云：

---

① 萧子显：《南齐书》（卷57），中华书局1972年版，第986页。

② 魏收：《魏书》（卷114），中华书局1984年版，第3038页。

③ 铭文中的“□”表示字迹模糊，无法辨识；“?”表示识字存疑；“/”表示断行。

□□□正始四年八月/□□□造钱署银□/□□惠奴诣代迎/父日即造佛窟壹区/愿弟子惠奴□/将父平安到京/愿々从心所/求如愿

西壁用阴线浅刻一圆拱龛，龛面上凿痕犹存，属未完工造像。龛内一禅定坐佛，龛外二胁侍立像。龛基也有题铭，虽泐蚀漫漶，仍可辨识以下字迹：

唯大代延昌三年七月/廿五日□□□□□/□□□□□□□□/□□□□西方？□/父母？敬造释迦牟尼佛/一区愿亡？者上？□□/□□□□□□□□□/□□□

这是一个没有按计划完工的洞窟，最初只完成了北壁坐佛及供养人雕刻。东、西两壁不着边际地雕凿数小龛，由造像题记可知，东壁早在正始四年开始雕作，西壁则至延昌三年仍在补凿龛像，两相差时七年。如此小龛何以闲置七年之久，且最终亦未完工？是没有得到理想的粉本，还是另有动机？东西壁二纪年造像龛的发愿人之间有无关系？西壁延昌造像龛为什么主像未完工而造像铭记先行镌就？……诸多问题，无从得知。

②第35窟窟门东壁延昌四年（515）五月十四日造像龛

这是晚期中等规模的洞窟，窟高4.8米，东西4.5米，进深3.6米，该窟按计划完工。延昌四年龛位于窟门东壁，折屏式盝形龛，龛内一交脚菩萨二立侍菩萨。主像上身帔帛交叉，底端垂于腿面，裙摆下垂部分加长。两侧立侍菩萨下身裙摆呈倒“山”字形。龛基题铭：

惟代延昌/四？年正月十四/日恒雍？正？/□□尉都统/华？堂旧宫二/常？主？匠为亡/弟安？凤/造弥勒并七/佛立侍？菩萨/比丘道□□化？□□斡

一般认为，此龛镌凿于第 35 窟整体工程完工之后，亦即延昌四年之时，第 35 窟完工。

③第 19-2 窟北壁延昌四年九月十五日造像龛

这是该窟北壁下端后期追刻的折屏式盝形龛，龛内一佛趺坐，褒衣博带，右领襟横搭左腕。佛衣下摆两重椭圆形，悬裳，衣裾八字形，露足，衣纹趋于繁缛。龛外两侧分别雕刻立侍菩萨、文殊与维摩以及弟子像。菩萨与弟子像的下裙底边同样呈倒“山”字形。龛基题铭：

> 延昌四年岁次乙/未九月辛丑朔十/五日乙卯清信士/元□父母王鳳皇/□□□亡□□□/□造像一区上为/皇帝陛下太皇太/后下？及七世父母所生/父母愿？托生西方/妙乐国土莲花化/生□愿己身□□/□□日□□

以上延昌三龛，①未完工，雕刻内容较简单，时代特征不突出。②、③内容丰富，保存尚好，是云冈晚期窟龛分期研究的重要依据。②、③均系折屏式盝形龛，所谓折屏式是将坐佛雕在连续排列的立方体正面，看上去很具立体感与透视感，连续转折构成龛楣楣格，或受屏风画的启示，重重似画，曲展如屏。过去称其为“折叠式佛像”，似不妥帖，其乃几个立方形屏式组合结构。折屏式盝形龛是延昌时期较为流行的龛式，其源流未知，仅见于云冈，最早出现在第 17 窟南壁，虽属后期追刻，但时间上略早于上述延昌三龛之凿。该盝形龛龛楣做法可视为折屏式的雏形，连续的立方形已经构成，但未雕刻坐佛。折屏式限用于盝形龛式，不同于一般的盝形龛以交脚菩萨为主像，折屏式盝形龛内以雕刻坐佛或二佛并坐者居多。

云冈晚期多为中小型窟室，总计 28 个洞窟，另有附属窟龛 190 个，窟龛数量众多，题材内容繁杂，造像样式极具变化，时代特征显著。其中一部分窟龛，宿白先生将其划分为宣武时期（500—515）和宣武末年以后（515—525）两段[1]，亦即云冈晚期前段与后段。兹依据延昌三龛纪年造像的特点，另结合宿白先生的研究成果以及云冈晚期造像服饰样式的发展变化，认为在洞窟中出现折屏式盝形龛雕刻的第3—10、4—1、5—34、13—20、13—21、13—22、13—32、26、28—2、33—6、38、38—1窟，均属云冈晚期前段。

（赵昆雨，云冈石窟研究院科研班主任、副研究员）

① 宿白：《〈大金西京武州山重修大石窟寺碑〉校注》，《中国石窟寺研究》，文物出版社1996年版，第138—139页。

从敦煌道教斋文看仪式实践中的佛道交流

——以 P.3562V 为中心的考察

张　鹏

摘　要： P.3562V 是一件稿抄本道教斋文类抄，它的内容与其所适用的斋仪都与佛教斋供仪式非常类似，这种现象的产生与当时敦煌社会频繁的宗教服务需求有密切的关系，佛道两教同时为社会提供专业化的宗教服务，两教之间深度交流与融合在仪式实践中必然而自然地产生。敦煌道教斋文与传世斋词有很大的不同，斋文所反映的道教斋供源于早期天师道的厨会与饭贤，斋词则是灵宝斋仪中不可缺少的成分。

关键词： 道教斋文　斋供　宗教服务　斋词

敦煌的斋愿文中，以佛教占绝大多数，道教斋文极少。敦煌文献中与道教斋醮活动有关的文献大概包括 P.3556V，P.4053V，P.3562V，P.4894，BD.14523，羽 072b 六件。[①] 虽然这些卷子的内容都是各种道教斋

① 注：本文是国家社科基金青年项目“敦煌道经的整理研究”阶段性成果，项目批准号 18CZJ019。山东大学基本科研业务费资助项目“百年敦煌吐鲁番道教文献整理与研究述评”，项目编号：11070079614129。

按：王卡先生则把 P.3556V 定名为《道士为唐高宗度亡造像文》，P.4053V 定名为《道士济度亡师祈愿文》，BD.14523 定名为《庆祝玄元皇帝降生斋文》。参见王卡《敦煌道教文献研究——综述 · 目录 · 索引》，中国社会科学出版社 2004 年版，第 235 页；周西波《〈敦煌秘籍〉“羽 072”写卷的性质与意义》，载《庆贺饶宗颐先生九十五华诞敦煌学国际学术研讨会论文集》，中华书局 2012 年版，第 476—488 页。

会所用之文本，其实内容差异很大，特别是P.3562V特点最为明显。作为道教斋文它与灵宝斋中所见“斋词”呈现出很大的不同，却与佛教斋文非常相似，因此本文主要以探讨P.3562V的性质为核心，讨论与佛教斋文相对应的敦煌道教“斋文”的特点，并借此探讨仪式实践下佛道两教相互交流的情况。

大渊忍尔先生最先关注这个写卷，但定为“失题道经”，认为写卷笔迹本同，出自几个人之手，内容上道教本来的思想较少。初步涉及了写卷反映的佛道交流问题。[①] 接着，陈祚龙把写卷定名为“设斋祈福文范之小集”并进行了全文释录。其认为写卷最迟抄写于吐蕃占领沙州之前。又从写卷内容大量采用了佛教专用词语，以及从“亡僧尼”“献岁元辰”两篇，认为道士苟非“欲小逞其能，端为当地僧尼小行‘代庖’，则也可能因彼怀有一些借机调和、冲淡佛、道两家争斗之心情。但观其那般故意混乱道士女冠与僧尼之原有涵义和差别，暨将其‘产品’这样加以流通，我怕这倒也多少反映了当年至少就在敦煌地区，实际已有既非道教，并非佛教，但为佛、道两教所掺杂而成的‘新’教，流行于民间。”[②]

之后，马德先生重新释文，定名为“道家杂斋文范辑录”，并结合敦煌当时的形势与“东行亡文”的内容，进一步指出写卷抄写的时间应该在九世纪下半叶的张氏归义军时期。[③] 王卡先生则根据写本抄写的情况，怀疑其应为归义军时期习字杂抄本，定名为“道教斋醮度亡祈愿文集”，认为其间的斋法近似黄箓斋或自然斋。[④]

李小荣先生则系统地讨论了道教斋的种类，以及敦煌道教斋文的结构。指出敦煌道教斋文与佛教斋文的相似性，注意到敦煌道教斋文与传世文人斋词的差异性，特别是斋文中“道场”部分是传世道教斋词所

① ［日］大渊忍尔著，隽雪艳、赵蓉译：《敦煌道经目录编》，齐鲁书社2016年版，第965页。

② 陈祚龙：《敦煌学识小》，载台湾《敦煌学》第16辑，第28—40页。

③ 马德：《敦煌文书〈道家杂斋文范集〉及有关问题述略》，载陈鼓应主编《道家文化研究》第13辑，生活·读书·新知三联书店1998年版，第226—248页。

④ 王卡：《敦煌道教文献研究——综述·目录·索引》，第235页。

缺少的。同时，其研究还注意到 P.3562V 写卷中“斋仪”部分与 P.2377《三洞奉道科诫仪范》之《午斋仪六》的关系。①

张慕华先生则关注到了敦煌道教斋文受到了佛教与民间宗教的影响，而却与传统道教斋醮文书迥异的特点，反映的是宗教与世俗文化的依附共生。②

刘永明先生则从写卷的抄写样态分析，认为写卷是敦煌地区的道士为从事法事活动，逐渐抄录积累的实用性斋愿文汇集，并对写卷内容所反映的时间、涉及的道教法事活动进行了考订。最后认为敦煌地区佛道教之间可以平等共处、相互接纳的良好状态。③

郜同麟先生则把敦煌道教斋文与传世文人的道教斋词共同讨论，论述唐五代道教斋文在道教斋会中的应用、结构以及形式特点。④周西波先生则以《敦煌秘籍》羽 072b 写卷为中心，探讨道教斋文制作、使用，斋仪仪节，并与传世文人斋词做了比较。⑤总体而言，由于敦煌的斋文中，绝大部分是佛教斋文的缘故，相较佛教斋文的研究，学术界对于道教斋

---

① 李小荣：《敦煌道教文学研究》，巴蜀书社 2009 年版，第 141—176 页。

② 张慕华：《论归义军时期敦煌道教斋文的演变》，《敦煌研究》2011 年第 2 期。

③ 刘永明：《日本杏雨书屋藏敦煌道教及相关文献研读札记》，《敦煌学辑刊》2010 年第 3 期。刘永明：《P.3562V〈道教斋醮度亡祈愿文集〉与唐代的敦煌道教》（一、二），《敦煌学辑刊》2013 年第 4 期，2014 年第 1 期。

④ 郜同麟：《关于唐五代道教斋文的几个问题》，载陈伟强主编《道教修炼与科仪的文学体验》，凤凰出版社 2018 年版，第 381—400 页。

⑤ 周西波：《〈敦煌秘籍〉“羽 072b”写卷的性质与意义》，载《庆贺饶宗颐先生九十五华诞敦煌学国际学术研讨会论文集》，中华书局 2013 年版，第 473—488 页。

文的研究一直都不够充分。[①]

其实所谓的斋文研究，主要肇始于敦煌本斋愿文的发现。那么在P.3562V道教斋文研究之前，有不少关于道教斋词（或称为青词）的研究，[②]传世的斋词与斋文之间的关系，它所反映的道教仪式内容、适用范围，以及敦煌道教斋文与当时社会之间的关系，则是我们在探讨P.3562V文书要重点解决的问题。

（一）P.3562V写本特征与定名

P.3562V首尾完整，无卷题。是一份道教斋文文本的类抄。[③]写本存252行，共分23段，每段开始处有小字标题。字迹前后不同，有朱笔书

---

① 佛教斋文的研究非常多，举其影响较大的有郝春文：《敦煌写本斋文及其样式的分类与定名》，《北京师范学院学报》1990年第3期。宋家钰：《佛教斋文源流于敦煌本斋文书的复原》，《中国史研究》1990年第2期。梅弘理：《根据P.2547号对“斋琬文”的复原和断代》，《敦煌研究》1990年第2期。郝春文：《关于敦煌写本斋文的几个问题》，《首都师范大学学报》1996年第2期。王书庆：《敦煌文献中的〈斋琬文〉》，《敦煌研究》1997年第1期。张广达：《“叹佛”与“叹斋”——关于敦煌文书中的斋琬文的几个问题》，载《庆祝邓广铭教授九十华诞论文集》，北京大学出版社1997年版，第60—73页。饶宗颐：《谈佛教的发愿文》，《敦煌吐鲁番研究》第4卷，北京大学出版社1999年版，第477—488页。王三庆：《敦煌文献中斋愿文的内容结构与分析研究》，载《新世纪敦煌学论文集》，巴蜀书社2003年版，第598—620页。侯冲：《中国佛教仪式研究——以斋供仪式为中心》，上海师范大学博士论文，2009年。

② 周西波：《杜光庭道教仪范之研究》，台湾新文丰出版股份有限公司2003年版，第429—459页。张泽洪：《道教斋醮史上的青词》，《世界宗教研究》2005年第2期。张海鸥、张振谦：《唐宋青词的文体形态和文学性》，《文学遗产》2009年第2期。王国彪：《崔致远三元、黄箓斋词研究》，《湘南大学学报》2009年第4期。详细研究综述可参见张鹏《圣俗之间：社会史视野下的唐五代道教》，2017年首都师范大学博士学位论文，第177页。

③ 王卡先生认为此卷首尾残缺，但从写本来看，仅仅无首题尾题，首尾斋文内容都是完整的。参见王卡《敦煌道教文献研究——综述·目录·索引》，中国社会科学出版社2004年版，第235页。

写的段落。写本有朱笔点校与修改，其中“回礼席”一段为朱笔抄写。① 写本正面为品相较好的《刘子新论》抄本。为方便论述，现把 23 段斋文列表如下：

段落	1	2	3	4	5	6	7	8	9
标题	无〔愿文〕	无〔邑愿文〕	无〔亡考妣〕	无〔亡考妣〕	亡师	女师亡	僧尼亡	邑愿文	当家平安愿文
段落	10	11	12	13	14	15	16	17	18
标题	病差文	征回平安文	兄弟亡	夫妻亡	无〔亡考〕	回礼席	东行亡	无〔岁初斋〕	无〔亡考〕
段落	19	20	21	22	23				
标题	亡孩子	入宅	造宅	无〔斋法〕	报愿				

以上 23 段斋文，非一时一人所抄。第 15 段回礼席文，朱笔抄写，推测应该是朱笔校改之人，在第 14 与 16 段空隙中夹抄。从第 16 段之后，明显抄写得很宽松，可能是换了一个抄手。第 18、19、20、21 段四段用朱笔书写，应该又是一位抄手，22、23 最后两段又是一位抄手。

对于抄手不同、抄写时间不同的这样一个类抄文献进行断代的时候，使用避讳或者文献中所涉及的某一历史事件的方法断代，便显得不够全面。如根据斋文中“属以河陇鲸鲵，京畿路阻，天使三道宣慰，万里却拜龙颜”。判断文书抄成于安史之乱后至吐蕃占领敦煌之前，也有认为抄成于张氏归义军时期，也有认为完成于曹氏归义军时期。② 也有把文献中的避讳字罗列出来，考察抄写时间，但却发现避讳情况非常混乱，因此用避讳字断定文书年代也无法做到准确。③

① 大渊忍尔怀疑是血书，或者是特殊材料所写。从内容来看“回礼席”，并没有特殊的内容，当非血书，应仅是朱书。且从其字迹抄写略显狭窄来看，应是朱笔点校修改原文本的同时，又加入了一些内容。参见［日］大渊忍尔著，隽雪艳、赵蓉译《敦煌道经目录编》，齐鲁书社 2016 年版，第 965 页。

② 参见上文所举陈祚龙、马德、刘永明等人的研究成果。

③ 参见刘永明《P.3562V〈道教斋醮度亡祈愿文集〉与唐代的敦煌道教》（一），《敦煌学辑刊》2013 年第 4 期。

总体上来说，这个卷子抄写的情况很复杂。首先卷子应该是从别处抄来，抄写者在抄写卷子的同时，会不会把避讳字一仍其旧，我们无法判断。另外，卷子应该是道士相对私人的一个稿抄本斋文类抄。如很多省略内容，抄写者自己必是清楚的。既然是私人性的、稿抄性的，其读者大概就是自己或者自己周边的人，因此抄本有相当的随意性，在避讳字上会不会很严格，也很难把握。如有些斋文段落之前会有小标题，有些则无。随意性则表现在随处省略，有些会标识省略内容取何处内容补充，有些则毫无标识。

这些斋文的小标题，其实并非一定要把它们称之为“某某文”，它们仅仅是作者根据斋文内容做出的标识。其目的可能是提示斋供类型，以便于在实际的斋供仪式中对号入座，应该是提供专业性宗教服务的要求。以及较清晰地指示相互之间的借用关系，以便在抄写过程中简省重复的内容。有些学者在释录斋文的时候，在标题处喜欢补一个“文”字，则大可不必。

斋文中有一些小字的部分，主要是用来提示使用者，而并非是斋文的文本。如“奉为严考、慈妣之所崇也”，这里“严考”与“慈妣”属于并列状态，在实际的斋供中，仅能选择其一，要么为严考、要么为慈妣所设。同样的情况如“于是建道场于第宅、仙宇”，说明斋供法会既可以在设斋之人的家里，也可以在宫观之中。但实际法事活动只能出现一种情况。再如“厶七厶忌俄临”“今谨有白鹤观三洞某法师某七之所崇设”，这里的某七，指的是七七斋，具体哪一七，要根据实际法会决定。类似的情况就是对“功德”的描述，如“功德云云”“经像若干，临时言之”，斋会过程中，除了有斋筵之外，斋主往往还会造一些功德，主要就是诵经、设像等。

还有一种情况便是省略的标示，如第6段“女师亡”对于“功德”省略的标示：

是故就此洞房，设斋庆赞功德此下言之。于是建道场于第宅、仙宇，屈法众于云宫。奏真策以祈恩，列名厨而申供。虬幡缭绕，梵响清泠。功德巍巍，难可名也。

在这一段里，“功德此下言之”，后面营建道场的描述，就是斋主所建功德。这一段功德的描述，也成了其他斋文“功德”部分省略的依据，但也要根据斋会的实际情况而定。还有的省略仅用“云云”代表，这样一种省略方式，大约都是以阅读者设定为自己的文本，虽然文本中没有说省略的是什么，但阅读者完全可以看得明白。如第七段“僧尼亡”文末“庄严”部分，“门徒第子等，唯愿道心明朗，业绍清虚，五福百祥，云云。”这里省略的部分，从第 5 段“亡师”与第 6 段“女师亡”的“庄严”部分可以借以补充。即：

复持此善，资熏门徒弟子：唯愿道心明朗，业绍清虚。五福百祥，因斋戒而云集。八难九厄，从香烟以永除。然后宣扬斋意，要在一人，证明福田，必资众口。大众虔诚，施一切诵。

可见，其省略的部分大概就是红字后面的几句。当然还有一些省略，抄手会标示一下从何处补足。如第 9 段“当家平安愿文”文末：

持兹胜福，无量胜因，即用庄严：斋主即体，即愿诸罪障而自灭，受功德于西那，身居无患之乡，依邑尾上言之。

这里“依邑尾上言之”，其实指的是上文中“邑愿文”的文尾，即：

即用庄严：合邑英毦等，诸罪瘴而自灭，受功德于西那。身居无患之乡，永寿长年之命。饥飡赤实，變老状为童颜。渴饮金精，改衰年为玉色。又持此善，庄严斋主：合门大小等，唯愿道牙增长，灾厄永除；智惠莊严，恒离凡障，灵椿比寿，龟鹤齐年。财若涌泉，涓涓不绝。然后赞扬功德，必在一人。证明福田，莫过众口。各各虔诚，自利利他，施一切诵。

相同的情况，还有很多，如第10段“病差文”文末“取邑文尾读之了”：

又持此善，庄严斋主：合门大小，唯愿道牙增长，灾厄永除。智惠庄严，恒离凡障。灵椿比寿，取邑文尾读之了。

这里省略的也是“邑愿文”的文尾，只不过，省略的长短与上文不同，这里省略的是“灵椿比寿”后面的文字。所以，抄写者在抄写这种斋文类抄过程中，会发现大量的重复的内容，特别是关于“叹道”“功德”“庄严”的部分，往往都是很程序化的内容，为了抄写方便，又可以节省纸张，就用这种标示性大的文字提示自己在实际的斋供法会中应该如何写作这些斋文。这种情况卷中还有如“取邑愿尾合煞之”“秖取次前续尾即得”“云云”、“取前用之”等。但这些省略都有一个特点，即都是文末的省略。①

当然还有一种省略是仅仅保留了核心的“斋意”内容，其他程序化的内容全部省略，且没有任何标示。例子便是第19段的“亡孩子”、第20段的“入宅”、第21段的“造宅”，前后的“叹道”“功德”“庄严”部分全部省略了。抄写者自己应该知道在使用的时候如何完善这种类型的斋文。

既然是一个稿抄本的类抄，抄手也会尽可能地把不同的甚至是相同的斋文类型都抄入写本中，有一种宁滥勿缺的意味，因此虽然抄手在不断地省略一些内容，但还是免不了出现大量重复的内容。这些重复的内

① 按：为什么大量的省略都只存在文末？是否为当时省略的一种习惯？当然“功德”部分，虽然有省略的成分，但是还是要依据法会的情况而定。而在一段斋文开头“叹道”的部分，则基本没有省略的情况。

容主要表现在斋文开头的“叹道”部分，以及文末的“庄严”部分。

如第2段“邑愿文”与第9段“当家平安愿文”的开头：

一炁、辟乹坤者，道宝也。列三洞、玄又玄者，经宝也。舍苦与乐、树福除殃者，师宝也。故道为万物之母，经为四生舟航，师能道达群生超于彼岸。大哉三宝，不可思议。凡有归依，莫不响应。

这一段内容同时被两个斋文同时拥有。但却并没有被用标示的语言省略。相同的情况还可见第6、7两段“女师亡”“僧尼亡”文的开头：

一寒一暑天之道，有生有灭人之常。故南华真人，起喻舟壑。东鲁夫子，发叹逝川。生死之道，其大也夫！

当然这里的“女师”指的是女道士，他们的身份毕竟与“僧尼”是类似的，而且两篇斋文创作的背景，都是门徒弟子为亡师所作的斋供仪式。因此在文末“庄严”部分，二者与第5段“亡师”也大体相同。

另一个特点是，卷中第2段与第8段的两篇“邑愿文”，第14段与第18段的两篇“亡考”文，文字几乎没有差别。从笔迹上看，两段斋文很明显不是抄自同一人之手，否则应该不会在同一个卷子中重复抄写。这种相同内容的前后抄写，也说明了卷子稿本类抄的性质。除了两篇“亡考”“邑愿文”文外，还有两篇“亡考妣”，但后者内容相差较大。可能道士们在日常的法会活动中，经常要做各种类型的斋供仪式，仪式中当然需要一些斋文，这些斋文会依据法会类型的不同，格式与内容也不相同，因此道士们就有一个稿抄本的斋文类抄，把所见的斋文抄下，以供日后法会实践活动参照使用。

类似的情况也出现在P.4053V号残卷，残存内容分为前后两篇，前一篇为“法师病愈斋文”，后一篇为“亡母斋文”。卷子前缺后缺，从残存内容推测，此卷应该也是一个斋文类抄。斋文抄在道士杨神岳便麦契、便粟契黏合的背面，其性质应与 P.3562V 相同，属于私人性的稿抄斋文。如果仅从内容出发，把卷子定名为两部分，显然忽略了写本发生过程。这种情况类似于敦煌文献中“多主题文献”，并不适宜各部分单独定名，而要还原抄手当时把整个卷子抄在一起所要表达的意图或者过程。P.4053V、P.3562V 这两个卷子显然均是文化水平并不高的道士所抄写，目的是为将来方便自己参与或主持的斋会活动中为斋主摹写斋文。

众所周知，中古时期能认字的都不会很多，能写的更少，且斋文大多是古雅对仗的骈文，对文化要求很高，对于普通百姓而言，不可能专为斋供写斋文，且斋文写作意味着斋会费用的增加。圆仁记载了唐代佛教法会写斋文付费的情况。

> 每设斋时，饭食之外别留料钱。当斋将竟，随钱多少，僧众僧数，等分与僧。但作斋文人别增钱数。若于众僧，各与卅文，作斋文者，与四百文。并呼道衬钱。①

对于参加法会的僧众每人只有三十文，但是作斋文可以获得四百文的收益，可见斋文作成的困难，应该因此才出现这些分主题的程序化斋文。而作为当时边远的敦煌来说，斋文制作费用对于普通百姓而言应该是很大的负担。杜光庭《广成集》中保存的大量斋词、醮词均是为他人所做，虽然很多法会性质相同，但斋词绝不雷同，且文辞典雅。敦煌道教斋文呈现出程序化、相对粗鄙的面貌，当有实际法会的费用考虑。因此，我们在阅读敦煌斋文之时，并不能单纯地把斋文中所描写的道场情况，全部看成是真实的，它们之中有大量程序化的、夸张性的语言，大量的斋文是这种类抄斋文的翻版。

但从内容上看，这篇斋供文集包含了各种常见的斋供仪式，基本上

---

① ［日］释圆仁原著，［日］小野胜年校注，白化文、李鼎霞、许德楠修订校注，周一良审阅：《入唐求法巡礼行记校注》，花山文艺出版社 1992 年版，第 71 页。

是中古时期最为常见的一些斋供活动。我们对比大量的佛教斋文，虽然道教斋文的数量较少，但常见的斋供活动如“荐亡类”“祈禳类”“庆赞功德类”都有包含。[①] 其中最为重要的一类即“荐亡类”斋供占了很大比例。这说明不论是道教还是佛教，在其对社会的服务中，“荐亡类”斋供是最为主要的法事活动。正如王三庆先生在研究敦煌佛教斋文时所述：

由于斋醮法会内容随着“人、地、时、事、物”等场合的不同而变异，目前发现整理的斋愿文献，其类别与文字也不尽相同。可是既然成为经常性举办的宗教活动，为着四面八方信徒的不时之需，又能获得恰如其分的实物与衬酬，供给面不得不想方设法，制订一套合适的供需模式，既能在需求者面前表现出具有职业化的熟练手法，取得大众的信任；同时，又能排除同业间的恶性竞争。[②]

这些扩张性的宗教生活需求，催生出了专业化的宗教服务模式，用一种职业性或技术性实践活动的视角看待 P.3562V，则很多问题就相对容易理解了。王三庆先生认为职业性的供需，排除了同业的恶性竞争，而在实际的宗教服务中，佛道两教的差别并没有想象中的那么大，而且经常是相互交融，它们或许仅仅是人们服务需求的技术手段而已。

（二）道教斋文中的佛教因素

可以肯定的是，这篇道教斋文中有大量的佛教因素，其借鉴佛教斋文之处，也显然可见。前述李小荣、张慕华、王三庆诸先生也已谈到。首先道教斋文与佛教斋文内容结构完全相同，其大致可以分解为“叹

① 侯冲把佛教的斋供仪式按照斋意的不同，分为“赞叹佛德类”“庆皇猷类”“庆赞功德类”“荐亡类”“祈禳类”“授戒类”“综合类”等七类，但最为主要的还是“庆赞功德类”“荐亡类”“祈禳类”三类。参见侯冲《中国佛教仪式研究——以斋供仪式为中心》，上海师范大学博士论文，2009 年，第 236 页。

② 王三庆：《敦煌文献斋愿文体的源流与结构》，台湾《成大中文学报》，第 54 期，2016 年。

道—斋意—叹德—道场（功德）—庄严”。[①] 我们以第 4 段“亡考妣”文为例。

叹道	善利万物，莫先乎大道。孚佑兆庶，寔赖于真经。道也，神妙无方。经也，宣扬玄理。若用之于国，即国祚太。修之于身，即身业清。大圣神功，名言罕疋。伟欤妙理，无德而称。
斋意	即此三宝御前，持炉所为，越有至孝，奉为严考、慈妣之所崇也。
叹德	惟考识量遐远，俭素无为，清和任真，洞达时政，有济时之略，负舟檝之才。惟（唯）妣禀质太阴，资霊育雾，柔心内宛，坤德外彰，故得七教齐躯，三从偹体。
道场	爰以是日，修建宝斋。尔其幡摇十绝，炉起名香。百味云厨，千声响亮。福之广矣，莫盛于斯。
庄严	先用上资，亡霊前路，惟愿濯神玄圃，足蹑花台。鍊质金火之池，遨游洞阳之馆。恒居上境，光荫见前。合门大小，常保又（乂）安。内外亲，俱蒙是福。

佛教斋文的结构与此并无二致，这说明中古时期敦煌斋供仪式上佛教、道教似乎扮演着相同的角色，只不过仪式中套用了各自的文化系统而已。在实际的操作过程中，两种文化的斋供仪式，一定有相互借鉴和学习的地方，所以我们才能从道教斋文中找到很多佛教因素，以及两者所共享的文化意象。现举几例：

出处	1愿文	《续高僧传》	备注
引文	但恐危形易朽，无片善以资身。脆命难留，惧深□（僭）而在。	危身脆命，无常不久。	

① 郝春文先生则把佛教斋文分为五个部分，即“叹佛”“叹德”“斋意”“道场”“庄严”。其结构和道教斋文的结构是一致的。参见郝春文《关于敦煌写本斋文的几个问题》，《首都师范大学学报》1996 年第 2 期。也有把斋文分为四段的说法，即“叹佛”“斋意”“道场”“庄严”，缺少了“叹德”，其实我们在道教斋文中，也可见“叹德”并非是必要的结构，一般出现在特殊人物的斋供中才会出现。参考侯冲《中国佛教仪式研究——以斋供仪式为中心》，上海师范大学博士论文，2009 年，第 236 页。

续表

出处	1愿文	《续高僧传》	备注
出处	1愿文	《敦煌愿文集》	道教多用“百和之香”，佛教则有“百味”、“海岸”“净土”之香。
引文	供列天厨之馔，炉焚百和之香。就此家庭，设斋报愿。	就此家亭，延屈圣凡，奉为亡灵设斋追福。卢焚海岸之香，供列天厨之馔。	
出处	1愿文	《敦煌愿文集》	“四大”、“五蕴”是佛教概念。
引文	由是知四大而虚假，各保运心。守五蕴之不坚，崇兹胜业。	四大假合成身，五蕴念念相催。	
出处	1愿文	《大乘义章》	“六通”亦是佛教概念。
引文	具足六通，光明智惠。	六通皆用智慧为体	
出处	2邑愿文	《敦煌愿文集》	斋文语句的相互借用。
引文	抽减净财，建厶功德……其经乃行行灌玉，句句连珠，诵念者幽显蒙恩，供养者人天获福。	抽减净财，爰修片善。（云云造功德任言之）行行贯玉，开小卷如演荆山；句句连珠，阅微言而纳沧海。	
出处	2邑愿文	《辩正论》	“七十二相”“八十一好”为形容佛像之词。
引文	其像乃七十二相，无点无亏。八十一好，唯其（奇）唯丽。	夫有七十二相八十一好。	
出处	3亡考妣	《敦煌愿文集》	“净土”为佛教概念。
引文	永坐花台，恒生净土。	座莲台而生净国	
出处	8邑愿文	《敦煌愿文集》	道场的装饰，佛道两教也基本相同。
引文	于是泛洒庭院，严持香花，延屈法徒，开张真相。	故于是日，洒扫庭宇，严饰道场，请佛延僧。	
出处	10病差文	《敦煌愿文集》	用语相似。
引文	唯愿道牙增长，灾厄永除。智惠庄严，恒离凡障。	净业长，道牙生。同种智而圆明，等法身之坚固。	

当然，既然是道教斋文，斋文中必然会出现很明显的道教文化因素。如“稽首皈依正真三宝”“道教三宝”“西那”“骞树”“赤实”“天尊”等。

总体上看，本件文书，是一件混合了道教与佛教斋供文。这样一种混合，其实反映的是在实际的斋供仪式的操作中，两者的相互借鉴与吸收。

其中最引人注目的是两条斋文，其一为第7段的“僧尼亡”，为便于讨论，我们把斋文内容节录如下：①

然今谨某寺阇梨，惟阇梨谈空入妙，披叶偈于龙宫。真际如如，晵幽花于鹤苑。道安、罗什、未足扶轮。龙树、马鸣，那堪捧毂。理应常居世界，度脱苍生；何期行业将圆，奄归□灭。时不我与，百日俄临。门徒第子等，嗟归依而无处，瞻孟锡以何缘。唯杖福田，用资神识功德云云。庄严既周，因斋庆度。于是建道场于第宅、梵宇，屈法众于禅宅、灵宅。奏真策以祈恩，列名厨而申供。捴资福德，先用庄严：亡师魂路，唯愿超生死，证涅盘，无去无来，不生不灭。恒于兜率，庇荫家庭。

这段斋文是“僧尼亡”，但从斋文的内容看，几乎看不到道教的因素，其斋文用词与意象，全部为佛教的内容。抄手抄写这段斋文，似乎在预设将来某天，僧尼自己的斋供法事交给道士来做，因此他们才把这篇“僧尼亡”的斋文抄写了下来，以备不时之需。有的学者因此认为，这篇斋文反映了敦煌地区佛道之间的和谐与融合，或是一种逞能性质的“越俎代庖”。

上文已经分析，本件文书，是一件稿抄本的斋文类抄。抄手的身份应该是道士，因为我们从每段斋文的标题发现，白鹤观道士、玄中观女道士的斋供，是“亡师”以及“女师亡”，而僧尼的斋文，则标题为“僧尼亡”，因此很明显抄手的身份为道士无疑。

敦煌的佛教势力远超于道教，佛教在敦煌地区获得绝大多数人的信仰，因此可以推测，敦煌地区的斋供仪式一定是僧人在主导。我们从敦

① 按：斋文省略的是开头的“叹道”，以及文末的“庄严”部分。

煌文献中保留的大量佛教斋文文书也可以证明这一问题。很难想象，在佛教如此兴盛的敦煌，僧尼死后，七七斋会让道士来做。我们从《敦煌愿文集》中找到了很多“僧尼亡”的斋文。[①]因为敦煌僧人的数量很大，因此关于僧尼的斋供仪式就很多，出现大量的“僧尼亡”文就不足为奇。P.3562V的抄写者为了自己实际法事的实践，而抄写一本“斋文类抄”，因此他总会很大限度地抄写各类斋供文本，尽可能做到包罗万象，以便实践需要。这一篇“僧尼亡”就是在这样的背景下被抄出。亦即卷子所抄的斋文，未必一定是被抄写者所实践的文本，甚至也未必是道士所实践的文本。这篇“僧尼亡”文中几乎不见道教色彩，因此极有可能是抄写者抄来的佛教斋文文本。

类似的情况，其实佛教斋文中也有。P.3772《斋婉文》“僧尼道士女官”条：

> 窃以妙力难思，神功罕测，趣包生灭，理会有无。至若正觉流慈，遍三千而显圣大雄演智，冠百亿以标尊。洎乎汉梦宵通，微言再阐；周星夜陨，至教遐宣。由是慧日流晖，慈云布润，化城易憩，变现之力良多；朽宅难居，诱引之门不一。[②]

这个卷子保存了很多标题，如五月、九月、总结云、诸斋月、二月八日、正月半、四月八、七月半、腊月八、僧尼道士女官、僧、尼、叹亡文、帝崩、太后、皇后、皇太子、妃、王、文官、都督、刺史等。各种不同时期、不同身份、不同事件的斋会应有尽有。从“僧尼道士女官”条内容来看，其实并无任何道教因素，对于抄写者而言，斋文集更像是商人店里的商品一样，务必做到全面而丰富，至于是否真的可以卖出去，倒也未必。

---

① 黄征、吴伟编校：《敦煌愿文集》，岳麓书社1995年版。关于“僧尼亡”的斋文，可参见该书的目录。

② 《法藏敦煌西域文献》第28册，上海古籍出版社2004年版，第6页。

第二篇便是第17段的“岁初斋”文，这段斋文融合了佛道二教。释文如下：

> 无名而名，经传浩劫。不有而有，形遍尘沙。驾青牛而诣西方，感真容见于东土，则我大道之教也。其有金人入梦，白马流风，法自汉朝，教传中夏，则如来之教也。即此会者，期有巷人，清信女男等，并高道不仕，退静丘园。或箴规可传，女戒垂范。知宿命业，悟未生因。所以弟相劝免（勉），抽咸（减）净财，修缉尊容，装（庄）严佛事，设无遮会，崇建宝斋。是时也，年初献岁，十直之辰，张黄道场，遥筵法侣，于广陌，就长衢，燌宝香，列珎供，功德至大，难可名言。以此设斋功德，修造胜因，揔用兹熏，事斋清信女男等：唯愿天尊雍（拥）护，百疾去身，诸佛扶持，千灾远体；饥飡灵药，渴饮琼浆。變老状为童颜，盖（改）衰年为玉色。有（又）用功德，装（庄）严法界。伏愿九阴罪威（减），十方福生，希南亩之有秋，冀北极之平太。天下地上，水陆众生，俱沐胜因，成无上道。

因文中有“年初献岁，十直之辰”，因此学者把这段斋文命名为“岁初斋”文，也有称为“献岁元辰”，即年初的斋会，敦煌佛教斋文中是常见的。文中开头有“叹道”与“叹佛”两段，即“则我大道之教也”与“则如来之教也”，佛道并重。庄严的部分，也是祈求佛道两教加护。“唯愿天尊雍（拥）护，百疾去身，诸佛扶持，千灾远体。”这次年初斋会的出资人应为“巷人”，亦即邻里之中的清信之士发起，他们延请了佛道两教僧侣，在长衢广陌之上，设供斋僧道，张黄道场，修缉尊容，庄严佛事。如同官宦之家斋事活动，分别延请两教各自做法的道理相同。仅仅从斋文上所见两教并述，并不代表实际的斋事活动两教是相互配合的。斋主们延请僧道做法斋供，是为了增加自己的福祉，因此尽可能地夸大自己的功德，他们延请两教同时分别做斋，当然是大功德的表现。从斋文的叙述也可看出，在实际的宗教活动中，并不存在佛道之间的优劣之说，两教在护佑百姓、祈福禳灾方面具有相同的作用。

（三）从斋法到斋供

本件文书的第22段，有一段“斋法”的描述，为我们理解这篇道教斋文提供非常大的便利。这段斋法与《三洞奉道科诫营始》所加载的“中斋仪”非常类似，[①] 因此被认为这件斋文其实就是按照“中斋仪”的仪程进行斋会实践的。[②] 为方便论述，现把斋法内容做仪节分解：

斋法内容	仪节	备注
洗手转经了，令主人执香炉礼三拜、长跪、坐、令唱、行香，时至，即唱，人各供（恭）敬，至心稽首太上无极大道，一切诵。	法师转经（主人拜、唱、行香等）	法师与主人的动作同时进行。
即唱宿命声、行香：宿命有信然，若丧为之无。皆用眼前见，至心稽首正真三宝。	法师唱宿命赞、行香	“宿命有信然”句为宿命赞。
斋主长跪，叹道功德	斋主叹道	
即唱：愿斋主百福庄严，万善云集，至心稽首正真三宝。愿亡者生天，见存安乐，至心稽首正真三宝。愿斋主智惠［庄］严，福登无极，至心稽首正真三宝。愿天下太平，兵甲休息，至心稽首正真三宝。愿一切众生，免离诸苦，至心稽首敬礼众圣。	法师发愿礼三宝众圣	
斋主唱普诵，即作为诸声。	斋主普诵	
食施咒愿。师云：一切福田中，施食最为先，见存受快乐，过去得生天，当来居净土，衣食恒自然。是故今供养，普献于诸天。	法师食施咒愿	食施咒愿与舍施咒愿相同。
行食遍，唱如法：食，上献天尊，中献先师，下及法界众生，普同供养。	食、唱	

① 按：敦煌本《三洞奉道科诫仪范》此处为“午斋仪”。“午斋”与“中斋”应是同义。

② 李小荣先生最先发现斋文中的“斋法”与《三洞奉道科诫营始》之“中斋仪”的关系，其后刘永明先生在此基础上做了进一步论述，有力地推进了这件道家斋文的研究。参见李小荣《敦煌道教文学研究》，第141—176页；刘永明：《P.3562V〈道教斋醮度亡祈愿文集〉与唐代的敦煌道教》（二），《敦煌学辑刊》2014年第1期。

续表

斋法内容	仪节	备注
食后云：施者、受者，俱获清净。一切众生，普同平等。即收食，行水了，主人云：唱普诵。师云：为诸来生，作善因缘，如蒙开悟，仰受圣恩。	收食、行水、唱普诵、解座赞	“为诸来生”句即为解座赞。
舍施咒愿。师云：一切福田中，舍施最为先。设供已讫，恐福未圆，更将净财，布施三宝，布施已后，亡者生净土，见存得安乐。福及诸众生，普得成真道。	舍施咒愿、布施	此处舍施与布施混在一起。
人各恭敬，至心稽首正真三宝。	人各恭敬	
愿斋主所愿称心，常保福庆，至心稽首正真三宝。设斋功德，资俻群生，离苦下脱，离得道众圣。	庄严回向	
又忏：臣等自从入道已来，负经负戒，盟破约，斋戒怠慢。	忏悔	

这一段斋仪的记载与“中斋仪”几乎完全相同。何谓中斋？《老君音诵诫经》中有记载：

老君曰：厨会之上斋七日，中斋三日，下斋先宿一日。斋法：素饭菜一日，食米三升，断房室、五辛、生菜，诸肉尽断。①

老君曰：道民求福愿厨，先刺客斋，上中下斋随意，明当设会。今日请客来在主人家中宿，诸求愿还，官众共保乃行，出无他适。鸡鸣至日出，尽皆上厨之列，来致仙官。唯解先亡厨，平旦至日中为限。②

这里所记载的“中斋”，看起来就是“厨会”之一种。所谓的“中斋”就是道民为求福而举办三天的厨会。厨会上禁断荤辛、房事。“诸求

① 《老君音诵诫经》,《道藏》第 18 册，文物出版社、上海书店、天津古籍出版社 1988 年版，第 212 页。

② 《老君音诵诫经》,《道藏》第 18 册，第 214 页。

愿还，官众共保乃行”与斋文中“赞扬功德，必在一人。证明福田，莫过众口。”在含义上类似。因此，可以推断“中斋仪”就是《老君音诵诫经》中所记载的“中斋”厨会。然而，厨会并不仅仅是吃饭，我们从本件斋文与斋法的记载中发现，斋会往往还会有“转经”的内容。如斋法的记载中，便以“转经”开始，转经后有“宿命赞”，这个赞基本上伴随“诵经”而出现。[①]

宿命有信然，弱丧谓之无。皆欲眼前见，过目即言悠。大贤明道教、惨戚悯顽夫。依依念子苦，勤勤令我忧。

所以，虽然整个斋供仪式是以斋圣凡之人为主，但应该在吃饭前会有诵经或者讲经的活动。如斋文中有“其经乃行行灌玉，句句连珠，诵念者幽显蒙恩，供养者人天获福”“百味云厨，千声响亮”“虬幡缭绕，梵响清泠”等，这些句子都说明斋会有诵经的仪节。

斋仪的整个最重要的就是食施的过程，即斋圣吃饭。这样的特点与斋文也非常吻合，“供列天厨之馔”“列九厨妙供”“百味云厨”“列名厨而申供”“焚宝香，列珎供”几乎每段斋文都有斋供的描述，因此结合斋文与斋仪的内容，可知这卷斋文反映的就是道教斋供仪式，它与灵宝斋有很大的不同。《云笈七签》“斋戒叙”讲到了“斋供”：

按诸经斋法，略有三种。一者设供斋，以积德解愆。二者节食斋，可以和神保寿。斯谓祭祝之斋，中士所行也。三者心斋，谓疏瀹其心，除嗜欲也；澡雪精神，去秽累也；掊击其智，绝思虑也。[②]

---

① “宿命赞”一般会与“诵经”相连。《金箓玄灵转经早午晚行道仪》记载启经之后，三皈依，然后宿命赞，最后开始诵经。“宿命赞”最早来源于《太上洞玄灵宝智慧本愿大戒上品经》，是太极真人传经说法演戒竟，歌三徒五道苦痛，叹辞之一。杜光庭《太上黄箓斋仪》中“宿命赞”已经固定地与“诵经”科仪相配套使用。

② 《云笈七签》,《道藏》第 22 册，第 257 页。

可见，所谓的斋供就是“设供斋”，是一种祭祀之斋，它与比较高级的“心斋”不同。“二种斋”里也有关于“设供斋”的描写：

> 《本相经》曰：斋有二种：一则拯道，二则济度。拯道者，谓发心学道，从初至终，念念持斋，心心不退。复有二门：一谓志心，二谓灭心。志心者，始终运意，行坐动形，寂若死灰，同于枯木，灭诸想念，唯一而已。灭心者，随念随忘，神行不系，归心于寂，直至道场。济度者，谓回心至道，翘想玄真，愿福降无穷，灾消未兆。又云：虔心者，唯罄一心，丹诚十极，烧香礼拜，唯求于道。舍财者，市诸香油、八珍、百味、营馔供具，屈请道士，及以凡器归心启告，委命至真，内泯六尘，外齐万境，冥心静虑，归神于道。克成道果，永契无为，救济存亡，拔度灾苦，随其分力，福降不羌，功德轻重，各在时矣。[①]

这也就解释了为什么敦煌道教斋文中大量的“道场”的内容，而传世斋词并无道场的描写。有学者认为是预留给实际斋会中现场道士临时发挥，也有认为道场的文字都是虚夸之词，没有必要浪费笔墨。其实，根本区别是敦煌道教斋文与传世斋词适用于不同的法事活动。敦煌道教斋文反映的是道教斋供，在于斋主舍财供养道士，斋品丰富自然福报越大，因此斋文中会极力夸张道场。而以发心忏悔为主的各种灵宝斋，则以忏悔为主，因此传世斋词中对于斋主的描述大多用语稍显谦退，而敦煌斋文则是不吝笔墨地盛赞斋主。

道教的斋供仪式，应该来源于早期天师道的厨会，《陆先生道门科略》记载：

---

① 《云笈七签》,《道藏》第 22 册，第 258 页。

若生男满月，赍纸一百、笔一双，设上厨十人。生女满月，赍扫帚、粪箕各一枚，席一领，设中厨五人。娶妇，设上厨十人，籍主皆赍宅录诣本治，更相承录，以注正命籍。[①]

这是早期天师道人口户籍管理的一种方法，上厨宴请十人，中厨宴请五人，同时还要走纸笔席等实物给本治祭酒。其实反映的是天师道民小区生活的互助形态，却逐渐演变成了“求福、解先亡”的仪式性斋会了。这样一种斋会，也被称为“饭贤”。《太真科》记载：

家有疾厄，公私设厨，名曰饭贤。可请清贤道士上、中、下，十人、二十四人、三十人、五十人、百人，不可不满十人，不足为福。贤者廉洁，亦能不食，食亦不多，服饵浆药，不须厚馔，是世人所重献之，崇有道耳。此时，应须立坛。先三日清斋，后三日言功。贤人身中，多神故饶之，德重故厚之。食以饱为度，味以适为期。供食一如斋食，不得荤秽。[②]

如果《陆先生道门科略》中厨会所宴请的人还是小区的天师道民的话，这里的厨会，宴请的明显是道士与贤人，且已有一整套的仪式，需要立坛、清斋、言功。P.3562V 中的斋供实质上应该就是这里的饭贤。

相比起道教斋供，中古时期佛教斋供仪式更为流行，早期佛教有“年三月六”持斋之说，后来不断加入中国化因素，包括国家庆典纪念，普通百姓的宗教活动等都有设斋会的情况。[③]

唐代道士朱法满《要修科仪戒律钞》记载了道教的“年三月六”之斋，反映了实际的宗教服务活动中，两教之间不得不产生的交融与互通。

---

① 《陆先生道门科略》，《道藏》第 24 册，第 780 页。

② 《要修科仪戒律钞》，《道藏》第 6 册，第 798 页。

③ 王三庆：《从敦煌斋愿文献看佛教的在地化因应》，台湾《成大中文学报》第 21 期，2008 年。

而且从P.3526V“斋法”分解的仪节来看，其实与佛教的斋供仪式过程也很相似。《高僧传》记载了早期的佛教斋会情况：

于是立座饭之，处处成则。安既德为物宗，学兼三藏，所制僧尼轨范，佛法宪章，条为三例：一曰行香定座上讲经上讲之法，二曰常日六时行道饮食唱时法，三曰布萨差使悔过等法。天下寺舍遂则而从之。[①]

这里的定座、行香、讲经、礼忏、悔过大体上与P.3526V是类似的。同时圆仁所见唐朝会昌年间竹林寺斋礼佛式也与P.3526V的斋法更为相似。

午时打钟，众僧入堂。大僧、沙弥、俗人、童子、女人，依次列座了。表叹师打槌，唱“一切恭敬礼常住三宝，一切普念”。次寺中后生僧二人手把金莲，打蠡钹，三四人同音作梵。供主行香，不论僧俗男女，行香尽遍了。表叹先读施主设供香，次表赞了，便唱“一切普念”。大僧同音唱摩诃般若波罗蜜，次唱佛菩萨名。大众学词，同礼释迦牟尼佛、弥勒尊佛、文殊师利菩萨、大圣普贤菩萨、一万菩萨、地藏菩萨、一切菩萨摩诃萨。为廿八天、释梵王等，敬礼常住三宝。为圣化无穷，敬礼常住三宝。为今日供主众善庄严，敬礼常住三宝。为师僧父母、法界众生，敬礼常住三宝。打槌唱云“施食咒愿”。上座僧咒愿了，行饭食。上下老少、道俗男女平等供养也。众僧等吃斋了，行水汤口，次打槌念佛。表叹师打槌云：“为今日施主善庄岩及法界众生，念摩诃般若波罗蜜多。”大众同音念释迦牟尼佛、弥勒尊佛、大圣文殊师利菩萨、一万菩萨、一切菩萨摩诃萨。如次学词同

① 《高僧传》卷5,《大正藏》第50册，第353页。

念。念佛了，打槌随意，大众散去。[①]

圆仁所见的这段竹林寺斋礼佛式的仪节大概可以分解为：入座——一切恭敬—行香—表赞——一切普诵—施事咒愿—食—行水—普诵。与上表两相对照，其实相差无几，这说明佛教斋供与道教斋供仪式上的相互通融与借鉴。[②]

当然并不能因为佛教斋供仪式较多，留下的文献丰富，就认为道教的斋供“抄袭”佛教而来，相反在斋会的仪节上，中国本土的传统要早很多，传统儒家的斋戒仪式就非常丰富，道教更有发达的斋醮系统。佛教典籍《续高僧传》的记载从侧面也可证明道教斋仪对佛教的影响。

天保年中，释李二门交竞优劣。属道士陆修静妄加穿凿，广制斋仪，靡费极繁，意在王者遵奉。会梁武启运，天监三年，下敕舍道，帝手制疏文极周尽。修静不胜其愤，遂与门人及边境亡命，叛入北齐。[③]

这段记载当然并不可信，陆修静在477年就去世了，不可能活到天监三年（504），更不可能出现在天保年中（550—559）。但梁武帝所谓“手制疏文”，借鉴道教斋仪的情况基本上是可信的。所谓“意在王者遵奉”，其实反映的是佛道两教在服务社会以及帝王的目标上是一致的。

斋会是宗教服务社会的最重要的形式之一，而在普通百姓的概念里，并没有很深的宗教偏见，甚至往往并不清楚两教的分野所在。他们的宗教活动常带有功利性，他们也许只在乎一个法师会不会做法事，而并不

① ［日］释圆仁原著，［日］小野胜年校注，白化文、李鼎霞、许德楠修订校注，周一良审阅：《入唐求法巡礼行记校注》，第271—272页。

② 按除了竹林寺的这次斋礼佛式之外，圆仁还记载了另一个斋供仪式，即开成三年（838）十一月廿四日天台大师忌日斋会，其斋礼内容记载的相对省略。参见《入唐求法巡礼行记校注》，第70—71页。

③ 《续高僧传》卷23，《大正藏》第50册，第625页。

关心他的身份。

（四）从斋文到斋词

上文已经表明斋文反映的是道教斋供仪式，斋词则往往出现在灵宝斋中，敦煌道教斋文之所以不同于传世的道教斋词，其实是因为二者的应用范围不同。

传世的斋词，之所以称为“词”，是因为在灵宝斋法中，有投词、宣词、读词等仪节。投词，主要指宿启投词，相当于《老君音诵诫经》里的“刺客斋”，向法师叙述斋意即为什么要建斋、建何种斋。斋仪上宣读之词才是“斋词”，其仪节一般位于“称法位”与“忏方”两个仪节之间。逻辑上是向各位神灵表达修斋所祈之愿，并向其忏悔的过程。[①]

从此角度看，《敦煌秘籍》羽 072b 与 P.3562V 不同，文中有“今厶词称”“今斋主词云”等，显然斋会上有表达斋主斋仪的“斋词”，羽 072b 其实应是黄箓斋会的斋词集而非斋供之斋文集。从它庄严回向部分，“车书混一、鸿基永固”等为国主朝廷祈福，以及“暨乎四生众品、六趣群幽，同会无为，俱登至道”的普度意义，都非常吻合黄箓斋的性质。[②]

羽 072b 与 P.3562V 也有相同的地方，即两者都是斋文（词）的集结。这与 P.3556V、BD.14523 针对某个特殊的群体或者特定斋会而作的斋文（词）不同，它反映了敦煌地区针对普通百姓宗教需求的专业化的服务情况。特别是 P.3562V 这个稿抄本的斋文类抄，生动地向我们展示了卷子抄写者的身份、抄写的目的以及抄写者对于斋文的使用情况。

（五）结论

P.3562V 写卷的抄手是几个文化程度并不高的道士在不同时间抄写的，他们很可能都是白鹤观的道士。把从别处得到的道教斋文抄下，以

① 张鹏：《圣俗之间：社会史视野下的唐五代道教》，第 178 页。

② 关于唐五代黄箓斋的相关问题可参见张鹏《圣俗之间：社会史视野下的唐五代道教》，第 194—212 页。

便将来在相应的斋会中自己使用。这是在宗教服务需求很大的敦煌地区，道士们提供专业化服务的权宜之法，于是就形成了 P.3562V 这样一个稿抄本的道教斋文类抄。在民间的仪式实践过程中，以社会需求为导向的宗教活动，并没有很明显的佛教与道教之间的隔阂，相反相互之间有着很深刻的交融与借鉴。如果把民间的宗教服务看成是技术性工作的话，道教斋文集里出现“僧尼亡”斋文，便不足为奇，也不用把它看成是佛道之间所谓的“和谐”与“融洽”的光辉典范。

从 P.3562V 写卷内容来看，其深受佛教影响十分明显，这与敦煌地区佛教盛行有很大关系，且佛道两教斋供仪节具有很大的相似性，证明了宗教实践过程中两教之间广泛而深入的交流并非刻意，且无法阻挡，更没有所谓的宗教偏见。但道教斋供并不是受佛教影响而产生，其源自于早期天师道的“厨会”，以及求福解先亡的“饭贤”，它是一种以宴请贤人、道士吃饭以求福报的斋会，与灵宝“三箓七品”之斋存在很大不同，这也解释了敦煌道教斋文与传世道教斋词差异的原因，其实两者反映的是不同的法事活动。

几乎所有宗教都须首要解决出世问题，但任何宗教都无法摆脱入世问题，对于扎根中国社会的佛道两教而言，更是如此。从维护宗教的纯洁性出发，宗教的上层人物总是要不断地把自己从其他文化之中区隔出来，因此历史上常常有各种宗教论战。但对于入世很深的佛道二教而言，上层的理论设计并不能解决民间大量僧侣的实际生活问题。社会生活中的宗教实践，常常被当成一种技术性的手段服务社会。既然服务社会，那些更为优质的、符合市场需求的宗教服务才会得到发展，在“市场”的导引下，佛道两教的仪式实践中，深度的融合与交流便潜移默化地发生了。

（张鹏，山东大学文学院副教授）

邺城出土白马吻别图像及其寓意

蔡晓菁

摘　要：河北临漳邺城遗址出土的佛教造像中有不少“白马吻别”图像。它们或浮雕或线刻于造像背面、底座，图像内容一般为太子坐于双树下成思惟状，侧立白马与之吻别。通过题记我们知道这类图像镌刻时间多在东魏和北齐，主尊通常是弥勒佛像，配合弥勒信仰出现。太子、思惟、双树这些因素赋予图像更丰富的涵义，超出了佛传故事本身，与主尊像、往生净土的铭文相应。它们一方面有助于观者了解弥勒菩萨成佛修道的基本情况，表达菩萨求道的决心，宣扬弥勒坐于龙华树下成佛的故事；另一方面也体现了民间造像的现世诉求。画面中白马俯首跪拜的姿态符合供养人崇佛的心理，泣首吻别的场景也寄托着供养人哀思的情感。

关键词：邺城　白马吻别　弥勒　思惟

邺城遗址大部分位于今河北省邯郸市临漳县，其外郭城（即习文乡北吴庄北地、今漳河主河道内）于2012年1月出土了一批佛教造像。这批造像由中国社会科学院考古研究所与河北省文物研究所联合组建的邺城考古队共同发掘，数量多达2958件（块）。

2019年8月6日至10月6日中国国家博物馆举办“和合共生——临漳邺城佛造像展”，首次系统展出了北吴庄出土造像整理的阶段性成果，共131件，吸引多方人士络绎不绝前来参观，达上万人次。这些展品有28件带刻题记，造像年代大半为东魏、北齐时期，多数表面残存有贴金和彩绘，样式、题材丰富多样，为我们判定北朝的造像风格、信仰特点提供了重要证据。其中，有5件“白马吻别”图像，保存较好，具有重要的学术价值。“白马吻别”佛传故事造像最早出现在2—3世纪的犍陀罗地区，甘肃、陕西、河南、山西等地也都发现了这一题材的图像，但是分布比较分散，具体年份多数不明。邺城“白马吻别”图像带有东魏“天平”“武定”年号，铭文记载了供佛、供养人等信息，可以提供明确的年代坐标，对研究这一时期同类图像具有重要价值。学界尚未有关于这方面的专论。

以下将依据佛教典籍，结合北朝佛教史，比较其他地区所见的同类图像，对邺城“白马吻别”的题材选择及其特点提出看法，并就其寓意进行探讨。

一、邺城“白马吻别”图像及特点

此次“邺城佛造像展”展出年代最早的“白马吻别”题材造像是东魏天平四年（537）“法敬造菩萨像”，其背面采用阴线刻手法描绘白马告别的场景（图1），画面右侧太子半跏趺坐于树下，左侧白马背上搭鞍，以略显夸张的姿势俯身，仆从车匿站立一旁手执缯盖啼哭，下方刻有起伏的山峦等景物。稍晚一例为“王元景造弥勒像”，其右侧底座刻有“大魏武定四年四月八日”的字样，背面浮雕并施彩绘（图2），同样清晰展现出双树下白马前腿跪地、俯首吻足，童子掩面哭泣的场面。东魏武定五年（547）正月十日“弄女造弥勒像”与“王元景造像”年份接

图1　法敬造像背面

近，色彩保存良好。两件背面浮雕的“白马吻别”（图3）构图更接近，可以清楚地看见太子头戴三叶冠、背有项光、脚踏莲花，仆从均是双髻小童形象。

与上述三例线刻、浅浮雕相比，北齐的两件作品（图4、图5）更加恢弘大气，均变为高浮雕，局部采用透雕方式，不仅增强了造像的立体感，同时还表现更多故事场面，传递特别的魅力，比如画面中白马舔舐莲座的舌头清晰可见，俯首的姿态生动感十足，旁侧童子则手捧太子脱下的宝冠等物（图4）。除了表现白马屈膝的景象，北齐的造像左右还分别刻有五位臣子追随、白马回宫后净饭王等人悲痛不已的画面（图5）。尽管如此，这两例“白马吻足”图像中心的马和太子构图与前三例相比大致是相同的，仅一例造像于画面左右侧的位置出现变化（图4）。参照其他地区的“白马吻足”图像，例如北魏时期的鸿庆寺石窟、[①] 北魏太和十六年（492）郭元庆造像（图6）[②]、赵安香造像（图7）等画像中太子也多居于右侧。或可推测，此类造像应有章可循，特别是邺城5例“白马吻别”图像既有细微之处的差别，更有显而易见的相似之处，以下总结其特点：

（一）半跏思惟像

本文所主要讨论的5件作品，太子均以手指支撑面庞，作菩萨装束，上身多半裸披帛，下身着裙，左手握右足，半结跏趺坐于筌蹄之上，正是典型的思惟像。根据佛教经典刻画的情景来比对，我们可以发现经中并未描述太子与白马诀别时是何神态。东魏以前佛传故事已相当流行，《修行本起经》（东汉竺大力、康孟详合译）、《太子瑞应本起经》（三国支谦译）、《普曜经》（西晋竺法护译）、《异出菩萨本起经》（西晋聂道真译）、《过去现在因果经》（刘宋求那跋陀罗译）、《佛所行赞》（北凉昙无谶）、《佛本行经》（刘宋保宝云译）等佛教经典都记载了相当完整的释迦本行

① 详见金申《佛教美术丛考续编》，华龄出版社2010年版，第72页。

② 金申编著：《海外及港台藏历代佛像珍品纪年图鉴》，山西人民出版社2007年版，第16页。

故事，全部包括了释迦太子逾城出家当晚与其仆从车匿（又名车那、阐特等）、爱马骞特（又名犍德、犍陟等）告别的经过。各个译本于这段的细节略有出入，我们以最早译本《修行本起经·出家品》为例：

图2　王元景造弥勒像背面

图3　弄女造弥勒像背面

图4坐佛残像背面

图5　七尊残像背面

太子下马，解身宝衣、璎络、宝冠，尽与阐特，告言："汝便牵马归，上谢大王及国群臣。"①

以上这段话描写太子下马后，将随身衣物交予仆从并让他回宫告谢国王，此外并无太子任何形象的描述。支谦所译《太子瑞应本起经》则提到当时太子换上鹿皮衣离去：

即脱宝冠及着身衣，悉付车匿。于是白马屈膝舐足，泪如连珠。车匿悲泣，随路而啼，顾视太子，已被鹿皮衣，变服去矣。②

《普曜经》《异出菩萨本起经》《过去现在因果经》等所述与上两部经一样，③没有提及太子姿态状貌。因此，在白马告别情节出现半跏思惟像是非常值得讨论的问题。

早期犍陀罗地区出现的白马吻别图像中，太子是决然站立的姿态而非思惟像，将思惟太子和白马告别组合在一起是在中国发展而成的。④宫治昭提出，在中国将树下太子思惟像与白马诀别混淆，其来源可能是犍陀罗地区的"树下观耕"图。⑤金申认为思惟菩萨又加上白马是种图像借

① 《修行本起经》卷 2，CBETA2019.Q2，T03，no. 184，p. 468a12–14。

② 《太子瑞应本起经》卷 1，CBETA，T03，no. 185，p. 476，a3–6。

③ 《普曜经》卷 4，CBETA2019.Q2，T03，no. 186，p. 508b1–7;《异出菩萨本起经》，CBETA2019.Q2，T03，no. 188，p. 619c7–11。《过去现在因果经》卷 2，CBETA2019.Q2，T03，no. 189，p. 634，b7–12。

④ ［日］宫治昭:《涅槃和弥勒的图像学》，李萍、张清涛译，文物出版社 2009 年版，第 271 页。金申:《安徽亳县咸平寺出土的佛碑像内容与造像流派》，《佛教美术丛考续编》，华龄出版社 2010 年版，第 71 页。

⑤ ［日］宫治昭:《涅槃和弥勒的图像学》，第 272 页。

用的性质。[①] 思惟像的源头一般被认为是犍陀罗地区。[②] 从出土文物看，我国从公元 3 世纪也已经有了半跏思惟菩萨像，[③] 到北朝出现了“白马吻足”与释迦太子思惟像的关联，例如北魏郭元庆造石碑的铭文“思惟太子像”明确记载了这一关系。[④] 也因此我们一般认为绘刻有白马吻足的思惟像是释迦太子，[⑤] 此次出土的邺城“白马吻足”像以其恢弘的叙事刻画提供了更多的论据。除了白马长跪不起、泪出舐足，车匿悲泣不舍的瞬间（图 1、图 2、图 3），北齐的造像较为完整地展现了这一故事，例如太子妃裘夷抱马哭泣，净饭王悲伤之余又令五臣子追随太子（图 5），以及山景的描绘预示着太子要入山修道等，都与释迦佛本行故事中太子逾城后的记载相符。[⑥] 本文认为，太子与白马道别并于树下思惟是符合经典的艺术创作。我们能见到早期经典中记载，佛时常教导众人应经常树下思惟，精进修行。[⑦] 诸如《太子瑞应本起经》随即提到了追随太子的五人“愿为弟子，佛即手摩其头，以为沙门。还道树下，各坐思惟。”[⑧] 可见树下闭目思惟是佛教修道的常态。不过，并非所有的白马告别这一题材布

① 金申：《佛教美术丛考续编》，第 73 页。

② 有关这一图像的研究已经相当丰富，综述可见冯贺军：《曲阳白石造像研究》，紫禁城出版社 2005 年版，第 82 页；刘慧：《中原北方早期弥勒造像艺术研究》，上海三联书店 2016 年版，第 292–293 页；巫胜禹：《佛教思惟像研究》，上海师范大学博士论文，2014 年。

③ 贺世哲：《敦煌图像研究 · 十六国北朝卷》，甘肃教育出版社 2006 年版，第 22 页。

④ 金申：《海外及港台藏历代佛像珍品纪年图鉴》，山西人民出版社 2007 年版，第 16 页。魏宏利：《北朝关中地区造像记整理与研究》，中国社会科学出版社，2017 年版，第 20 页。

⑤ 详见［日］水野清一《半跏思惟像について》，日本《東洋史研究》第 5 卷第 4 号，第 296 页；冯贺军《曲阳白石造像研究》，紫禁城出版社 2005 年版，第 85 页。

⑥ “菩萨于此处，脱璎珞及冠，授与于车匿，遣马还于国，独行无有侣，便入学道山。”刘宋求那跋陀罗译《杂阿含经》卷 23 ，CBETA2019.Q2，T02，no. 99，p. 167，a1–11。

⑦ “汝等亦宜自忧其身，当处闲居、树下思惟，勿为懈怠，今不勉力，后悔无益。”《长阿含经》卷 10，CBETA2019.Q2，T01，no. 1，p. 60，a25–27。

⑧《太子瑞应本起经》卷 2，CBETA2019.Q2，T03，no. 185，p. 480，c18–20。

置都是思惟像。将思惟像与白马结合起来是北魏至北齐流行的组合方式，例如陕西碑林博物馆藏的北魏造像碑（图 8），在碑额处龛楣上方浮雕白马俯首吻别、仆从骑马离去的场景。虽然碑首局部漫漶，但是我们依稀可辨白马右侧太子略微俯身前倾，应是思惟状。前述甘肃、河南等地的造像碑诸如偃师普救寺造像碑、上官僧度造像碑同样也是思惟像。[①] 其他地区如北周佛传画的代表作敦煌第 290 窟描绘的情形，太子并不是思惟像，而是解下宝冠正欲交予仆从。（图 9）由此可知白马道别思惟菩萨像带有区域性特征，或者更确切地说，这类"白马吻别"图像以思惟像来传递一定的信息。与历代石窟寺壁画或雕塑中连续性的佛本行经变图不同，当这一告别的故事以独立性画面出现，单纯的白马、仆从形象不足以体现后续太子修行、得度、成道这些更多的信息。或许是中国造像碑、造像龛的性质，促成了"白马吻别"画像选择饱含寓意的思惟像。

图6　郭元庆造太子思惟像正面

图7　赵安香造像碑背面

① 可参见金申《安徽亳县咸平寺出土的佛碑像内容与造像流派》一文，他在有关咸平寺上官僧度造像碑的论述中提出这类造像碑底本来自河南。《佛教美术丛考续编》，第 72 页。

图8　碑林博物馆藏北魏造像碑正面

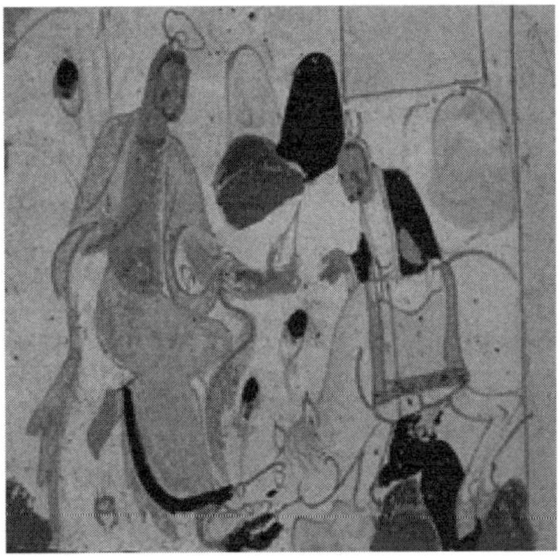

图9　敦煌第290窟 人字坡西坡

（二）双树图

邺城“白马吻别”图像中，3件东魏造像均带有双树的绘刻。北齐的造像虽然残缺，但是我们依稀可以根据残像判断出盘龙双树图像，推测思惟像应坐于双树下（图4）。邺城以外的地区，例如犍陀罗的“白马吻足”图像并未有双树像，北魏云冈第6窟（图10）、郭元庆造像没有树的图像，北魏赵安香造像、鸿庆寺造像仅有一棵树的图像。双树构图是邺城地区“白马吻足”造像明显的偏好。对佛教而言，树的重要性不言自明，“树”象征佛各个时期的成就，佛传故事中从释迦出生到涅槃各个阶段离不开“树”的形象，如无忧树、娑罗双树、菩提树、多罗树等。而正如上文所述，于树下思惟是为了更好地修行。《中本起经》提到了佛在鹿野苑树下遇见了净饭王派予他的五人：

于时如来，便诣波罗奈国古仙人处鹿园树下，趣彼五人。……又告五人：汝观吾身，何如树下？五人答佛：尔时憔悴，今更光泽。尔时处树，闭目端坐，日食麻米，犹谓非道。况入人间，身口自恣，何

谓为道？……[①]

这部经记载佛陀正是在树下对阿若憍陈如等五人讲述四圣谛及八正道，也提到了之前佛陀曾在树下闭目修行之事。因此树下闭目思惟像是符合佛传故事的图像。出土自邺城遗址北吴庄造像埋藏坑的造像中，如东魏武定二年（544）张景章造观世音像（图 11）、东魏武定四年（546）孙景蔻造弥勒菩萨三尊像（图 12）这两件造像均背面阴刻、浮雕双树下思惟像，与几例“白马吻别”有许多相似之处。[②]可见双树下思惟菩萨像是东魏、北齐时期邺城地区流行的造像题材。有学者提出，双龙树下的是弥勒，单树下坐的思惟菩萨则是太子。[③]我们下文再进一步论述。

（三）弥勒主尊像

邺城出土所见带有白马吻别故事的造像与弥勒像的关系密切。比如法敬造像题刻“天平四年八月十五日，比尼法敬造化聚七佛，为师僧父母、法界众生，一时成佛”。[④]从背屏雕刻过去七佛来看，主尊可能是弥勒菩萨。王元景造像这一件题记为“大魏武定四年四月八日，敬造弥勒像一区”。[⑤]弄女造像主尊是交脚弥勒菩萨（图 13），背面题刻“大魏武定五年正月十日，佛弟子清信女弄女、形阿黑……敬造弥勒像一区”。[⑥]我们从邺城造像这几段发愿文和主尊像看造像主的目的是为了信奉弥勒，却在造像背面或主尊四周一致绘刻思惟太子与白马道别。这种作例于邺

---

① 《中本起经》卷 1，CBETA2019.Q2，T04，no. 196，p. 148，a14–b1。

② 何利群提出张景章造像与北齐双树背屏的样式有异曲同工之处。何利群：《北齐“龙树背龛式”造像的技术传承和构图特征》，《中原文物》，2017 年第 4 期。

③ 冯贺军：《曲阳白石造像研究》，第 86 页。

④ 中国社会科学院考古研究所、河北省文物研究所编著：《邺城北吴庄出土佛教造像》，科学出版社 2019 年版，第 35 页。

⑤ 中国社会科学院考古研究所、河北省文物研究所编著：《邺城北吴庄出土佛教造像》，科学出版社 2019 年版，第 22 页。

⑥ 中国社会科学院考古研究所、河北省文物研究所编著：《邺城北吴庄出土佛教造像》，科学出版社 2019 年版，第 52、53 页。

城以外地区也有发现，例如碑林博物馆藏北魏造像碑（图8），碑身龛内是交脚弥勒菩萨像。另有北齐皇建二年（561）比丘僧遵等造佛七尊像，碑阴上方开拱形龛，内有交脚弥勒。① 可见弥勒像与这一图像时常组合。

以上，我们分别介绍了邺城“白马吻别”图像带有思惟菩萨像和双树图、常陪衬弥勒主尊像的特点。包括邺城出土造像所见，诸多造像碑的龛楣、碑阴或者造像背面刻上“白马吻别太子”独特场景，而非佛陀一生重大事件诸如“燃灯佛授记”“白象入胎”，可见这一题材本身的流行性，典型的一个例子是云冈第6窟中出现以龛像形式塑造这一故事片断（图10）。以往学者认为白马吻足“颇具趣味性，造型有相当的艺术感染力，”因此成为造像碑本行故事表现的主流，突出了装饰性功能，也反映了早期佛教艺术比较注重小乘佛教思想宣传的情况。② 此次邺城造像出现这样一批“白马吻足”画像，根据题记、主尊像显示邺城的这类题材还可能与弥勒信仰有关，为我们综合考虑这一题材提供了更多论据。

图10　云冈第6窟明窗西壁

图11　张景章造观世音像背面

① 金申：《佛教美术丛考续编》，第72—73页。
② 李静杰：《造像碑佛本生本行故事雕刻》，《故宫博物院院刊》1996年第4期。

图12　孙景夑造弥勒菩萨三尊像背面

图13　弄女造弥勒像正面

二、邺城“白马吻别”图像与弥勒信仰

两晋南北朝时期佛教正处于与中国本土文化碰撞、融合的阶段，邺城作为后赵、东魏、北齐等六国都城，造像刻经尤盛。[①]经学者研究发现，邺城的石窟建造与刻经事业形成独特的风貌，石窟造像题材会注意配合刻经内容，助于僧俗禅诵和理解佛教哲理。[②]邺城佛教义学发展空前，关于造像题材或布局，我们应有意识考虑其与经文的关系。北朝弥勒信仰与经典的流行是我们研究这一时期造像的出发点之一。典籍记载中国最早信仰弥勒的僧人道安（312—385）便曾在邺都活动，师事佛图澄（232—348年）。[③]弥勒类经典《佛说弥勒下生经》《佛说弥勒成佛经》

① 汤用彤：《汉魏两晋南北朝佛教史》，中华书局1983年版，第377页。

② 李裕群：《邺城地区石窟与刻经》，《考古学报》1997年第4期。

③ 道安曾于弥勒像前立誓生兜率净土，《高僧传》卷5，CBETA，T50，no. 2059，p. 353，b27–28。

等都是邺城刻经的题材内容。[①] 又如上文所述，从临漳出土的这 5 件作品题记和造像主尊来看，我们发现在邺城“白马吻别”图像与弥勒信仰似有关联。以下我们从佛教典籍和造像历史等方面来讨论二者关系。

第一，这种以佛传故事为题材的浮雕作为辅助、装饰出现在有弥勒菩萨或者弥勒佛像的雕塑作品中，有助于观者了解弥勒菩萨成佛修道的基本概况。北朝流行的多部佛经对弥勒成佛的故事都有记载，例如《弥勒下生经》及《增一阿含经》，[②] 描述释迦牟尼佛向阿难口述弥勒下生成佛的经过：

> 尔时，弥勒菩萨于兜率天，观察父母不老不少，便降神下应从右胁生，如我今日右胁生无异，弥勒菩萨亦复如是。……尔时，弥勒在家未经几时，便当出家学道。尔时，去翅头城不远有道树，名曰龙花，高一由旬，广五百步。时弥勒菩萨坐彼树下成无上道果，当其夜半弥勒出家，即于其夜成无上道。[③]

这一段关于弥勒下生的描述显示弥勒入胎、出胎、出家、修行皆与释迦牟尼佛的经历一样。[④] 对信徒而言，虽然经中没有提及弥勒与白马告别的场景，但是借用释迦太子的故事来展现弥勒出家修道的决心是合理的。有记载显示这种借用并非毫无缘由，东魏邸金龙造像发愿文表明，像主造思惟太子像的目的是为了亡亲托生净土：“大魏武定三年……敬造白玉太子思唯像一区。愿国祚永康，过往父母，托生净妙，亡儿舍秽从

---

① 李裕群：《邺城地区石窟与刻经》，《考古学报》1997 年第 4 期。

② 《大正藏》竺法护所译《佛说弥勒下生经》与《增一阿含经 · 十不善品》内容一致，有学者认为法护翻译的《佛说弥勒下生经》是《增一阿含经》的单行经。详见夏德美《〈佛国记〉所载弥勒信仰考论》，《东方论坛》2018 年第 1 期，第 86 页。

③ 竺法护译：《佛说弥勒下生经》，CBETA，T14，no. 453，p. 421，c5–22。

④ 其他佛经中记载不尽相同。如“尔时，弥勒与八万四千婆罗门俱诣道场，弥勒即自剃发出家学道，早起出家”。《佛说弥勒大成佛经》，CBETA.Q2，T14，no. 456，p. 430，c1–3。

真，弥勒三会，愿在初唱……”[①] 又如《仇臣生造像记》所说：“昔太子绝思于龙华，身体如来之愿”[②]，将释迦太子的形象和弥勒关联在一起可能是当时的一种有意之举，而非学者们所认为的民众将太子像与弥勒像混用。[③]

第二，邺城“白马吻别”图像中出现的思惟菩萨像同时也是弥勒信仰的常见符号。《下生经》《上生经》都提到，弥勒被称为“一生补处菩萨”，弥勒菩萨的形象描绘见于《弥勒上生经》。[④]《上生经》是沮渠京声（？—464）于刘宋孝建二年（455）所译，不过在此之前《上生经》在高昌地区已经流传，北方弥勒造像也常为菩萨装束。而正如佛经对佛常入诸禅定形象的塑造，经论中不乏对菩萨思惟相的描述，经中弥勒也提到到达兜率天宫要通过禅定思惟。[⑤] 文献多有记载西域僧人通过入定上升兜率天宫见弥勒的故事，[⑥] 从西域到中原思见、问诀于弥勒的典故流传很普遍，由此可知思惟于弥勒信仰特别是上生信仰有着非常重要的作用。许多经典详细描述了弥勒思惟的内容，《增一阿含经》记载弥勒曾复述佛的告诫，只要思惟十想，就能得法眼净，使心得解脱。[⑦] 因此，思惟像有助于信徒了解佛教修道的方式：思惟正念，同时也宣传了思惟于弥勒信仰的作用。据以往学者研究，思惟弥勒像在东亚地区流传已久。[⑧] 金申认为，中国目前发现较早的半跏弥勒思惟像是敦煌莫高窟第 275 窟北壁上层的龛内，为 5 世纪初十六国的北凉所造。[⑨] 可见弥勒菩萨像与思惟像联系紧

① 冯贺军：《曲阳白石造像研究》，第 94、161 页。

② 颜娟英主编：《北朝佛教石刻拓片百品》，台湾“中央研究院”历史语言研究所 2008 年版，第 62 页。

③ 冯贺军：《曲阳白石造像研究》，第 94、161 页。

④ 《佛说观弥勒菩萨上生兜率天经》，CBETA，T14，no. 452，p. 419，c14–p. 420，a8。

⑤ 《增一阿含经》第四十四，CBETA2019.Q2，T14，no. 453，p. 423，a4–8。

⑥ 如西域僧人罽宾达摩比丘曾入定往兜率天从弥勒受戒、智严于西域遇罗汉比丘入定咨弥勒等事宜，详见《高僧传》卷十一慧览传，CBETA，T50，no. 2059，p. 399，a11–22。《高僧传》卷三智严传，CBETA，T50，no. 2059，p. 339，c8–17。

⑦ 《增一阿含经》第四十四，CBETA2019.Q2，T14，no. 453，p. 422，c13–19。

⑧ ［日］宫治昭：《涅槃和弥勒的图像学》，第 286 页。

⑨ 金申：《漫说“半跏思惟菩萨像”》，《中华文化画报》2012 年第 1 期。

密。上文我们提到，北魏已出现了将思惟像和白马吻足太子结合起来的图像。而邺城弥勒造像为了凸显与弥勒信仰主题一致，选取与思惟有关的白马吻足图合乎情理。这种选择倾向，随着弥勒信仰的流行反过来又促进了“白马吻别”图像的进一步传播。

第三，“白马吻别”双树图配合弥勒信仰的主题。上述双树是邺城“白马吻足”图像的造像特点，当题记和主尊像都指向弥勒时，我们不免会联想到龙华树。《下生经》描述了弥勒坐于龙华树下证果成佛的经过。4、5 世纪间译出的经典有关弥勒的传说非常多，都涉及这一细节。① 竺佛念于弘始年间（399—416）译出的《菩萨处胎经》详细提到了佛告弥勒其将于龙华树下成佛的预言。

> 佛告弥勒：……从初发意乃至坐树王下，转无上法轮集诸法门，行无行法门，思议法门，总持根法门，虚空法藏法门，此是诸佛要集三昧。弥勒当知！汝复受记五十六亿七千万岁，于此树王下成无上等正觉。我以右胁生，汝弥勒从顶生。如我寿百岁，弥勒寿八万四千岁。我国土土，汝国土金，我国土苦，汝国土乐。②

《处胎经》这一处说明了弥勒坐于树下是正定的状态。虽然众多文本对弥勒下生的描述不完全相同，但是于龙华树下成佛的说法是一致的。我们确信这点为当时的佛教信徒所皆知，在王元景、弄女这些供养人看来，敬造弥勒像是为了表明出家、修行的归宿是净土，他们未必了解思惟观想得解脱的寓意，但应明了龙华树对弥勒的意义。事实上，诸多题记也提到了龙华树、龙华三会等。③ 王元景造像题记还提到了四月初八，

---

① 《增一阿含经》卷 44，CBETA2019.Q2，T02，no. 125，p. 788，b8–11。

② 《菩萨从兜术天降神母胎说广普经》卷 2，CBETA2019.Q2，T12，no. 384，p. 1025，c5–19。

③ 侯旭东：《佛陀相佑：造像记所见北朝民众信仰》，社会科学文献出版社 2018 年版，第 192—210 页。

这一天不仅是佛诞日，亦是举办龙华会法会的日子，很有可能他是在寺院的龙华会上供养的弥勒佛。如此一来，这种对佛色身的供养更显慎重，必须依佛教法，如实奉行，其造像自然不能毫无依据。《弥勒成佛经》具体描绘了龙华菩提树的形象：

> 说此偈已，出家学道，坐于金刚庄严道场，龙花菩提树下。枝如宝龙，吐百宝华，一一花叶作七宝色，色色异果，适众生意，天上人间为无有比，树高五十由旬，枝叶四布放大光明。[①]

王元景造像双树图像与经中的这种描述亦吻合。（图 2）“白马吻别”虽是佛传题材，但结合像主所要供奉弥勒的目的，选取龙华树作为装饰是可能的事情。此后曲阳白石半跏思惟像出现龙树装饰，亦有关于“龙树思惟像”的铭文，[②] 因而学界有双树是龙华树的说法。[③] 而“邺城龙树背屏模式”[④] 恰如经文所描述的龙王口吐莲花和众伎乐现身弥勒佛说法场景，足见雕像同文献相发明的程度：[⑤]

> 天于空中雨大宝华，龙王作众伎乐，口中吐华——毛孔雨华，用供养佛。佛于此座转正法轮。[⑥]

① 《佛说弥勒大成佛经》，CBETA2019.Q2，T14，no. 456，p. 430，b26–c1。

② ［日］松原三郎：《中国仏教彫刻史論 本文編》，日本吉川弘文馆 1995 年版，第 109—112 页。

③ 冯贺军：《曲阳白石造像研究》，第 86—94 页。

④ 何利群认为邺城典型的“龙树背龛式”新式造型融合中西文化因素，上承东魏白石造像的技术传统和构图特征，同时接收了笈多造像样式，由此创造出的一种全新造像模式，就是“邺城模式”。何利群：《从北吴庄佛像埋藏坑论邺城造像的发展阶段与“邺城模式”》，《考古》2014 年第 5 期。

⑤ 罗什所译版本的《下生经》描绘了弥勒成佛道之时龙王现身供养于佛。《佛说弥勒下生成佛经》，CBETA2019.Q2，T14，no. 454，p. 424，b23–c1。典型的龙树图详见中国社会科学院考古研究所、河北省文物研究所编著《邺城北吴庄出土佛教造像》，第 139—140 页。

⑥ 《佛说弥勒大成佛经》，CBETA2019.Q2，T14，no. 456，p. 431，b18–19。

邺城出土的北齐天保元年（550）法棱造佛五尊像是目前发现最早成型的“龙树背龛”造像，①主尊为独特的交足像，背面则接近于东魏“白马吻足”双树图（图14、图15）。邺城“白马吻别”这一题材带有特别的双树构图，并与弥勒信仰相配合，对邺城模式亦有影响。

综上所述，“白马吻别”图像的细节与弥勒信仰有着千丝万缕的关系。太子、思惟、双树这些因素赋予了画面更多的涵义，超出了佛传故事本身的内容，与主尊弥勒像、往生净土的铭文相应。它既表达了菩萨求道的决心，又可以宣扬弥勒龙华树成佛的故事，有着丰富的寓意。或许出于这样的缘由，这一图像在邺城造像很受青睐。

图14　法棱造像正面

图15　法棱造像背面

① 何利群：《北齐“龙树背龛式”造像的技术传承和构图特征》，《中原文物》2017年第4期。

三、余论

最后，我们从造像铭文来看一下邺城“白马吻别”图像与信仰的关系。“白马吻别”五件相关造像中，王元景造像的题刻有被磨平的残迹，疑似另补刻了“为皇帝陛下、师僧父母、含生之类，咸同思善”的字样。[①] 法敬造像、弄女造像铭记的是“具时成佛”范例愿文，与其主尊弥勒像相匹配。北齐两件残像未发现有题记。总体而言，邺城出土的造像题记都相对简单，大多是民间供养。民间造像的特点是更多表现现世利益诉求的一面，与国家开凿的石窟或者邑社集资的造像有极大区别。石窟寺绘刻的佛传图一般是为了系统地表现佛陀降魔得道的过程，偏于禅观修行、传教宣传的目的。邑社造像多为消灾祈福、护国祐民、家族兴盛。民间造像很大一部分是为了祈愿亡亲生天、托生净土，如田爱姬于大魏元象二年（539）为亡女贵妃、亡息景崇等敬造玉像。[②] 国家博物馆本次展出的28件带刻题记造像中明确表明为亡亲敬造的有12件。这种现象与南北朝时期推崇孝道的社会风气有关，当时《孝经》备受推崇，注家众多。也有学者论证，追福之风在五六世纪已很流行。[③] 或可推测，东魏至北齐时期“白马吻别”故事与追福的需求有关。选取这样一幅场景，既表达了对众生成佛的祝愿期许，也通过雕像中对白马跪地垂泪吻别、仆从依依不舍的细致刻画传递出供养人祈福、救济等情感诉求。白马跪拜的姿态符合人们敬佛奉佛的心理，垂泪的悲伤场面则寄托了人们哀思的情感。

综上所述，邺城造像所见的“白马吻别”图像，或浮雕或线刻于造

① 中国社会科学院考古研究所、河北省文物研究所编著：《邺城北吴庄出土佛教造像》，第22页。

② 中国社会科学院考古研究所、河北省文物研究所编著：《邺城北吴庄出土佛教造像》，第37页。

③ 侯旭东：《佛陀相佑：造像记所见北朝民众信仰》，第275页。据侯旭东研究，北朝出现了造像商品化的趋势，开始出现先雕刻好佛像，再由人购买刊刻题名的情况。造像与记文有时候并不一定相符。

像背面、底座，太子坐于双树下成思惟状，菩萨装束，少贴金，多为彩绘石造像，可以看出这类图像的细节之处与其配合的弥勒主尊像、铭文相呼应。邺城作为都城，又处于晋、鲁等地的交界处，对周边的造像有极大影响力，我们在山西南涅水的造像塔中亦发现有与邺城地区“白马吻别”相似的图像。① 北周灭齐后，邺城被毁，这类图像与龙树背龛式的造像模式渐为少见。邺城的这批佛教造像为我们考察北朝弥勒信仰与佛传故事图像的关系留下了宝贵的证据。

图版说明

图 1 法敬造像背面（摘自中国社会科学院考古研究所、河北省文物研究所编著《邺城北吴庄出土佛教造像》，科学出版社，第 36 页。）

图 2 王元景造弥勒像背面（摘自中国社会科学院考古研究所、河北省文物研究所编著《邺城北吴庄出土佛教造像》，第 24 页。）

图 3 弄女造弥勒像背面（摘自中国社会科学院考古研究所、河北省文物研究所编著《邺城北吴庄出土佛教造像》，第 54 页。）

图 4 坐佛残像背面（摘自中国社会科学院考古研究所、河北省文物研究所编著《邺城北吴庄出土佛教造像》，第 197 页。）

图 5 七尊残像背面（摘自中国社会科学院考古研究所、河北省文物研究所编著：《邺城北吴庄出土佛教造像》，第 199 页。）

图 6 郭元庆造太子思惟像（摘自金申编《海外及港台藏历代佛像珍品纪年图鉴》，山西人民出版社，2007 年版，第 16 页。）

图 7 赵安香造像碑背面（摘自李仁清编《中国北朝石刻拓片精品集》，大象出版社，第 328 页。）

图 8 碑林博物馆藏北魏造像碑正面（蔡晓菁摄影）

① 高蒙：《图塔与礼佛》，中央美术学院 2012 年博士论文，第 76—80 页。

图 9 敦煌第 290 窟　人字坡西坡（摘自樊锦诗《敦煌石窟全集 4 · 敦煌佛传故事画卷》，香港商务印书馆，2017 年版，第 76 页。）

图 10 云冈第 6 窟明窗西壁（摘自云冈石窟文物保管所编《中国石窟云冈石窟（一）》，文物出版社 2016 年版，第 226 页。）

图 11 张景章造观世音像背面（摘自中国社会科学院考古研究所、河北省文物研究所、河北省临漳县文物旅游局编著《邺城文物菁华》，文物出版社 2014 年版，第 144 页。）

图 12 孙景甍造弥勒菩萨三尊像背面（摘自河北博物院编《河北博物院基本陈列——北朝壁画 曲阳石雕》，文物出版社 2014 年版，第 168 页。）

图 13 弄女造弥勒像正面（摘自中国社会科学院考古研究所、河北省文物研究所编著《邺城北吴庄出土佛教造像》，第 53 页。）

图 14 法悛造像正面（摘自中国社会科学院考古研究所、河北省文物研究所编著《邺城北吴庄出土佛教造像》，第 109 页。）

图 15 法悛造像背面（摘自中国社会科学院考古研究所、河北省文物研究所编著《邺城北吴庄出土佛教造像》，第 108 页。）

（蔡晓菁，中国国家博物馆助理研究员）

思想与社会

早期禅宗戒律观的演进

夏德美

摘　要：达摩一系的早期禅师们都是持守戒律的，从道信开始，菩萨戒被禅宗所重视，禅戒合一成为禅宗教学的一个特色。神秀及其门下继承了这一传统，并有所创新，形成独特的菩萨戒思想。慧能无相戒保持了菩萨戒授受的形式，却赋予菩萨戒全新的内容，将所有戒法都纳入心法之中，从而淡化了戒条的约束作用和固有权威。纵观菩萨戒中国化的历程，无相戒的提出标志着菩萨戒中国化的基本完成，从此，中国有了完全独立的菩萨戒理论，同时也引发了一些新的问题。

关键词：早期禅宗　菩萨戒　无相戒

近代以来，国内外学术界对于早期禅宗的研究，已经取得了丰硕的成果。中国的胡适、吕澂、印顺、杜继文、杨曾文、魏道儒，日本的池田大作、宇井伯寿、关口真大、柳田圣山等前辈学者对于早期禅宗都有很多精彩论述。21 世纪以来，关于早期禅宗研究的论著、文章更是数量众多，涉及的方面更广。这些研究侧重于早期禅宗历史的梳理、禅思想的阐发、南宗北宗之间的差异等方面。关于早期禅宗与戒律的关系，现有的研究相对不足，较多涉及这一问题的有印顺、杨曾文等。印顺法师指出早期禅宗戒禅合一的特点。[①] 杨曾文详细分析了《坛经》无相戒的

① 印顺：《中国禅宗史》，江西人民出版社 2007 年版，第 39—40 页。

内容。[①] 此后，王月清《禅宗戒律思想初探——以“无相戒法”和“百丈清规”为中心》[②]、湛如《简论六祖坛经的无相忏悔——兼谈唐代禅宗忏法体系的形成》[③]、日本学者佐藤达玄《戒律在中国佛教的发展》[④]，田中良昭《敦煌禪宗文獻の研究》[⑤] 等作品也都涉及早期禅宗的戒律。本文试图在这些研究基础上，对早期禅宗涉及戒律的文本进行解读，并从中国戒律发展的历程中探讨早期禅宗在戒律问题上呈现出的特色，以及南能北秀在这一问题上的异同。

一、弘忍之前的祖师与戒律

佛教界一般把菩提达摩作为中国禅宗的创立者。学术界对于禅宗真正形成的时间有不同的看法，有的认为始于慧能，有的认为始于道信、弘忍[⑥]，有的认为始于弘忍。[⑦] 如果按照宗派形成所应该具备的一些基本条件，菩提达摩时期，禅宗确实还没有形成，但达摩的一些思想和行为却明显对后世禅宗思想有很大影响。或者说，达摩思想是禅宗思想的重要来源。因此，我们首先梳理一下达摩一系禅师对待戒律的看法。

达摩思想主要保存在其弟子昙林所作的《略辨大乘入道四行》中，主要是“二入四行”的修行法门。二入指理入和行入，四行指报怨行、随缘行、无所求行、称法行。在“称法行”中提道：

> 法体无悭，于身命财，行檀舍施，心无吝惜，达解三空，不倚不

① 杨曾文校写：《敦煌新本六祖坛经》附编，宗教文化出版社 2001 年版，第 315—320 页。

② 《南京大学学报》（哲学·人文科学·社会科学）2000 年第 5 期。

③ 《法音》1997 年第 3 期。

④ 日本香光书乡，1997 年版。

⑤ 日本大东出版社，昭和 58 年。

⑥ 参见杜继文、魏道儒《中国禅宗通史》，江苏人民出版社 2008 年版，第 84 页。

⑦ 参见魏道儒等著《世界佛教通史》第四卷，中国社会科学出版社 2015 年版，第 468 页。

着，但为去垢。摄化众生而不取相，此为自利，复能利他，亦能庄严菩提之道。檀度既尔，余度亦然。为除妄想，修行六度而无所行，是为称法行。

也就是说“称法行”的主要内容就是六度。这里以檀度（布施）为例，说明了怎样做才算符合正法。概括起来，就是要以空观行六度，不执著于“相”，也就是要无相行六度（这样的观点在般若经中常见）。以此类推，在六度之中，达摩对待戒律的态度也应该包含两个要点：一、持戒是必须的，二、持戒是不能执著于戒相的。

按照禅宗的说法，达摩传慧可，慧可传僧粲，僧粲传道信，道信传弘忍。《续高僧传·慧可传》说：“以可常行，兼奉头陀，故其所往，不参邑落。”[①] 头陀行是出家人中生活最艰苦的一流，慧可在持戒方面应该是精严的。僧粲事迹不见于《续高僧传》，在《楞伽师资记》中有这样几句话：“（僧粲）普眼之惠，如实能知。如猴著锁而停躁，蛇入筒而改曲，涉旷海以戒船，晓车幽以惠烛。”[②] 猴著锁、蛇入筒都是用来比喻戒律对心、行的约束作用。渡过生死大海需要以戒律为船，可见僧粲在修行过程中是把戒律作为基础法门的。

道信（580—651）在中国禅宗史上具有重要位置，他在黄梅聚众传禅，为禅宗真正脱颖而出奠定了基础。在有关道信的传记资料中多处提到他与戒律的关系。《续高僧传》：“初，七岁时，经事一师，戒行不纯。信每陈谏，以不见从，密怀斋检，经于五载而师不知。”[③] 可见，道信一开始就是非常重视戒律的。《续高僧传》还提到道信为众多猛兽授三归依戒。[④]《楞伽师资记》记载道信撰有《菩萨戒本》。《菩萨戒本》的内容已不可考，印顺法师认为应该是梵网戒本，并认为“道信的禅戒合一，是

---

① （唐）道宣：《续高僧传》卷 16，《大正藏》第 50 册，第 551c 页。

② （唐）净觉：《楞伽师资记》卷 1，《大正藏》第 85 册，第 1286c 页。

③ 《续高僧传》卷 20，第 606b 页。

④ 同上。

受了南方，极可能是天台学的影响”[①]梵网菩萨戒从南北朝后期开始盛行，梁武帝（464–549）曾撰《出家人受菩萨戒法》，慧皎（497—554）曾作《梵网经》义疏，天台宗的创立者智顗（538—597）作《菩萨戒义疏》，此后梵网菩萨戒盛行于大江南北。道信曾在庐山大林寺居住10年之久，大林寺创建者智锴（610年卒）是三论宗僧人，又曾跟随智顗学习禅法，[②]道信《入道安心要方便门》中专门引用智顗（原文作“敏”，据印顺考证为“顗”）观点，道信在菩萨戒方面受智顗影响是极有可能的。从重视个人修行、注重出家人的头陀行，到兼顾自利、利他，兼摄出家、在家的菩萨戒，极大提高了禅宗的社会影响。在这一方面，道信做出了重要贡献。

弘忍（602—675）开创的东山法门，使禅宗大大兴盛起来，成为中国禅学的主流。他门下弟子众多，能够弘化一方、产生重大影响的就有十几位。较早记录弘忍生平事迹的资料，如杜胐《传法宝记》、净觉《楞伽师资记》（约720年作）没有提到弘忍与戒律的关系。《宋高僧传》提到弘忍“洎受形俱，戒检精厉。”[③]现存传为弘忍所作的《导凡趣圣悟解脱宗修心要论》中也没有关于戒律的内容。我们很难知道弘忍对于戒律的具体看法。但通过其门下神秀（606—706）、慧能（638—713）等对戒律的认识可以推测，弘忍是继承道信，重视菩萨戒传授的。

二、神秀及其门下的戒律观

神秀所传禅法被称为北宗，在后世慧能弟子所传材料中，对北宗禅法语焉不详，并多加指斥。幸好有敦煌文献的出土，为人们呈现了比较清晰的北宗禅法真实面貌。总体而言，在弘忍去世后的近百年中，神秀北宗禅法是东山法门中影响最大的一支。相对而言，北宗禅更多保留了达摩以来的传统，强调修禅过程中各种方便的重要性。在与戒律的关系

① 《中国禅宗史》，第40页。
② 《续高僧传》卷17，第570b页。
③ （宋）赞宁撰，范祥雍点校：《宋高僧传》卷8，中华书局1987年版，第171页。

上，神秀既继承了传统，又作了很多发挥，形成了有特色的戒律思想。张说《唐玉泉寺大通禅师碑铭并序》（708 年作）记载神秀早年精通《四分律》[①]。《楞伽师资记》记唐中宗于神龙元年（705）三月十三日下敕，称神秀“定水内澄，戒珠外彻”。又记神秀遗嘱为“屈曲直”。[②]《传法宝记》云神秀：“二十受具戒，而锐志律仪，渐修定慧。”[③] 通过这些记载，我们可以看到神秀对戒律的重视和践行。

神秀戒律思想中最有特色的是菩萨戒思想。敦煌出土的《大乘无生方便门》和《观心论》体现了神秀及其门下的菩萨戒思想。以下试作分析。

《大乘无生方便门》主体讲禅法的五种方便。在受禅法之前，先受菩萨戒：

> 各各蹦跪合掌，当教令发四弘誓愿：众生无边誓愿度，烦恼无边誓愿断，法门无尽誓愿学，无上佛道誓愿证。次请十方诸佛为和尚等，次请三世诸佛菩萨等，次教受三归，次问五能：一者汝从今日乃至菩提，能舍一切恶知识不？（能）二者亲近善知识不？（能）三能坐持禁戒乃至命终不犯戒不？（能）四能读诵大乘经，问甚深义不？（能）五能见苦众生随力能救护不？（能）次各称已名，忏悔罪言：过去未来及现在身口意业十恶罪，我今至心尽忏悔，愿罪除灭，永不起五逆罪障重罪（准前）。譬如明珠没浊水中，以珠力故水即澄清。佛性威德亦复如是，烦恼浊水皆得清净。汝等忏悔竟，三业清净，如净琉璃，内外明彻，堪受净戒、菩萨戒。是持心戒，以佛性为戒。性心瞥起，即违佛性，是破菩萨戒。护持心不起，即顺佛性，是持菩萨戒（三说）。[④]

---

① 《全唐文》卷 231，中华书局 1983 年版，第 2334 页。

② 《大正藏》第 85 册，第 1290 页。

③ 杨曾文校写：《敦煌新本六祖坛经》附编，第 180 页。

④ 《大正藏》第 85 册，第 1273b 页。

这段文字可以分为两项内容：一、受菩萨戒的顺序，包括：1. 发四弘誓愿。2. 请十方佛为和尚。3. 请三世诸菩萨。4. 受三归。5. 问五能。6. 忏悔（十恶、五逆罪障、重罪）。这里的重罪应该是指《梵网经》的十重罪。二、菩萨戒的性质。菩萨戒是心戒，以佛性为戒。心一起，就违反佛性，就破戒。心不起，就是顺佛性，就是持戒。

智顗《菩萨戒义疏》中提到当时流行的六种授菩萨戒法："一、梵网本，二、地持本，三、高昌本，四、璎珞本，五、新撰本，六、制旨本。"① 梵网本的受戒顺序为：1. 受三归。2. 悔十不善业。3. 说十重相，问能持不。4. 结撮赞叹发愿。地持本的受戒顺序为：1. 乞受菩萨戒。2. 礼十方诸佛。3. 请师。4. 师说戒，为作证。高昌本受戒顺序为：1. 乞戒。2. 问遮法。3. 师问能持不，师为作证。5. 说十重相。璎珞本受戒顺序为：1. 前礼三世三宝（三说）。2. 受四不坏信。3. 忏悔十恶五逆等（三说）。4. 次说十重戒。5. 问能持不。6. 结撮三归。新撰本比较详细："第一、师初入道场礼佛，在佛边就座坐。第二、弟子入道场礼佛胡跪。第三、师请三宝。第四、令起心念三宝如在目前。第五、忏悔十不善业。第六、请诸圣作师。第七、请现前师。第八、师赞叹弟子能发胜心。第九、正乞是戒。第十、教发菩萨心。第十一、问遮法。第十二、想念得戒。第十三、发戒时立誓。第十四、受菩萨三归。第十六、结竟。第十七、师还坐劝学。第十八、说十重相，结撮赞叹，作礼便去。"② 制旨本，就是梁武帝撰写的菩萨戒本，智顗没有列出其受戒顺序，根据现存的敦煌文献梁武帝《出家人受菩萨戒法》，受戒顺序比较复杂，大致包括：1. 受戒前的准备。包括筹量、忏悔、发菩提心，是否建戒坛等。2. 请戒。请智者说明戒相，自己观察能否受戒。3. 羯磨。临坛、乞戒、智者问询等。智者要为受者立菩萨名。此后就是在戒坛正式受戒。4. 受大威仪戒。有两

---

① 《菩萨戒义疏》卷 1，《大正藏》第 40 册，第 563a 页。
② 同上。

种方式：重受（依次重受三归、十戒、具足戒），转戒（发露忏悔，转三归、十戒、具足戒）。5. 供养三宝戒。6. 摄善法戒。7. 略说罪相。依据《梵网经》说十种菩萨波罗夷。[①]

对比《大乘无生方便门》与上述六种戒本的授戒顺序，我们可以看到：一、神秀一系的菩萨戒授受次序不同于任何一种在隋代流行的菩萨戒本，应该是禅宗自己的创造和传承。二、神秀系菩萨戒继承了一般菩萨戒的基本内容：受三归、问遮、忏悔等，但也有自己的创造，最突出的是发四弘誓愿。三、神秀系菩萨戒接受了一般菩萨戒的基本仪式，但却将“授十重戒”这一最重要的菩萨戒内容省略了。也就是说，神秀系菩萨戒是没有任何戒律条文的。

关于菩萨戒的性质，神秀所传既有继承，又有创新。将菩萨戒作为佛性戒，是《梵网经》菩萨戒的重要特点之一。《梵网经》中说：“金刚宝戒，是一切佛本源，一切菩萨本源，佛性种子。一切众生，皆有佛性。一切意识色心，是情是心，皆入佛性戒中。”[②] 将菩萨戒作为持心戒，则是根据《梵网经》的一些论述进行的创造。《梵网经》中说：“（释迦牟尼佛）为是中一切大众略开心地法门品竟……为此地上一切众生、凡夫、痴暗之人，说我本卢舍那佛心地中，初发心中常所诵一戒光明。”[③] 从“心地法门”到“持心戒”，更强调众生心的作用。《梵网经》说菩萨戒是佛性戒，是为了说明菩萨戒的根本性质；《梵网经》详细列出菩萨戒的具体戒条（十重四十八轻），说明《梵网经》也强调菩萨戒条的重要性。或者说，在《梵网经》看来，只有通过持守菩萨戒条，才能体现菩萨戒的根本性质。神秀的菩萨戒则完全以“心戒”取代了戒条，在他看来，只要保持心的不动，就能顺应佛性，就是持戒。在这里，戒律最为重视的具体戒条被消解了。

---

① 参见（日）土桥秀高：《戒律の研究》，日本永田文昌堂 1980 年版，第 843—885 页。

② 《大正藏》第 24 册，第 1003c 页。

③ 《大正藏》第 24 册，第 1003c 页。

传为神秀所作的《观心论》保存并不完整。现存部分主要说明一切恶法都是由三毒造成的，通过观心，消除三毒，达到内心的清净，就是解脱。其中提到三聚净戒（菩萨戒），认为三聚净戒可以对应三毒和三学：

> 菩萨于过去因中修苦行时，对于三（据文意，应为“贪”）毒誓断一切恶常修戒，对于嗔毒誓修一切善故常修定，对于痴戒誓度一切众生故常修惠。由持如是戒、定、惠等三种净法故，能超彼三毒恶业，即成佛也。以制三毒，则诸恶消灭，故名之为断。以能持三戒，则诸善具足，名之为佛。以修能断，则万行成就，自他利已，普济群生，故名为度。既知所修戒行不离于心，若自清净故一切功德悉皆清净。又云：欲得净佛，云当净其心，随其心净，则佛土净。若能制得三种毒心，三聚净戒自然成就。①

三聚净戒指摄律仪戒、摄善法戒、饶益有情戒（或称摄众生戒），这是对菩萨戒的总概括。这里，三聚净戒对治三毒，对应三学（贪——摄律仪戒——戒，嗔——摄善法戒——定，痴——饶益有情戒——慧），也就囊括了佛教的一切修行方法。对治三毒，持三戒，修三学本质上都是一致的，都是修心。戒行不离于心，心净则一切功德具足，就能达到解脱境界。这与《大乘无生方便门》的“持心戒”是一致的。但《观心论》在解释“铸佛形像”时又说：

> 又铸形像者，即是一切众生求佛道所为修诸觉行，昉像如来，岂遣铸写金铜之作也。是故求解脱者以身为炉，以法为火，智慧为工匠，三聚净戒，六波罗蜜以为画样，镕练身心真如佛性，遍入一切戒

① 《大正藏》第 85 册，第 1270c 页。

律模中，如教奉行，以无缺漏，自然成就真容之像。[①]

铸佛像，比喻成佛，需要借助身、法、智慧、三聚净戒、六波罗蜜，需要通过戒律镕练佛性，这说明神秀一系并没有否定戒律等方便。也就是说，神秀虽然强调菩萨戒就是心戒，持心就是持戒，但也认为具体的戒律规定是一种不可缺少的方便。神秀弟子普寂、义福等都以持戒谨严著称[②]，可以看出神秀一系对戒律的基本态度。

三、慧能与“无相戒”的提出

现存慧能传记资料中没有关于慧能持戒情况的描述，但多种资料都提到慧能曾广为大众授无相戒[③]。慧能思想主要保存在《坛经》中，《坛经》后世经过很多改动，不同版本之间存在很大差异，但其主体部分（大梵寺说法）是比较一致的。《坛经》主体内容可以分为两项：一，说摩诃般若波罗蜜法；二，授无相戒。可见“无相戒”在《坛经》中具有重要地位。

“无相戒”的表述，在现存汉译佛经中只有两处，一、姚秦（384—417）圣坚翻译的《佛说罗摩伽经》中有：“尔时，善财童子普见一切诸宝树下师子之座，一一座上有比丘尼，名师子奋迅，……如师子王威伏众兽，安住不动，无相戒故，其心清净，消除烦恼，犹如香王灭除臭秽。”[④]这里没有说明无相戒的内容，但持“无相戒”，就能“其心清

① 《大正藏》第 85 册，第 1271c 页。

② 《楞伽师资记》(《大正藏》第 85 册，第 1290c 页)：“唐朝洛州嵩高山普寂禅师、嵩山敬贤禅师、长安兰山义福禅师、蓝田玉山惠福禅师，并同一师学，法侣应行，俱承大通和上后，少小出家，清净戒行。”

③ 除了各种版本的《坛经》提到慧能授“无相戒”外，《景德传灯录》卷五称慧能授“无相心地戒”、《韶州曹溪山释迦惠能辞疾表》称“大师在日，受（应为“授”）戒开法度人三十六年。”(《续藏经》第 86 册，第 52 页。)

④ 《大正藏》第 10 册，第 855b 页。

净，消除烦恼”，说明“无相戒”是与心有关的。二、东晋佛陀跋陀罗（359—429）翻译的《佛说观佛三昧海经》中有：“诸佛光中说无相施、说无相戒、说无相忍、说无相精进、说无相定、说无相慧。”[①] 这里用“无相”修饰六度，强调无相行六度，也就是空观行六度。这两处都没有阐述“无相戒”的具体内容。

“无相”，在佛经中经常使用，净影慧远（523—529）在《大乘义章》中总结了其基本含义：

> 言无相者，释有两义：一，就理彰名，理绝众相，故名无相。二，就涅槃法相解释。涅槃之法，舍离十相，故曰无相。[②]

“无相”可以是对“理”的一种描述，因为“理”没有形象，所以被称为“无相”。“无相”还可以专门指“涅槃”，“涅槃”没有十种相，所以被称为“无相”。《坛经》中多次使用“无相”一词，《坛经》中的偈颂都被称为“无相颂”，可以说“无相”是《坛经》中一个重要概念。那么，《坛经》中“无相”的具体含义是什么呢？慧能在讲摩诃般若波罗蜜法时，概括了其法门的基本宗旨：

> 我此法门从上以来，顿渐皆立无念为宗，无相为体，无住为本。何名无相，于相而离相。[③]

“无相为体”，是说“无相”的认识是《坛经》禅法的根本。“无相”的基本含义是“于相而离相”，也就是并不否认“相”的存在，而是要求人们在认识过程中不能执著于外在的相。如果用这种思路来解释“无相戒”，那么所谓“无相戒”就是指对具体有相的戒条不执著、不固守。这与达

① 《大正藏》第 15 册，第 665a 页。
② 《大乘义章》卷 2，《大正藏》第 44 册，第 488c 页。
③ 杨曾文校写：《敦煌新本六祖坛经》，第 19 页。

摩以来的传统是基本一致的。但考察无相戒的具体内容，我们发现无相戒包含着容易引起重大变革的因素。

按照敦煌本《坛经》，授无相戒包括四项内容：归依自三身佛、四弘大愿、无相忏悔、无相三归依戒。四弘誓愿、忏悔、三归，这些名目与神秀菩萨戒的名目是一致的，只不过顺序不同。归依自三身佛，这是慧能新加的名目。可以说，从形式上看，慧能“无相戒”和神秀菩萨戒是非常相似的，大概这是道信以来的传统。但慧能却赋予了菩萨戒全新的内涵。

“自三身佛”不是指外在的佛，而是指存在于自性中的三身佛：

> 何名清净法身佛？善知识！世人性本自净，万法在自性。思量一切恶事，即行于恶行；思量一切善事，便修于善行。知如是一切法尽在自性，自性常清净，日月常明。只为云覆盖，上明下暗，不能了见日月星辰，忽遇惠风吹散，卷尽云雾，万象森罗，一时皆现。世人性净，犹如清天。惠如日，智如月，智惠常明。于外著境，妄念浮云盖覆，自性不能明故。遇善知识，开真正法，吹却迷妄，内外明澈，于自性中，万法皆现。一切法在自性。名为清净法身。自归依者，除不善心与不善行，是名归依。何名为千百亿化身佛？不思量，性即空寂；思量，即是自化。思量恶法，化为地狱；思量善法，化为天堂；思量毒害，化为畜生；思量慈悲，化为菩萨。思量智惠，化为上界；思量愚痴，化为下方。自性变化甚多，迷人自不知见。一念善，知惠即生，此名自性化身佛。何名为圆满报身佛？一灯能除千年闇，一智能灭万年愚。莫思向前，常思于后，常后念善，名为报身。一念恶，报却千年善心；一念善，报却千年恶灭。无常以来，后念善，名为报身。从法身思量，即是化身；念念善，即是报身。[1]

① 杨曾文校写：《敦煌新本六祖坛经》，第24页。

自性常清净，不思善，不思恶，就是归依三身佛（法身、化身、报身）。

四弘誓愿指：

> 众生无边誓愿度，烦恼无边誓愿断，法门无边誓愿学，无上佛道誓愿成（三唱）。善知识！众生无边誓愿度，不是惠能度，善知识心中众生，各于自身自性自度。何名自性自度？自色身中，邪见烦恼，愚痴迷妄，自有本觉性，将正见度。既悟正见般若之智，除却愚痴迷妄。众生各各自度，邪来正度，迷来悟度，愚来智度，恶来善度，烦恼来菩提度，如是度者，是名真度。烦恼无边誓愿断，自心除虚妄。法门无边誓愿学，学无上正法。无上佛道誓愿成，常下心行，恭敬一切，远离迷执，觉智生般若，除却迷妄，即自悟佛道成，行誓愿力。①

众生不再指其他的存在，完全变成了自心的烦恼，灭除烦恼就是度众生。发四弘誓愿不再是普度众生的菩萨行，而成了自净其心的自我修证。

无相忏悔指：

> 善知识！前念、后念及今念，念念不被愚迷染。从前恶行一时除，自性若除即是忏；前念后念及今念，念念不被愚痴染，除却从前矫诳心，永断名为自性忏。前念、后念及今念，念念不被疽疾染，除却从前嫉妒心，自性若除即是忏（已上三唱）。善知识！何名忏悔？忏者终身不作，悔者知于前非。恶业恒不离心，诸佛前口说无益，我此法门中，永断不作，名为忏悔。②

忏悔不再是忏悔五逆（七逆）、十重等具体的罪障，变成了忏悔念念之中

① 杨曾文校写：《敦煌新本六祖坛经》，第 26 页。

② 同上，第 27 页。

的愚痴杂染。

无相三归依戒：

> 善知识！归依觉，两足尊；归依正，离欲尊；归依净，众中尊。从今以后，称佛为师，更不归依余邪迷外道，愿自三宝慈悲证明。善知识！惠能劝善知识归依三宝。佛者，觉也；法者，正也；僧者，净也。自心归依觉，邪迷不生，少欲知足，离财离色，名两足尊。自心归依正，念念无邪故，即无爱着，以无爱着，名离欲尊。自心归依净，一切尘劳妄念，虽在自性，自性不染着，名众中尊。凡夫不解，从日至日，受三归依戒。若言归佛，佛在何处？若不见佛，即无所归；既无所归，言却是妄。善知识！各自观察，莫错用意，经中只言自归依佛，不言归依他佛。自性不归，无所依处。①

三归依是菩萨戒的初阶，是通过对佛、法、僧三宝的归依，培养起对佛法的信心。在这里，外在的三宝全部内化为自心的觉、正、净。

这些内容概括起来，所谓受无相戒，就是要求受戒者归依自己本来具有的佛性（自性、心性）。一切外在的佛、法、僧、众生都是虚妄的。持戒，就是要认识自心、自性，回归自心、自性。可以说，慧能无相戒在将戒的本质作为自性或佛性这方面与《梵网经》佛性戒、智顗戒体论、神秀菩萨戒是一致的。但慧能没有提到任何戒相，又在授戒的每一个环节将对象内在化，有着非常明显的忽视戒相倾向。这与《梵网经》、智顗等对戒条的重视是不同的，与神秀将戒条作为修行方便也是有差异的。

四、菩萨戒中国化进程中的“无相戒”

禅宗的显著特色是提高戒、定、慧三学之中定学的地位，以禅法统

---

① 杨曾文校写：《敦煌新本六祖坛经》，第 29 页。

摄一切佛法，将戒学、慧学融汇到定学之中。早期禅宗并没有取消戒学的基础作用，从菩提达摩到僧粲的早期禅师们在个人修行中仍以持戒谨严为标准。从道信开始，禅师们除了注重个人持戒，开始重视菩萨戒的作用，在传禅之前，一般都授菩萨戒。道信、弘忍都曾广泛为僧俗大众授菩萨戒，极大提高了禅宗的影响力。神秀及其门下保持了授菩萨戒的传统，对菩萨戒的仪式和内容进行了某种创新，简化了菩萨戒的仪式，以持心守戒代替了对具体戒条的遵守，但仍然承认戒律是一种方便。《坛经》无相戒只保留了菩萨戒授受的形式，完全将戒学纳于心学之中，彻底抛弃了戒律的具体条文、事项。无相戒的提出是禅宗史上具有重要意义的变革，至此，禅宗在菩萨戒方面有了自己独特的理论表述。

如果我们追述一下中国菩萨戒的发展历程，就会更清楚无相戒的意义。我们大致把中国菩萨戒的发展划分为三个阶段，分别以三部著作为代表。

第一个阶段以《梵网经》出现为标志。《梵网经》是北魏太武帝灭佛（446）之后，中国僧尼为适应特殊的社会情况，综合大小乘戒律，结合中国佛教所面临的紧迫问题而创造的新的戒律经典。《梵网经》的形成，是对印度传来的佛教戒律的一次既有继承，又有创新的重大变革，是菩萨戒中国化开始的标志。《梵网经》菩萨戒是对声闻戒戒条的综合与简化，是对持戒要求的进一步提升。《梵网经》菩萨戒具有非常强烈的建立独立大乘戒的愿望。但《梵网经》只有戒条，没有系统的戒律理论，只提到菩萨戒是佛性戒。①

第二个阶段以智顗（538—597）《菩萨戒义疏》的出现为标志。《菩萨戒义疏》是现存最早、影响最大的《梵网经》注疏，它在两个方面具有重要价值：第一，在总结南北朝时期众多戒体理论基础上，提出戒体新说，弥补了《梵网经》戒律理论方面的不足，为中国戒律学重视戒体开了先河。第二，改变《梵网经》建立独立菩萨戒的意图，通过各种方

---

① 参见夏德美《〈梵网经〉菩萨戒的特点及现代启示》，《法音》2014 年第 3 期。

式淡化大小乘戒律之间的矛盾，既指出菩萨戒与声闻戒之间的差别，又不否定声闻戒的意义，将菩萨戒作为声闻戒的重要补充和更高要求，并以声闻戒的广律为依据，通过对每一戒条开遮持犯情况的详细说明，将《梵网经》中过高的要求落实为可以操作的内容。《义疏》既重视戒条，又重视戒律理论，试图将二者完美结合，体现了来自印度的声闻戒传统与中国产生的《梵网经》菩萨戒之间的冲突与融合。[①]

第三个阶段以《坛经》无相戒的出现为标志。《坛经》无相戒继承早期禅宗禅戒合一的传统，保留了受戒的形式，却赋予菩萨戒全新的内容，将受戒的每一个环节都归于自心，将戒学完全纳入心学。一方面，无相戒的提出，表明中国大乘戒完全摆脱了印度佛教的束缚，是菩萨戒中国化理论完成的标志。另一方面，从某种意义上说，无相戒把规范僧尼行为的具体戒条放在了无足轻重的位置，是对戒律庄严性的严重消解，而对戒律的忽视是中国佛教衰落的内部原因之一。近代以来，一些高僧大德特别强调戒律的重要性，强调“以戒为师”，正是源于这样的思考。

（夏德美，中国社会科学院世界宗教研究所副研究员）

① 参见夏德美：《晋隋之际佛教戒律的两次变革——〈梵网经〉菩萨戒与智顗注疏研究》，中国社会科学出版社 2015 年版，第 267—268 页。

轮王治国思想与大乘佛教在中国的确立

——以偃师水泉石窟和北响堂“高洋三窟”为例

喻 静

摘 要：轮王治国思想得之于大乘佛教慈悲思想和贵霜王朝政治实践的相互结合，其在中土传统王权观之外提供了另一种政权合法性来源。从后赵始，转轮圣王治国思想获得胡族政权的认同，成为胡族政权实现“君临诸夏”的意识形态工具。自北凉始，石窟成为轮王治国思想最好的表法载体。水泉石窟主尊的“两佛并立”模式和胡灵太后的佛教政治理想相关联，北响堂“高洋三窟”的轮王坐姿正是大乘佛教慈悲思想的表法符号，也和北齐文宣帝的佛教治国方案密切相关。遵循“从观念到礼俗伦理到艺术遗存”的思想史研究路径，本文试图回答这样一个问题：如果大小乘佛经是同时传译的，大乘思想如何在中国中古早期获得传播并扎根，最终成为中国文化的要素，参与建构和定义了中国文化。

关键词：转轮圣王 慈悲 夷夏之辨 两佛并立 轮王坐

一、前言：慈悲征服中国

作为人类文明进程中的重大事件，佛教肇始于印度，东传至中国。在印度，佛教教义主要靠口耳相传，并没有书面的文本存在。“释迦牟尼在公元前528年涅槃，公元前150年前后，佛经在犍陀罗地区的贵霜帝国被制作出来。”“新近发现的犍陀罗语佛教文本和铭文，以及学者有关佛典起源和语言传承的研究都显示，犍陀罗地区是世界上最早出现和使用文本佛经的地区，最早传入中国的佛教文本，主要是犍陀罗语。”[①] 由于口头传播传统的存在，佛教何时以何种形式进入中国并没有定论，可以确定的是中国从公元150年左右开始翻译佛经。以佛经汉译为契机，佛教开始了观念、礼俗、制度、文化、传播等方面的中国化历程。

中土典籍中有记载的最早的译经家，是来自安息国的安世高和来自月氏国的支娄迦谶，这两个国家都属于犍陀罗地区。安世高译经，如《安般守意经》《人本欲生经》等，主要是小乘禅经；支娄迦谶译经，以《道行般若经》标志，主要是大乘般若类经典。《道行般若经》是中土知识阶层探赜般若理论的入门，“由这部经的译出便有了趋入大乘的途径”[②]。大小乘虽同时弘传，然安世高及其学派开创的“禅数学”主要流传于僧团内部，小乘一直未能和中土文化传统相应。在中国本有思想文化的土壤里落土生根，自成一体，参与构造中国文化基本景观和内在精神的，是大乘佛教。“儒释道”三家被视为中国传统文化三大支柱，其中的“释”，特指以汉译佛经为载体的、以大乘佛教为主体的、以中国本有文化传统为土壤的、在中国历史时空中契机表法和方便弘传的中国大乘佛教。

中国人认识大乘佛教是从般若类经典开始的，“大乘”一名，梵文音译“摩诃衍”，最早即出现于《道行般若经》。[③] “般若”，梵名“Prajna”的音译，意译为“智慧”。按照玄奘法师“五不翻”原则，“般若”是比汉语语境中的“智慧”更高明的智慧，是“解脱的”智慧，不如直接以音译示人，以免世人望文生义，作颠倒想。“般若”无疑是“佛教”作

① 孙英刚、何平：《犍陀罗文明史》，生活·读书·新知三联书店2018年第1版，第147页。

② 吕澂：《中国佛学源流略讲》，中华书局1979年版，第289页。

③ （东汉）支娄迦谶译：《道行般若经》，《大正藏》，第8册，第427页。

为“佛之所教”的核心，佛佛无异。佛陀教法，可用“般若”贯穿所有大小乘经典。如何让“般若”这种全新的观念在中国本有文化传统中找到恰当位置，正是朱士行、释道安、“六家七宗”所关怀的；最早传播佛教的僧人和士大夫，或用“格义”法托命儒家的“仁”“孝”、寄身道家的“空”“无”，或如愍度道人“另立新说”，上下求索，种种努力，皆因中国人对佛教“心有戚戚焉”，试图为佛教在中国本有文化中先找到立足之地，再行妥帖安顿之事。

《大智度论》之《释摩诃衍品》提到，以般若波罗蜜统摄“摩诃衍”，《智论》曰其乃“菩萨所行”、成佛之道。[①] 大乘别于小乘所在，或可托命“菩萨”一词。“菩萨”即“菩提萨埵”，意译“觉有情”。“觉”乃“自觉觉他”，“自觉”为了“觉他”，“自觉”方能“觉他”，有“觉他”之大愿，方能实现“自觉”之大心——最终，觉他即自觉，菩萨道行人在利他信念中，完成了生命的超越。

有以为大乘自以为大，遂弹斥小乘名之为“小”。大乘以为小乘惟求自利，以“灰身灭智”证“无余涅槃”为动力，修学的目标是“我生已尽，梵行已立，所作已作，不受后有”[②] 的阿罗汉位。小乘求“自觉自利”，大乘求“自觉觉他、自利利他”，“自觉”强调个体证悟解脱之“智”，“觉他”强调济拔他者之“悲”。大乘精神遂落实在“悲智双运”。

“悲智双运”的“悲”，是“慈悲”的缩略。佛经传译之前，汉语中只有独立成义的“慈”或“悲”，“慈悲”作为汉语双音词，其诞生恰好仗佛经传译之缘，且“慈悲”一词的始作俑者，恰好是最早翻译大乘经典的支娄迦谶。支译《般舟三昧经》中有“常立布施及戒忍，精进一心智慧事。具足六度摄一切，慈悲喜护四等心，善权方便济众生，如是行者得三昧”[③]、“教语令弃众恶，视一切悉平等所致、常有大慈大悲所致”[④]

① 龙树造、（后秦）鸠摩罗什译：《大智度论》,《大正藏》第 25 册，第 393 页。
② （后秦）佛陀耶舍共竺佛念译：《长阿含经》,《大正藏》第 1 册，第 12 页。
③ （东汉）支娄迦谶译：《般舟三昧经》,《大正藏》第 13 册，第 915 页。
④ （东汉）支娄迦谶译：《般舟三昧经》,《大正藏》第 13 册，第 898 页。

的例子，“慈悲”和“大慈大悲”都已出现。东汉竺大力共康孟详译《修行本起经》，有三处使用了“慈悲”，如“能仁菩萨，承事锭光，至于泥曰。奉戒清净，守护正法，慈悲喜护，惠施仁爱，利人等利，救济不倦，寿终上生兜术天上。”[①]“兜术天”是慈氏（弥勒）菩萨所在。另东汉昙果共康孟详译《中本起经》中有“四恩慈悲，广饰众生”[②]一例，“四恩”即三宝恩、国王恩、父母恩和众生恩。这三种经都是东汉译经，无法考其先后。把“大乘”一词引入中土的也是支谶，而目前可以确定由安世高传译过来的最早的小乘经，并没有“慈悲”或“大慈大悲”的例子。可以推断，“慈悲”是随着大乘经典的传译而诞生的，“慈悲”和“大乘”，当同处一个思想系统之中。

值得关注的是“四恩慈悲，广饰众生”一句，“慈悲”作为修饰语，开显“四恩”——“天地君亲师”，众生恩、国王恩、父母恩和师长恩的特征。其中，“国王恩”“父母恩”可以直接对应“忠”“孝”，与中土固有文化心理和伦理诉求若合符契。

“慈悲”作为搭载译经应运而生的汉语新词、作为大乘佛学重要范畴，也作为大乘精神的寄托，需要从理论上做出定义、阐述和分疏，以指导大乘修行实践。这一理论工作藉由鸠摩罗什翻译龙树菩萨所造之论《大智度论》而得以完成。

《大智度论》是大乘佛教百科全书，龙树菩萨定义了何谓“慈悲”：“大慈与一切众生乐，大悲拔一切众生苦；大慈以喜乐因缘与众生，大悲以离苦因缘与众生。”[③]慈悲心从禅定观想中得。观想时心所攀援的对象，也就是慈悲所要利益的他者，分众生缘、法缘和无缘三种，以众生为因缘、为利益众生而成就的慈悲心，是“小慈小悲”；小慈小悲还是凡夫境界。以“毕竟空”为因缘，是“大慈大悲”。“凡夫人众生缘；声闻、辟支佛及菩萨，初众生缘，后法缘；诸佛善修行毕竟空，故名为无

① （东汉）竺大力共康孟详译：《修行本起经》，《大正藏》第3册，第462页。
② （东汉）昙果共康孟详译：《中本起经》，《大正藏》第4册，第154页。
③ 龙树造、（后秦）鸠摩罗什译：《大智度论》，《大正藏》第25册，第256页。

缘，是故慈悲亦名佛眼。”[①] 大慈大悲就是佛的慈悲。而在凡夫之小慈小悲和佛之大慈大悲之间，尚有小乘的声闻缘觉位和大乘的菩萨位。声闻缘觉与菩萨和凡夫之别在于前者已证悟出世间空，后者尚囿于世间法；与佛的区别在于证得的空性尚非“毕竟空”。这是从般若的角度考量慈悲心的大小。而从慈悲的角度考量般若心的大小，就是“六波罗蜜多”即“六度”。

“波罗蜜多”意译“到彼岸”，也就是出世间的智慧。布施、持戒、忍辱、精进、禅定、智慧六度，首先是六种利他行为。以布施度为例，布施度亦即“檀波罗蜜”，和“布施”亦即世间法中的利他行为，差异就在于檀波罗蜜是一种需要出世间的智慧支持的利他行为。“六度”中任何一度亦复如是。这使得六度共享一个核心特征：三轮体空，即证悟“施者”“受者”“所施之物”之体性皆为空。“六度”的实现是座上深观（止观）和座下广行（万行）相互配合辗转增上的过程，即“智悲双运”。这一过程臻于完善，乃至佛境。

“悲智双运”作为大乘精神，若表达为“悲般（般若）双运”应该更准确，“智慧”不是借助佛经传译的因缘才有的汉语新词，其被定格于大乘佛教，属于广义上的把佛教义理托命于中土原有文化的“格义”策略。而“慈悲”恰好是。不叫“悲般（般若）双运”而叫“悲智双运”，本身就是一种“博施”和“接济”的慈悲。“慈悲”一词，应大乘佛经传译之运而生，大乘佛教的慈悲精神，注定要担当起外来的佛教和中土本有文化传统对话、调适、融通的使命。佛的智慧是“慈悲的般若”，佛的慈悲是“般若的慈悲”。荷兰汉学家许理和以“佛教征服中国”形容“佛教在中国中古早期的传播与适应”[②]，剥开“佛教征服中国”的表皮，我们看到在中国文化时空中、在观念、礼俗、制度、文化、传播等“分而说之”中，关于这一过程的更本质的描述，当是“慈悲征服中国”。

---

① 龙树造、（后秦）鸠摩罗什译：《大智度论》,《大正藏》第 25 册，第 350 页。

② ［荷］许理和著，李四龙、裴勇等译：《佛教征服中国——佛教在中古早期的传播与适应》，江苏人民出版社 2005 年版。

二、转轮圣王思想与大乘菩萨道修行实践

转轮圣王治国思想，作为一种意识形态，肇始于贵霜帝国，亦即大乘佛经的产生之地犍陀罗地区。公元一世纪是贵霜帝国建国和巩固阶段，大乘佛教成为贵霜帝国主流意识形态，“与原始佛教相比，在贵霜时期兴起的佛教带有强烈的现实关怀和政治理念。”佛教获得发展良机，“大乘佛教开始兴起，佛像出现，阿弥陀信仰、净土观念、弥勒信仰等诸多佛教以前并不具备的元素开始出现”，[①]“佛教在这里实现了飞跃，从一个局限于印度的地方性宗教，发展成一个世界性的宗教……佛教在贵霜臣民的供养下，在佛教高僧的推动下，发生了根本性的变化，为进入中国奠定了基础。”[②]

前文已述及，来自贵霜地区月氏国的佛教高僧支娄迦谶最早传译了大乘经典，最早使用“大乘”“慈悲”等语词。支译中存世并相对得到确认的《道行般若经》《般舟三昧经》《纯真陀罗所问如来三昧经》《大萨遮尼乾子所说经》，都是大乘般若类经典，也是佛或者佛的代言人以转轮圣王为契机而展开说法的经。经中会铺陈转轮圣王的功德、事迹，当转轮圣王就治理国家事宜提问时，佛、菩萨或王公大臣长者会趁机进言，阐述如何做一个合格的转轮圣王、如何建构转轮圣王意识形态、如何用佛法教化人民、如何建立人间佛国。可以说，转轮圣王思想和般若思想，都是最早进入中国文化的佛教思想。

转轮王，梵文音译“斫迦罗伐辣底曷罗阇”或“遮迦越罗”，释为“由轮旋转，应导威伏一切，名转轮王”。[③]中国文化中对“王”的定义，最直截了当莫过于战国时范雎游说秦昭王曰：“夫擅国之谓王，能利害之谓王，制杀生之威之谓王。”[④]意思是掌握生杀大权的国家最高统治者。

---

① 《犍陀罗文明史》，第 7 页。

② 《犍陀罗文明史》，第 136 页。

③ （刘宋）法云编：《翻译名义集》，《大正藏》第 54 卷，第 1094 页。

④ 《史记》，卷七十九，《范雎蔡泽列传》。

“法轮”作为佛法常驻不灭的隐喻、“转法轮”作为佛说法的隐喻，修饰作为世俗政权最高统治者称谓的“王”，这一构词方式本身，即暗含了“王即如来、如来即王”的原则，这条原则为东传后佛教如何处理和中央政权的关系埋下伏笔。

关于转轮王的基本定义可见《长阿含经》卷六《转轮圣王修行经》：“乃往过去久远世时，有王名坚固念，刹利水浇头种，为转轮圣王，领四天下。时，王自在以法治化，人中殊特，七宝具足：一者金轮宝，二者白象宝，三者绀马宝，四者神珠宝，五者玉女宝，六者居士宝，七者主兵宝。千子具足，勇健雄猛，能伏怨敌，不用兵杖，自然太平。”《修行本起经》对这七宝有详细描述。这些轮宝象征转轮圣王的合法性，有如中国历史中的“命符”或“祥瑞”，必须“具足”才能令转轮圣王出世；或者，反过来说，这七宝是转轮圣王功德的应化，功德具足，七宝显现，因缘具足，转轮圣王出世。

除了七宝外，转轮王还因功德而具备四种德行：大富、相好、无疾病、寿命长。就“相好”而言，佛有三十二相、八十种好，转轮圣王也有三十二相，如法护译《施设论》卷一：“如转轮圣王妙色端严，具三十二大丈夫相，一切人众倾渴瞻仰者，应知即同如来应供正等正觉，三十二相清净圆满。一切众生，瞻仰无厌。”[①] 佛的相好庄严是累劫修行所得，转轮圣王和佛不一不二。但《大智度论》中明确指出：“菩萨相者，有七事胜转轮圣王相。菩萨相者：一、净好；二、分明；三、不失处；四、具足；五、深入；六、随智慧行，不随世间；七、随远离。转轮圣王相不尔。”[②] 换一种说法，转轮圣王的相好，有七个方面是不如佛的。这七个方面，参照经文，分别是：不净、不分明、有漏、有缺、浅入、随世间、随近事。总之，转轮圣王是世间的王，和佛相比，随时空因缘，有种种不足。

① （西晋）法护等译：《施设论》，《大正藏》第 26 册，第 516 页。
② 《大智度论》，《大正藏》第 25 册，第 91 页。

那么，转轮圣王与佛之间的种种“同”和种种“异”，又渊源何在？这就进入了大乘佛教的菩萨道修行理论。“菩萨”一词可能最早出现在早期部派佛教时期，即佛陀涅槃以后100年左右，特指未成正觉时的佛陀。但这并不意味着佛陀时代没有菩萨理念。所有佛教传统都认为，无量劫前，善慧童子在燃灯佛前发愿成佛，至最后一生人间成佛，经历了漫长的修学过程，这一过程就是菩萨道。释迦牟尼行菩萨道成佛或“佛菩萨”理念成为大小乘佛教菩萨思想的共同源泉。

小乘和大乘的区别在于，小乘认为最后生只有一个佛，大乘认为有十方三世无数佛。发愿的不同也决定了声闻和菩萨行果的差异，前者“少事少业少希望住”，后者“多事多业多希望住”。菩萨道修行主要通过六度事业完成，大乘行人发菩提心而修行布施、持戒、忍辱、精进、禅定、智慧，将在一世又一世轮回中获得生命的不断提升，最后超越轮回而臻佛境。

佛于过去生行菩萨道的修行事迹即“本生谭”。六度以布施为第一度；“第一”是含有价值考量的排序。“第二”忍辱波罗蜜，通常是为利益他人而安忍于身体受损、生命被夺，亦可视作无畏施、内施，其实也是布施波罗蜜。所以，大乘经中的本生故事，皆把布施、忍辱两种波罗蜜行置于菩萨行中极其重要的地位，颂扬菩萨舍身的故事数量居多、品第居上。经中认为，最能体现佛菩萨慈悲精神的，就是如“舍身饲虎”、“割肉贸鸽”等，为了利他事业，不惜舍弃“国城妻子、头目脑髓”，牺牲自己的生命。

燃灯佛授记善慧童子将来成佛，是所有佛教传统公认的菩萨行的逻辑起点。《大般若波罗蜜多经》记载了这个故事：“我于往昔然灯佛时，众华王都四衢道首，见燃灯佛，献五莲华，布发掩泥，闻上妙法，以无所得为方便故，便得不离布施波罗蜜多乃至般若波罗蜜多，不离内空乃至无性自性空，不离四念住乃至八圣道支，不离四静虑、四无量、四无色定，不离一切三摩地门、一切陀罗尼门，不离佛十力、四无所畏、四无碍解、大慈、大悲、大喜、大舍、十八佛不共法，不离诸余无量无数无边佛法。时，燃灯佛即便授我无上正等大菩提记，作是言：‘善男子！汝于来世过无数劫，即于此界贤劫之中，当得作佛，号释迦牟尼如来、应、正等觉，宣说般若波罗蜜多度无量众。’”①龙树在《大智度论》中引《持心经》，说得更为明确：“我见锭光佛时，得诸法无生忍，初具足六波罗蜜；自尔之前，都无布施、持戒等。”②也就是说，佛走上成佛之路，开始菩萨行的慈悲事业，标志性事件是“燃灯佛授记”，授记之前，没有布施持戒等六种波罗蜜多；授记之后，经种种道路，成就“大慈、大悲、大喜、大舍、十八不共法”等佛果。

需要强调的是“见燃灯佛，献五莲华，布发掩泥”。这个故事在《太子瑞应经》中有更详细的记载。释迦文佛得定光佛授记后，正要稽首佛足，看到地上潮湿。菩萨立即脱下皮衣想把泥水盖住。但皮衣太小，不足以盖全。菩萨“乃解发布地，令佛蹈而过”。③定光佛再一次预言菩萨将勇猛精进度化众生。“五莲花”“布发掩泥”非常具有可视性，成为犍陀罗佛教艺术的重要表现题材，并东传至中国。

《大萨遮尼乾子所说经》卷第六，严炽王问大萨遮尼乾子：“大师！谁能护此一切众生？谁能护持此器世间？”依照下面的经文可知，这个问题其实就是问：谁是转轮圣王？谁能成为转轮圣王？大萨遮尼乾子说：“皆是众生自业果报，及王国主力能护持。”④众生以各自业力而成为某一国土的众生，善根满足，不起诸恶，世间未立王法。国王因自身业力果报，而有维护诸善众生和国土安乐的能力，遂成为转轮王。转轮王是具有“轮宝”等八种宝物和多种神通，弘扬护持佛法，借助佛力治世的人间帝王。然而转轮圣王这些非凡的神力又是如何修得的呢？转轮圣王和佛的关系当作何解？

转轮圣王和佛的关联正系于“布发掩泥”故事中。《太子瑞应经》

---

① （唐）玄奘译：《大般若波罗蜜多经》，《大正藏》第 7 册，第 146 页。
② 《大智度论》，《大正藏》第 25 册，第 275 页。
③ （三国・吴）支谦译：《佛说太子瑞应本起经》，《大正藏》第 3 册，第 472 页。
④ （北魏）菩提流支译：《大萨遮尼乾子所说经》，《大正藏》第 9 册，第 329 页。

载，定光佛从菩萨头发上走过后，又说：菩萨“奉戒护法，寿终即生第一天上，为四天王。毕天之寿，下生人间，作转轮圣王飞行皇帝——七宝自至，一、金轮宝，二、神珠宝，三、绀马宝朱髦鬣，四、白象宝朱髦尾，五、玉女宝，六、贤鉴宝，七、圣导宝——八万四千岁，寿终即上生第二忉利天上，为天帝释。寿尽又升第七梵天，为梵天王。如是上作天帝，下为圣主，各三十六反，周而复始。及其变化，随时而现，或为圣帝，或作儒林之宗，国师道士，在所现化，不可称记。”[①] 而我们知道，释迦牟尼佛这一世成佛之前，正是生在转轮王之家的太子。太子“四门出行”而悟“生老病死”苦、太子树下观耕、树下思惟而悟“六道轮回”苦，太子逾墙出城、出家修道，太子苦行而未得觉悟，太子于菩提树下入深禅定，获三明六通，太子降魔，最后证得无上正等正觉而成佛。佛住世八十年，说法四十五年，第一次说法是在鹿野苑，说“苦集灭道”四圣谛。这意味着，“布发掩泥”故事中的预言，因为转轮圣王出家修道成佛而成为事实。《大萨遮尼乾子所说经》蕴含丰富的转轮圣王思想，经中如是说：“彼释种子沙门瞿昙，若不舍家出家为道者，当作转轮圣王王四天下，当行法行而为法王。”——释迦牟尼如果不出家，他这一世将是转轮圣王；“而彼王子沙门瞿昙不乐如是世间之乐，舍家出家，勇猛精进……”[②] 终于在菩提树下觉悟成佛。

换句话说，在过去生中，转轮圣王就是成佛路上的菩萨，转轮圣王积累的成佛功德，就是菩萨身的佛积累的功德。关键之处在于，当菩萨行菩萨道慈悲行，积累了种种功德，转生转轮圣王之家时，作为太子，可以选择继承王位而成为新一代转轮圣王，也可以选择出家修道，最后成佛。转轮圣王是佛没有选择的可能性，或者说，转轮圣王是佛在人世间的映像，佛以转轮圣王示现，在人间建立佛国净土。佛经中的这条线索，又埋下了政教关系中从“一佛一转轮圣王”到“转轮圣王即佛”的

---

① （三国・吴）支谦译：《佛说太子瑞应本起经》，《大正藏》第 3 册，第 472 页。
② （唐）道宣：《续高僧传》，《大正藏》第 50 册，第 342 页。

伏笔。

在支谶译《道行般若经》《纯真陀罗所问如来三昧经》中，转轮圣王译作“遮迦越罗”。《道行般若经》强调了“布施”的重要性：“是为菩萨摩诃萨行檀波罗蜜教授众生，自行布施，劝助人令布施，见人布施赞叹代其欢喜。菩萨作如是施者，得生四大姓家，得为遮迦越罗，便以四事摄取众生：一者惠施，二者仁爱，三者利人，四者同义。是为四事。”[①]据古正美、康乐等研究，贵霜帝国佛教意识形态的模式，就是“一佛一转轮圣王”的“护法”模式：转轮圣王负责财施，佛负责法施。《弥勒下生经》就是贵霜王朝为“护法模式”而制造的一部大乘经典。[②]在《弥勒下生经》中，弥勒成佛后向转轮圣王蠰佉及其人民说法，王及人民负责供养，共同成就理想的佛国世界。

所有记载转轮圣王的佛教文献，都要解决一个关键问题：转轮圣王的身份如何获得，转轮圣王的神通如何维持。这是轮王治国意识形态得以成功建构、转轮圣王统治得以有效、人间佛国得以最终实现的关键。依据上述分析，转轮圣王得到过燃灯佛授记，实际是践行菩萨道的菩萨。作为积累了和佛等齐的功德的大乘菩萨，转轮圣王要和佛一样传播大乘佛法，要在治理国家的世间法中，贯彻大乘慈悲精神，用慈悲法治理和教化人民。《转轮圣王修行经》《修行本起经》《大萨遮尼乾子所说经》强调执持戒律的重要性；《弥勒下生经》强调转轮王不用刀枪而用自身的道德垂范感化人民；《道行般若经》、《纯真陀罗所问如来三昧经》《大般若波罗蜜多经》《大智度论》用强调教导人民行“十善道”：“复有菩萨摩诃萨安住施戒波罗蜜多，作转轮王成就七宝，以法教化不以非法，安立有情于十善道，亦以财宝济诸贫乏。”[③]十善道即十种不行之事：不杀生、不偷盗、不淫欲、不妄言、不两舌、不恶口、不绮语、不贪欲、不嗔恚、不

① （东汉）支娄迦谶译：《道行般若经》，《大正藏》第6册，第134页

② 古正美：《从天王传统到佛王传统——中国中世佛教治国意识形态研究》，台湾商周出版社2003年版，第93页。

③ 《大般若波罗蜜多经》，《大正藏》第7册，第20页。

愚痴。其中第一条“不杀生”，可以解释佛教传入中国后的许多政治现象，如不止一位南北朝帝王何以受菩萨戒，某些杀人如麻、嗜杀如命的帝王，何以要素食、何以接连颁布禁止渔猎的诏令等。

总而言之，治国只是菩萨行大乘道的方便，慈悲才是大乘精神的关键。轮王治国，究其本质，就是用慈悲之道治理国家。建立轮王治国意识形态，就是以慈悲为舟楫，践行大乘菩萨道。

三、佛教传入对东汉以降政教关系的影响

从东汉末年三国纷争，经两晋、十六国、南北朝的分裂，到隋重新统一中国，这四百多年，无疑是大乘思想萌芽、发展并落足东土的关键时期。作为中国佛教主体的大乘思想是如何于乱世中确立的？既然大小乘经典同时被翻译成汉语，中国人何以独择大乘？大乘思想如何为各个社会阶层接纳，并在政治、经济、制度、伦理、文化、艺术、风俗等民众的日常生活中呈现出来？这是一个庞大的话题。约略而言，大乘佛教的菩萨道成佛思想和转轮王思想为帝王尤其少数民族政权所采纳并应用于治国之术；大乘佛教般若思想，在哲学上开出了中观思想，在伦理上开出了慈悲济度思想，在宗教上开出了菩萨道修行思想，知识阶层以此会通儒家仁学思想；在自利的修行中，则以实践空观的般舟三昧为主。三昧即禅定，因此而有不同的禅定理论、禅定教学，并产生了用以观想和禅定的石窟。而民众教化和日常生活中的大乘慈悲观念，则落脚在素食、放生、孝慈、神通、报应、斋戒、方术、祠祀等礼俗和文化习惯中。同时，由于佛教僧人的推动，民众中并有弥勒信仰、观音信仰、法华信仰、阿弥陀佛信仰和东西方净土信仰等信仰形态，这些信仰形态通过造像、壁画、说唱文学等形式表达和传播，产生了“石窟”“变文”“变相”等中土未曾有的新艺术形式。如果把中土大乘意识的生长过程比作一条河流，那么这条河流既周行于文献，也漫漶于文化事项和艺术遗存。

轮王治国思想是兴起于贵霜的大乘佛教思想在国家治理领域的方便

之用，或者说，治国之道，是大乘思想的应有之义。这也许可以解释有关佛教最早传入中国的几种说法都和汉代帝王有关：汉明帝夜梦金人而遣使求法；楚王英“诵黄老之微言，尚浮屠之仁祀”，① 涉嫌逆反而被明帝黜废乃至自杀；汉桓帝“设华盖以祠浮屠老子”，② 在宫中同时祭祀老子和佛陀。《唐前中国佛教史论稿》一书认为，“汉末佛教的传入，正是中国思想史、宗教史上，从‘敬天’向‘崇道’转化的大背景下发生的。”汉桓帝祭祀帝王师形象的老子、浮屠，目的是用他们的“清虚无为之道”稳固自己的统治。汉末天的地位下降，与大一统分崩离析有关，也和佛教带来关于“天”的新概念有关。天只是六道中的一道，并无至高无上的地位。正是从“敬天”到“崇道”的转变发生，佛陀、老子代表的佛道教，有机会和儒教一起成为帝王师，辅佐帝王实行教化。③ 古正美认为，正是由于汉桓帝想从佛教思想中汲取资源以建立一套佛教意识形态，安世高僧团才得以译出最早的一批佛经。一般以为安世高译的是小乘经典，事实上，小乘禅经正是了解大乘的基础，安世高译的是大小乘共法。④

关于佛教和政治的关系，东晋庐山僧团领袖释道安有一句名言：“今遭凶年，不依国主，则法事难立。”⑤ 这是站在僧团的视角。从帝王的角度，因最早传入中国的是大乘佛教思想，大乘佛教思想中，本来就有治国理政的思想资源，很容易被帝王利用。大乘佛教借助国家力量扎根和风行，恰恰是贵霜传统在中国的延续。

然而，佛教被帝王采纳以教化辅政，甚或作为主流意识形态的信仰依据，都将遇到一个严峻的壁垒：华夷之辨。内典和外典都有记载，佛是“戎神”“胡神”“外国之神”，从西域沿陆上丝绸之路传入的佛教，是“胡教”。祭祀是在南郊还是西郊、是否准许汉人出家、辞亲出家是否大

① （梁）释慧皎：《高僧传》，《大正藏》第 50 册，第 345 页。
② （清）陈梦雷编：《古今图书集成》，《卍续藏》第 88 册，第 463 页。
③ 张雪松：《唐前中国佛教史论稿》，中国财富出版社 2013 年版，第 58—61 页。
④ 《从天王传统到佛王传统——中国中世佛教治国意识形态研究》，第 54 页。
⑤ 《高僧传》，《大正藏》第 50 册，第 351 页。

不孝、沙门不拜国主是否不忠、“道先佛后”还是“佛先道后”，等等，种种争论，都是以“华夷之辨”作为坐标的。《弘明集》和《广弘明集》中有大量记载。但“华夷之辨”的本质是汉族统治集团以汉族为中心固守华夏文化正朔、保护政权的合法性不被外来文化攻破，是一种“攻防模式”。十六国时期，“五胡乱华”，以异族政权的视角，则佛教正好成全其“胡族”的宗教和文化认同，佛陀作为“戎神”正好助其“君临诸夏”。

最著名的一段争论发生在十六国时期的后赵，中书著作郎王度，作为入仕羯族政权的汉族士大夫，向刚掌握王权的石虎奏议：

> 夫王者郊祀天地，祭奉百神，载在祀典，礼有尝飨。佛出西域，外国之神，功不施民，非天子诸华所应祠奉。往汉明感梦初传其道，唯听西域人得立寺都邑以奉其神，其汉人皆不得出家。魏承汉制，亦修前轨，今大赵受命，率由旧章。华戎制异，人神流别，外不同内，飨祭殊礼，荒夏服祀，不宜杂错。国家可断赵人悉不听诣寺烧香礼拜，以遵典礼。其百辟卿士，下逮众隶，例皆禁之。其有犯者，与淫祀同罪。其赵人为沙门者，还从四民之服。[①]

涉及国家祭典、旧制因袭、民间祭祀、服装规制、内外之别等，“华戎”界限泾渭分明。其中特别值得注意的是“大赵受命”和“天子诸华”两句，显然王度以为，即便国主和国民不是汉人，这个天下依然是华夏的天下，这个政权的血统依然是华夏无疑，外族人也是受天命的天子，其政权的合法性和汉、魏一样来自天命。

这显然完全不是石虎所乐听的。后赵的第一代皇帝是石勒，石勒以神僧佛图澄为国师，短暂以“天王”之名行皇帝事，后称帝。石勒死后，其子石弘即位，很快被石虎所废。石虎迁都邺，对佛图澄礼敬有加。石

① 《高僧传》，《大正藏》第50册，第385页。

虎亦谋划作“天王”而不是华夏传统的“皇帝”。王度的上书，目的也是力阻天王制度的实行。石虎如是回应：

> 度议云：佛是外国之神，非天子诸华所可宜奉。朕生自边壤，忝当期运，君临诸夏。至于飨祀，应兼从本俗。佛是戎神，正所应奉。夫制由上行，永世作则。苟事无亏，何拘前代。其夷赵百蛮，有舍其淫祀，乐事佛者，悉听为道。①

他自称“君临华夏”，而不是“天子诸华”，更不是“天子受命”。佛教也不是王度所谓“与淫祀同罪”，而是用以替代“淫祀”的国家宗教。而且，石勒并不避讳自己来自相对于“中国”的“边地”，理直气壮地说，边地有边地的礼俗，也应该获得尊重和遵从。可以看出，石虎也在刻意强调“华夷之辨”，不过是站在“夷本位”，声张“夷”的强势和主导地位。

文献记载，石虎在佛图澄的辅佐下，以“九龙灌顶”的仪式，在邺都登坛受天王位。“九龙灌顶”是庆祝释迦牟尼佛出生的仪式，再现这一仪式，意味着与佛同构的转轮圣王的诞生。石虎不做“皇帝”而做“天王”，最大的意图就是确立了其权力合法性的来源——不是来自诸夏传统的“天命”，而是来自累世行菩萨道所积累的“功德”。转轮圣王不是上天选择的，是自身的善业导致的善报。

石虎这一举动意义重大，在中国历史上第一次颠覆了华夏传统的“君权神授”这一至高无上的政治原则，第一次以“夷”为中心强调了“华夷之辨”，第一次为非华夏传统的政权开出新的道统和政统，第一次从国家高度建立佛教意识形态，佛教传入中土后，第一次有机会重现秉承于贵霜王朝的传统，实现转轮圣王治国的大乘理想。

据古正美研究，实行天王制的少数民族政权还有吕光建立的“后凉”

---

① 《高僧传》,《大正藏》第50册，第383页。

和姚苌建立的“后秦”，这两个政权都和鸠摩罗什的辅佐有关。佛图澄和鸠摩罗什都来自龟兹，古正美认为，“天王制”传统来自西域的龟兹国。天王传统在中国延续了很长时间，隋文帝、唐高宗都有做“天皇”的记录，只是一些帝王并未以天王代皇帝，而是奉行天王和帝王的双轨制。“佛教的传播，不是靠来往中国与中亚或印度之间的商人或旅行者即能做到的事；佛教的传播，如果没有政治因素使然，其在中国是不能形成气候，甚至生根。”①

总之，正如孙英刚所云，经西域传入的佛教，和印度本土佛教已有很大不同。犍陀罗地区尤其贵霜王朝的大乘思想深植于大乘佛经中，通过佛经翻译而进入中国文化。② 把大乘思想用于治国之术的转轮圣王思想，不仅为以维护华夏道统和政统为天职的汉族政权提供了思想资源和教化手段，更为同出于西域的北方少数民族政权提供了国族认同和文化认同，他们打破“华夷之辨”中默认的“华为主方夷为客方”的攻防模式，尝试以夷为主而声张“华夷之辨”，实现“君临诸夏”的野心，建立以大乘佛教为根柢的意识形态，重新定义权力合法性的来源。从大乘佛教本位的角度，这一切只不过是弘法的方便和佛陀慈悲的化现。

四、从北凉到北魏：石窟中的“一佛一转轮王”

汉亡以后，佛教何以流行于魏晋，汤用彤总结了四方面的原因：“自汉通西域，佛教入华以来，其始持精灵报应之说，行斋戒祠祀之方，依傍方术之势，以渐深入民间……佛教之传播民间，报应而外，必亦藉方术以推进，此大法之所以兴起于魏晋，原因一也。”“西晋天下骚动，士人承汉末谈论之风，三国旷达之习，何晏、王弼之《老》《庄》，阮籍、嵇康之荒放，均为世所乐尚。约言析理，发明奇趣，此释氏智慧之所以能弘

① 《从天王传统到佛王传统——中国中世佛教治国意识形态研究》，第 98 页。

② 孙英刚、何平：《犍陀罗文明史》，生活 · 读书 · 新知三联书店 2018 年版，第 147 页。

也。祖尚浮虚，佯狂遁世，此僧徒出家之所以日众也……此则佛法之兴得助于魏晋之清谈，原因二也。”“汉魏之后，西北戎狄杂居。西晋倾覆，胡人统治。外来之勤益以风行，原因三也。”“盖安法师于传教译经，于发明教理，于厘定佛规，于保存经典，均有甚大之功绩。而其译经之规模，及人才之培养，为后来罗什作预备，则事尤重要。是则晋时佛教之兴盛，奠定基础，实由道安，原因四也。”[①]

十六国是由“五胡”在中原北方建立的政权，你方唱罢我登场。除了后赵，十六国中最值得一提的是北凉。按照古正美的研究，北魏道武帝拓跋珪在平城称帝时，北凉政权正在都城姑臧，以昙无谶为“总设计师”，设计“以佛治国”方案，推进以大乘佛教轮王政治治理国家、教化人民。史籍有记载的最早提出“天子即佛”“王即如来”的人，就是道武帝时的沙门法果。[②]太武帝拓跋焘消灭北凉统一北方之前，曾数次向北凉国主沮渠蒙逊讨要昙无谶，甚至派大臣去取，未果。昙无谶以西行取经为由向沮渠蒙逊请辞，遭杀身之祸。沮渠蒙逊不久亦崩，其子沮渠牧犍在位时，北凉被北魏所灭。

北凉的重要之处在于以国家力量开凿了中国历史上最早的石窟——武威天梯山石窟，留存至今。宿白总结出石窟艺术的“凉州模式”。北凉工匠，一部分前往敦煌——敦煌石窟中年代最早的275窟，就是北凉石窟；一部分被北魏胜利者迁至平城。北魏太武帝拓跋焘也是中国历史上第一次大规模灭佛的皇帝，所谓“三武一宗”的其中一“武”。灭佛原因很复杂，比较重要的因素是太子晃佞佛，想利用北凉僧人集团建立佛教政治模式，这遭到了拓跋焘依赖的国师崔浩的抵制。作为儒生，崔浩一直推进北魏儒家典章制度的建设，为了排佛，甚至搬出道士寇谦之，怂恿太武帝在儒家皇帝之外再加一个道教名号，做道教皇帝。灭佛事件发

① 汤用彤：《汉魏两晋南北朝佛教史》，商务印书馆2015年版，第153—155页。

② “法果每言，太祖明睿好道，即是当今如来，沙门宜应尽礼，遂常致拜。谓人曰：‘能鸿道者人主也，我非拜天子，乃是礼佛耳。’”参见（北齐）魏收《魏书》，中华书局1974年版，第3031页。

生后，平城的北凉僧人四散隐匿。继太武帝之位的是其孙文成帝拓跋濬而非太子晃。文成帝很快宣布恢复佛教，任命凉州僧人师贤为“道人统”并命他在平城郊外建造佛像。因转轮王和佛有同样的“相好”，文成帝“诏有司为石像，令如帝身。既成，颜上足下，各有黑石，冥同帝身上下黑子”。①师贤故去，昙曜继任，受命在平城武周山开凿巨型石窟。最早开出的就是云冈石窟的“昙曜五窟”。开窟的匠人，应该也是来自凉州。

关于昙曜五窟如何继承犍陀罗造像传统，为源自贵霜王朝的转轮圣王治国思想表法，古正美在《贵霜佛教政治传统与大乘佛教》一书中有详细分析，阿城在此书基础上配以高清图片，出版了讲稿性质的《昙曜五窟》。这种犍陀罗造像传统来自于北凉，北凉的思想资源由昙无谶、昙曜等僧人输送过来，昙无谶是龟兹和尚；昙曜出生不明，可能来自龟兹，也可能直接来自罽宾。

上述研究指出，犍陀罗艺术表达转轮圣王治国思想的模式就是“一佛一转轮圣王”的“护法模式”，转轮王负责财施，佛负责法施。依据的经典主要是《悲华经》和《弥勒下生经》。如《弥勒下生经》中，弥勒佛下生到转轮王蠰佉的国度为之说法，转轮王和人民供养弥勒佛。②“一佛一转轮王”作为大乘思想的表法符号，其信仰诉求和学理依据，正是本文在第一、二部分所讨论的。

文成帝之后，献文帝 12 岁登基、18 岁禅位给孝文帝拓跋宏。孝文帝在掌握实权的文明太后死后，骤然加大了改革步伐，推进从礼教到文治的全面汉化，尤其国家祭祀仪式的汉化。公元 495 年，孝文帝从平城迁都洛阳，加强鲜卑贵族和汉人士族的联合统治，改鲜卑姓为汉姓，改鲜卑风俗、语言、服饰为汉制，鼓励鲜卑和汉人通婚，参照南朝典章制度，制定官制朝仪。北魏的平城时代结束，云冈石窟强健饱满、宽肩窄腰、薄衣贴肉的犍陀罗造像风格，逐渐过渡为北魏龙门石窟和洛阳周边石窟

① （北齐）魏收：《魏书》，中华书局 1974 年版，第 3036 页。
② 《从天王传统到佛王传统——中国中世佛教治国意识形态研究》，第 116 页。

的南朝士大夫造像风格：褒衣博带、瘦削内敛，面带神秘微笑。

河南偃师水泉石窟是洛阳周边的小石窟，离著名的龙门石窟 23 公里，目前仅存洞窟一座。洞窟后壁凿出并列的立佛二尊，北侧立佛似作说法印，跣足立于仰莲座上；因后壁中央有一个自然溶洞，南侧立佛腹部以上已经全部毁去，但不妨碍对洞窟主尊造像格局的判断——“两佛并立”。

由于北魏时期法华信仰的流行，云冈石窟中有大量“两佛并坐”像，乃取自《法华经》中释迦佛分半座于多宝佛的典故。水泉石窟南北两壁也有许多“两佛并坐”小龛像。但“两佛并立”的主尊安排模式，目前中国境内只发现两例，一例为 20 世纪上半叶藏于山东临淄龙泉寺、几经坎坷落户于青岛博物馆的两尊并立丈八佛，一例就是水泉石窟作为主尊的并立两佛。关于水泉石窟开凿年代，因文献缺失，一直没有定论。温玉成的结论是孝文帝迁都洛阳之后的太和十几年，完工于景明、正始间，[①] 贺玉萍考订了窟外右侧摩崖碑记，把能够辨认的字数增加到 537 个，并对通行的错讹进行了校正。她的结论是孝武帝至孝明帝期间，具体为熙平二年。[②]

如果把“两佛并立”置于“一佛一转轮王”的思想史线索，则水泉石窟主尊开凿和孝明帝有关是说得通的；和孝武帝有关则显牵强，因为孝武帝推行汉化改革，应该不会鼓励这种表征佛教政治模式的造像方式。“熙平”是孝明帝的年号，孝明帝 515 年登基时年仅 7 岁，同年“己亥，尊胡充华为皇太妃……八月……丙子，尊皇太妃为皇太后……九月乙巳，皇太后亲览万机。”[③] 孝明帝朝实际执政者是灵太后胡氏，又称“胡灵太后”。

《魏书·皇后列传》载，胡灵太后“临朝听政，犹称殿下，下令行

---

① 温玉成：《洛阳市偃师县水泉石窟调查》，《文物》1990 年第 3 期，第 72 页。

② 贺玉萍：《北魏洛阳石窟文化研究》，河南大学出版社 2010 年版，第 61 页。

③ 《魏书》，第 221—222 页。

事。后改令称诏，群臣上书曰陛下，自称曰朕”。[①]元魏汉化有年，胡灵太后虽然没有如后代武则天那样称帝，然就行事而言却是无名有实。元魏汉化多年，这种挑战“三纲五常”“男尊女卑”“内外有别”的儒家秩序的行为，必将面临合法性的质疑。同时，胡灵太后出生于佛教家庭，父亲“雅敬佛法”，从姑为比丘尼，灵太后“幼相依托，略得佛经大义。”[②]在孝武帝平城时代，同样摄政的文明太后就留下了转轮王治国的草蛇灰线。从历史中汲取资源、建立大乘佛教转轮圣王治国理念、复制平城时代“一佛一转轮王”造像模式，对胡灵太后而言，是顺理成章的选择。

史籍中没有留下胡灵太后造像的记录，但她在统揽大权的熙平元年即开始建造洛阳城永宁佛寺以及著名的永宁寺塔。从《洛阳伽蓝记》记载的多种细节看，永宁寺塔很可能模仿了贵霜王朝迦腻色伽王建造的位于犍陀罗国都城的雀离浮图，而“雀离”（Cakri）就是“轮宝”的意思。永宁寺塔是胡灵太后作为“轮王大塔”来建造的，与造像一样具有纪念意义和象征意义。

《洛阳伽蓝记》评论雀离浮图“西域浮图最为第一”，其中所引5世纪中叶的《道荣传》已将雀离浮图的尺寸做了说明。模仿雀离浮图的永宁寺塔是“九级佛屠”，灵太后又在京师以外的各州造“五级佛图”。《魏书·任平王传》：“灵太后锐于缮兴，在京师则起永宁、太上公等佛寺，功费不少，外州各造五级佛图。又数为一切斋会，施物动至万计。”[③]

胡灵太后倚重和发展佛教的另一个重要事迹，就是派遣宋云和惠生到西域取经，“凡得一百七十部，皆是大乘妙典”。[④]据《洛阳伽蓝记》，这些经典大多是大乘瑜伽行派学说。瑜伽行派重大乘禅法，灵太后根据这些经典，就势下令倡导禅法。《洛阳伽蓝记》之《崇真寺》一节，以很大

---

① 《魏书》，第337—338页。

② 《魏书》，第1834页。

③ 《魏书》，第480页。

④ （魏）杨衒之著，周祖谟校释：《洛阳伽蓝记校释》，中华书局2010年版，第168页。

篇幅讲述了北方重禅法轻义门：崇真寺比丘慧嶷死七日后复活，回忆阎罗王审判情景：坐禅苦行僧智胜、诵经僧道品皆升天堂，专讲《涅槃经》《华严经》并领众千人的昙谟最、造作经像的道弘和造寺弃官出家的宝真却被送进黑门治罪。阎罗王说："讲经者心怀彼我，以骄凌物，比丘中第一粗行。今唯试坐禅、诵经，不问讲经。"胡灵太后遣人证实五人为实有后，以为灵异，"即请坐禅僧一百人常在内殿供养之"，又"诏不听持经像沿路乞索"。"自此以后，京邑比丘皆事禅诵"。[①] 习禅风气经灵太后作为国家层面的政策予以鼓励后，北方禅僧大量增加。余风所披，北魏末年少林寺神僧达摩被后世禅宗认定为初祖，神僧僧稠被北齐文宣帝拜为帝王师，文宣帝从其受菩萨戒。

胡灵太后还在熙平二年请高僧灵辨法师到洛阳宫中，辗转各殿讲演《华严经》和《大品般若经》。这两部经，前者可作大乘菩萨道修行的操作手册，后者可谓大乘菩萨道理论总纲和方法指南。按照菩萨道修行"十善法"之"戒杀第一"，胡灵太后掌权后的熙平元年，曾"重申杀牛之禁"。[②]

《魏书》中载，臣下多称孝明帝和胡灵太后为"二帝"或"二圣"。偃师水泉石窟主尊"两佛并立"布局，既可以解释为"如来即王、王即如来"——只不过彼时有两个皇帝并存，也可以解释为"一佛一转轮圣王"——以因应胡灵太后想确立转轮圣王意识形态、重新定义执政合法性的企图。或以为太武帝的"汉化"改革，到北齐文宣帝时，发生了严重"倒退"，文宣帝高洋虽然是汉人，在文化上却认同鲜卑，被后世称作"鲜卑化汉族政权"。"倒退"乃相对于"进步"而言，未免染上汉族中心主义和历史进化论的偏见。从长期被忽视的水泉石窟主尊布局着手，考察胡灵太后如何恢复历史上一直存在的大乘佛教转轮圣王治国传统，消解女性掌握国家权力的合法性焦虑，我们可以看到，北齐文宣帝的所谓

---

① 《洛阳伽蓝记校释》，第 169 页。

② 《魏书》，第 224 页。

“鲜卑化”不是偶然，也算不上倒退，只不过轮王治国传统中的一环而已。从大乘佛教传播的视角，他们在践行菩萨道；从中国佛教文化建立和发展的视角，大乘佛教通过帝王而在中国逐渐确立。

五、为慈悲表法：北响堂“高洋三窟”中的转轮王形象

534 至 535 年，权臣高欢携魏孝静帝迁都于邺，是为东魏。东魏乃从北魏分出的割据政权，洛阳僧尼大多随迁到邺，臣民愿意施舍宅地建立寺院，出家风气兴盛。550 年，高洋逼迫孝静帝禅让，建北齐，在位十年（550—559 年），年号天保。相对于东魏，北齐的佛教有“中兴”之誉，“属高齐之盛，佛教中兴。都下大寺略计四千，见住僧尼仅将八万，讲席相距二百有余，在众常听出过一万。故寓内英杰咸归厥邦。”[①] 文宣帝高洋曾下诏：“今以国储分为三分，谓供国、自用及以三宝。”[②] 三分之一的国家财政用于佛教发展，此举可谓空前绝后。北齐的僧尼人数一度达到全国人口的十分之一，正史以为，北周和北齐交战，齐败亡，国遂不存的原因，就是“以佛治国”：“齐跨山东，周据关右，周则多除佛法而修缮兵威，齐则广置僧徒而依凭佛力。及至交战，齐氏灭亡，国既不存，寺复何有？”[③]

响堂山石窟包括北响堂、南响堂与小响堂（又名水浴寺），位于河北省邯郸市峰峰矿区之鼓山，临近东魏、北齐国都邺城（今河北临漳），并居于邺城和山西太原晋阳宫的交通要道上。由隋刻《滏山石窟之碑》可知，南响堂始凿于天统元年（565），由北齐后主佞臣、鲜卑贵族高阿那肱出资所凿，水浴寺石窟为北齐武平年间（574）所凿，北响堂石窟开凿年代缺乏确切文献，有学者以为其始凿于东魏高澄，完成于北齐高洋

① （唐）道宣：《续高僧传》，《大正藏》第 50 册，第 501 页。
② 《续高僧传》，第 554 页。
③ （后晋）刘昫等：《旧唐书》卷九十六《姚崇传》，中华书局 1975 年版，第 3027 页。

（550—559年在位）。有学者以为其乃高洋所凿。无论如何，北齐文宣帝高洋和北响堂石窟有甚深因缘和莫大关联。

本文在第二部分讨论了“布发掩泥”这个特殊的本生故事对建构转轮王意识形态的特殊意义：转轮王的合法性源于燃灯佛授记和过去生积累的“布施”等功德，转轮王即佛，佛即转轮王，佛和转轮王在今世的故事，只不过是“花开两朵，各表一枝”。由此可以理解，“布发掩泥”何以被北朝皇帝和统治者设计利用而成为一种特殊仪式。

《续高僧传》载，齐文宣帝高洋经常把头发铺在地上，让当时的僧统法上踩过：“文宣常布发于地令上践焉。”[①]又载，隋大业年间，高昌王曲氏对曾任陈朝广陵大僧正的慧乘施行了“布发掩泥”的仪式：“慧乘……陈任广陵大僧正……大业六年，有勅郡别简三大德入东都，于四方馆仁王行道，别勅乘为大讲主。三日三夜兴诸论道，皆为折畅靡不冷然。从驾张掖，蕃王毕至。奉勅为高昌王麹氏讲金光明，吐言清奇闻者叹咽。麹布发于地。屈乘践焉。”[②]在这个仪式中，高洋显然把法上当成燃灯佛，把自己当成获得授记的菩萨。燃灯佛授记的艺术主题在南北朝时期已经广为流传，云冈石窟就达十来幅之多。云冈18窟主尊很可能就是燃灯佛。“布发掩泥”这个因地的菩萨行完成后，菩萨最终将获得转生为“转轮圣王”的果报——这就是高洋的今世事业：齐国皇帝。而转轮王虽然是不可思议大果报，但要真正成佛，还要继续不忘大乘济度本愿，行六度菩萨行。高洋的一切和佛教有关的行为，都可以置于这个框架中而得到合理的解释。

《续高僧传》的作者道宣，记载了高洋对法上行“布发掩泥”仪式后，接着写道：“天保二年又下诏曰：仰惟慈明，缉宁四海，欲报之德，正觉是凭。诸鸷鸟伤生之类，宜放于山林。即以此地为太皇太后经营宝塔。废鹰师曹为报德寺。”四海安宁，乃承佛恩。为报佛恩，皇上下诏放

---

① 《续高僧传》,《大正藏》第50册，第485页。
② 《续高僧传》,《大正藏》第50册，第633页。

生、造塔、建寺。“即以此地为太皇太后经营宝塔”的“此地”，不知何地，也许和北响堂的三座塔形窟有渊源。这一年，高洋还下诏让当时最有势力的僧团领袖僧稠到邺，僧稠为他讲法，“说三界本空，国土亦尔，荣华世相不可常保。”高洋听后，毛竖流汗，马上要求僧稠教“四念处”禅观，学了没多久，就证得“深禅定”。四念处禅观，就是从人的感觉方式和认识外界的方式入手，体认缘起法的空性真理，以放下对世间荣华的执着，放下对世间苦难的焦灼。高洋得禅悦后，即从僧稠处受菩萨戒，放生、素食、断肉。“越六年，三勅民斋戒，官园私菜荤辛悉除。”[①] 在六年间三次下诏戒杀断荤辛，这是高洋企图以大乘佛教的慈悲思想治国理政，按照大乘佛教慈悲理念，只有去除内心杀意，才能获得永久和平。断肉意味着断除对众生的杀害之心，“不害”，就是对众生行无畏施。这是高洋以轮王政治的十善业法教化治理人民。

天保三年，高洋“下勅于邺城西南八十里龙山之阳。为构精舍。名云门寺。请以居之。兼为石窟大寺主。”[②] 大石窟寺可能就是今天响堂山的常乐寺。常乐寺存石碑《重修三世佛殿记》曰：“文宣常自邺都诣晋阳，往来山下，故起离宫，以备巡幸。于此山腹，见数百神僧行道，遂开三石室，刻诸尊像，以建此寺。”[③] “三石室”为高洋所建，就是今之尚存的北响堂“高洋三石室”——大佛洞、释迦洞和刻经洞。

北响堂石窟有大小洞窟八座，其中比较大的就是这三座石室。三窟皆为覆钵塔形外观。大佛洞内部为中心方柱式塔庙窟格局，中心方柱三面开龛，三龛皆为一佛二菩萨。正面龛佛结跏趺坐，手印毁损；左右两壁之龛，主尊佛皆为轮王坐。释迦洞也是中心方柱式，但只有正壁开龛，龛内为一佛二弟子二菩萨组合。佛手施无畏与愿印。刻经洞，照其覆钵塔形制，应和上层的双佛洞为一整体。双佛洞主尊为释迦多宝二佛并坐

① 《续高僧传》,《大正藏》第50册，第553页。

② 《续高僧传》,《大正藏》第50册，第553页。

③ 陈传席主编:《中国美术全集 雕塑卷 响堂山石窟（上）》，天津人民美术出版社2014年版，第8页。

像，刻经洞分内外两室，内室三壁三龛，皆为一佛二弟子四菩萨七尊像组合，龛楣等处共有若干尊小佛，象征千佛。[①]

大佛洞和释迦洞无刻经。刻经洞是北响堂唯一有刻经的洞窟，窟内前壁刻有《无量义经德行品》赞佛偈文，窟外前廊有《维摩诘经》，右壁有《胜鬘经》和《佛说孛经抄》，前廊左外壁有《往生论偈》，覆钵左侧有“弥勒佛”“狮子佛”“明炎佛”等佛名，有十二部经名，右侧有大圣十号。洞外摩崖有《唐邕写经记》碑，详细刊载晋昌郡开国公唐邕刻经缘由、内容、时间。如关于刻经缘起，碑文曰：“眷言法宝是所归依，以为缣緗有坏，简册非久，金牒难求，皮纸易灭。于是发七处之印，开七宝之涵，访莲华之书，命银钩之迹，一音所说，尽勒名山。”关于刻经内容，碑文曰：“维摩诘经一部，胜鬘经一部，孛经一部，弥勒成佛经一部”，和前述刻经位置对应。碑文中还有“我大齐之君……家传天帝之尊，世祚轮王之贵……”等颂词。[②]

鉴于北响堂三石窟皆为塔形窟，刘东光以为，塔形窟具有陵葬意义，是高洋以佛教转轮圣王的身份，而非世俗帝王身份为父兄及自己起的灵庙。《长阿含经》中说有四种人可以起塔，分别是佛、辟支、声闻、转轮王，北响堂石窟系高洋以转轮王身份所营，是高洋转轮圣王身份的象征。刘文中提到，转轮王有“君权神授”的性质。[③]此种说法有欠妥当。本文之前已经分析了转轮圣王的身份并非家族传承，也非上天授予，而是一种特殊的果报。转轮圣王未臻佛位，但是世间法中的最高统治者。转轮圣王的使命并不是以上压下，而是像父母那样保护人民的安宁。轮宝作为转轮上的信物，系于转轮圣王是否行十善道，持守五戒。“只要他遵循善法，做贤明之君，轮宝就可能重新显现，如果他不能持守正义，就会给臣民带来灾难，背离善法，意味着背离最高道德原则，意味着国家毁

① 见《中国美术全集 雕塑卷 响堂山石窟（上）》。

② 峰峰矿区文物保管所、芝加哥大学东亚艺术中心：《北响堂石窟刻经洞——南区1、2、3号窟考古报告》，文物出版社2013年版。

③ 刘东光：《试论北响堂石窟的凿建年代及性质》，《世界宗教研究》1997年第4期。

灭。”[①] 总而言之，无论是向下一路的治理人民，还是向上一路的成就佛道，转轮圣王都要行大乘菩萨道，成就悲智双运的大乘理想。

北响堂大佛洞中心柱左右壁龛菩萨的轮王坐姿，最能大乘佛教悲智双运思想表法，最直观地呈现了齐文宣帝高洋自认为转轮圣王的自我定位和以轮王思想慈悲治世的政治理想。按照《响堂山石窟》一书描述，“主尊身着通肩式袈裟，左舒相坐于圆形须弥莲座上，右手施无畏印，左手施与愿印。造像大气磅礴，流露出皇家风范。”[②] 对照相关佛经，这两龛主尊，应该是轮王菩萨像，其坐姿是“轮王坐”。

轮王坐有“转法轮”之意，大抵右腿膝盖弯曲，左腿做半结跏趺坐身体重量倾向左端。关于轮王坐，黄现璠先生有很恰切的论述：“转轮王坐即轮王坐。《施饿鬼甘露味大陀罗尼经》有‘半跏坐，如转轮王坐法’之句。似乎轮王坐（即转轮王坐）与半跏趺坐相同，其实不然。轮王坐，名轮王跏或轮跏，与全跏趺坐（即前之结跏趺坐）、半跏趺坐，为诸佛之三种坐法。观自在菩萨如意轮瑜伽云：‘礼，诸佛已全跏半跏或轮王跏，随意而座。’《金刚顶经一字顶轮王瑜伽一切时处念诵成佛仪轨》亦有‘即结跏趺坐，全半或轮跏’之句，足为半跏自半跏，轮跏自轮跏，绝不相同之证。轮跏之坐法意义，同书于‘全半或轮跏’句下续云：‘皆以右押左，端身定肢节，左手仰跏上，仰右手安左，即发大悲心，拔济利安乐，尽无余有情，以此性成就。’前引《施饿鬼甘露味大陀罗尼经》关于此坐形状，亦有简单之记载：‘先以右手如托颈状，去颈一寸许，以肘安右膝上，次以右仰侧，舒五指垂右膝上，作施乳状。’此种坐法，大抵左足深屈于内，右足直立，左手于左股之后着地，右手之手头或前膊梢边，安于右膝上，因而上半身之重量，稍倾于左方。为此坐者，意义所在，盖为‘即发大悲心，拔济利安乐。’佛教像，例如如意轮尊及狮子吼观音，

---

① 孙英刚：《转轮王与皇帝：佛教对中古君主概念的影响》，《社会科学战线》2013年第11期，第79页。

② 《响堂山石窟》（上下），天津人民美术出版社2014年版。

亦如此坐也。”[①]

综上，关于北响堂大佛洞，本文有意强调两个要点：其一，中心柱左右壁龛主尊坐姿为“轮王坐”，而不是很多文献中所谓的“舒相坐”、“自在坐”，等等；其二，“轮王坐”表“大悲”法，就禅定而言，“轮王坐”能入慈心定，策发大悲心。所谓“即发大悲心，拔济利安乐，尽无余有情，以此性成就。”高洋三窟中为大乘思想表法、为大乘慈悲行和菩萨道表法的图像符号、刻经内容远不止这一处，基于佛教义理，从思想史的视角，对石窟的形制、造像和刻经进行解读，将帮助我们梳理北齐文宣帝高洋的轮王治国思想，还原大乘思想在中土构建和传播的历史。

六、结语

轮王治国思想得之于大乘佛教慈悲思想和贵霜王朝政治实践的相互结合。由于大乘佛经产生于犍陀罗，随佛经传译最早进入中国文化的大乘思想就包括大乘佛教的轮王治国思想。这就是为何佛教传入中国的几种传说都和东汉皇帝有关系的原因。轮王治国思想在中土传统的“皇帝即天子”“天命所归”的王权观之外提供了另一种政权合法性来源：燃灯佛授记和菩萨道修行功德。帝王和佛，是不一不二的关系，在过去世，功德完全相同；在现在世，花开两朵各表一枝，一个是出家成道的转轮圣王，一个是在人间继续行菩萨道的转轮圣王。转轮圣王事业，不过是菩萨把大乘慈悲思想方便地用在治理国家上。

从五胡十六国的后赵始，转轮圣王治国思想获得胡族政权的认同，成为胡族政权实现“君临诸夏”的意识形态工具，以“夷”为中心的“华夷之辨”不再是以往流行于汉族知识分子中的“防夷模式”，变成胡族君主强调胡人主体的“去华模式”。大乘佛教慈悲思想也借助国家力量

① 黄现璠：《古书解读初探——黄现璠学术论文选》，广西师范大学出版社 2004 年版，第 151—152 页。

在中国文化中扎根和生长。即便北魏孝文帝以大决心推进汉化改革，把佛教治国理念运用于国家治理实践的企图从未销声匿迹，甚至在北齐出现重新“胡化”的现象。

积极建构大乘佛教转轮圣王治国思想的统治者往往会有如下特征：其一，倚重某个高僧或神僧，制定相应的国家祭祀之礼，或创立和转轮王思想相应的仪式，如从高僧处受菩萨戒，或表演有佛经依据的“布发掩泥”场景；其二，推行“十善法”，鼓励不杀；其三，按照大乘自利利他精神，实行六度，尤其布施和禅定；其四，投入巨大的财力物力译经、造像、开窟、建塔，把大乘思想落实在物质文化形态上。

自北凉开凿了中国历史上最早的石窟，轮王治国思想在其后的敦煌石窟、云冈石窟、龙门石窟及洛阳周边石窟、响堂山石窟中均有表达，石窟成为最好的表法载体。“一佛一转轮王”的造像模式是转轮王思想的逻辑延伸，由此可以把石窟还原到历史情境中去，以获得对纷繁的表法符号的更准确的理解。本文分析了两个案例：水泉石窟主尊的“两佛并立”模式和胡灵太后的佛教政治理想相关联，北响堂“高洋三窟”的轮王坐姿正是大乘佛教慈悲思想的表法符号，也和北齐文宣帝的佛教治国方案密切相关。

遵循“从观念到礼俗伦理到艺术遗存”的思想史研究路径，本文试图回答这样一个问题：如果大小乘佛经是同时传译的，大乘思想如何在中国中古早期获得传播并扎根，最终成为中国文化的要素，参与建构和定义了中国文化。

（喻静，中国艺术研究院文化研究所所长、研究员）

佛教跨文化传播的北宋范式

韩剑英

摘　要：佛教作为跨文化传播的成功范式，从印度佛教到中国佛教，为跨文化传播提供了非常可贵的案例资料和成功经验。北宋佛教在主动与被动中采取多重策略，进行理论和实践的调试，最终实现了印度佛教跨文化的着陆，使佛教成为中国文化中的三大元素之一。北宋佛教“深层次理论沟通，跨越文化壁垒”“建立传播平台，会通多元思想”“借用术语，语言运用本土化”“观念创新，传播路径明确化”等传播策略，具有跨文化传播范式的普遍价值和意义。

关键词：佛教　跨文化传播　北宋模式

佛教是世界范围跨文化传播的成功范式。佛教在公元前6—前5世纪古代印度产生后不久，在公元前3世纪左右，在孔雀王朝阿育王时代就跨越了南亚次大陆，传播至小亚细亚（西亚和中亚的一部分）、埃及、马其顿、希腊等国家和地区，并以斯里兰卡为中心向东南亚传播（形成南传佛教），以克什米尔、白沙瓦为中心，向大月氏、康居、大夏、安息和中国境内的于阗、龟兹传播（形成北传佛教）。至公元前1世纪，佛教的足迹已到达了西亚、中亚、东南亚、南亚等许多地区。伴随着佛教大乘中观学和瑜伽行派的确立，佛教在西域地区和交州（今越南河内）日渐活跃，不同文化交流促使了佛教传入汉地。历经反复曲折的发展历程，伴随着初传时期的佛经翻译，佛教开始了规模发展，魏晋南北朝、隋唐之后，佛教义学和宗派都得到了长足的发展。此后，佛教先后传入西藏、云南，朝鲜、日本以及许多欧美国家，如德国、英国、法国、意大利、瑞士、美国等。

时至今日，佛教作为世界三大宗教之一，已成为跨文化传播的宗教典范。和平的传播方式、智慧的解脱方案、中道的人生追求、诸善奉行的价值观、平等慈悲的伦理观等等佛教所具有的跨文化特征，成为在古今世界各种文化背景下传播的内在理论源泉。更重要的是，佛教在每一个社会时期、每一种文化传统中总是能够根据不同的时代需求和文化需求，不仅对思想理论做出适当的调整，还会在传播路径上进行严密的思考，以更好地促进佛教在现实中的适应性。佛教在跨文化传播中所采取正确的传播理念、方法和策略，帮助佛教在另外一个文化传统的成功着陆。在这个方面，北宋佛教为我们提供了一个非常好的、可供现代借鉴的跨文化传播范式。

一、深层次理论沟通，跨越文化壁垒

佛教自两汉之际、公元前后传入中国，历经魏晋南北朝、隋、唐、五代十国，至北宋赵匡胤960年立国，差不多一千年。千年之间，佛教的跨文化传播经历了几个关键性阶段。

第一阶段中，魏晋南北朝时期鸠摩罗什、昙无谶为代表的外来大师，与道安、庐山慧远为代表的本土大师之间，在弘扬佛教的同时围绕佛教理论展开了全面的论争。其间，用《老子》《庄子》中的名词去解释佛教思想的“格义”方法，成为本土学者型大师们沟通两种不同文化的主要方法。如《高僧传》卷六“慧远传”记载：

(远)年二十四，便就讲说。尝有客听讲，难实相义。往复移时，弥增疑昧。远乃引《庄子》义为连类，于是惑者晓然。[①]

这个时期，中国哲学史上正是玄学风声鹤起之时，知识分子和上层贵族往往以谈玄论道为乐事。慧远年少时即“尤善庄老”，出家后引《庄子》为连类，拟配佛教思想，在当时佛教还不为很多人所知的情况下，不失为传播佛教的上乘方法。

根据汤用彤先生的研究，慧远使用的“格义”方法并不是特例，在当时是具有一定的普遍性的：“然安公之学，固亦融合《老》《庄》之说也。不惟安公如是，即当时名流，何人不常以释教、《老》《庄》并谈耶！”[②]

毫无疑问，佛教作为外来文化，在刚刚传入中国时，为了更多取信，作为早期中国佛教解释经典、教授学徒的一种工具和方法，“格义”帮助佛教实现了跨文化着陆的最初的艰难阶段，其价值和意义是不可或缺的。[③] 更是被汤用彤先生称为“中国学者企图融合印度佛教和中国思想的第一种方法”。[④]

然而在这一阶段人们往往忽略的一个问题是：“格义”作为一种方法，借用的本土文本——文本往往是语言、逻辑、价值观、思维方法等等的直接载体——主要是三玄中的《老子》和《庄子》。用老庄思想来格义佛教，显然存在着一些无法避免的风险。

一方面，《老子》“玄之又玄”“无为而无不为”的思想，《庄子》“汪洋恣肆”“齐物逍遥”的风格，与印度佛教出世的精神追求本质上是不同的。道安即认为“先旧格义，于理多违”。[⑤] 鸠摩罗什弟子僧叡在《毗摩罗诘

① 汤用彤校注：《高僧传》卷六“晋庐山释慧远”，（梁）释慧皎撰，中华书局 1997 年版，第 212 页。

② 汤用彤：《汉魏两晋南北朝佛教史》（上），中华书局 1983 年版，第 169 页。

③ 参见张风雷《论“格义”之广狭二义及其在佛教中国化进程中的历史地位》，载李四龙主编《佛学与国学》，九州出版社 2009 年版。

④ 汤用彤：《汤用彤选集》，天津人民出版社 1995 年版，第 410 页。

⑤ 《高僧传》卷五《僧先传》，《大正藏》第 50 册，第 355 页上。

提经义疏序》中批评说“格义迂而乖本”，认为“格义”导致佛教与本来的义理乖违。[①]

另一方面，《老》《庄》自然主义的理想在中国文化中并不具有主流显学的地位。当试图用《老》《庄》思想来“格义”佛法，即便忽略对佛法真意的把握，学者们发现这种方法使佛教在现实的传播不仅处于本土文化的附庸，而且事实上未能突破主流文化的壁垒，与主流文化的融合，也就是与经过汉初董仲舒儒学国教化以后、建立在宗法制传承基础上的儒家文化结合，而非仅仅与《老》《庄》进行“格义”，佛教才能够在社会中获得生存和发展，才能真正实现跨文化的着陆。佛教在这个时期所经历的三教斗争，特别是北魏太武帝、后周武帝的毁佛事件，现实的残酷促使学者们进一步思考佛教与中国文化的深层次理论结合点。

因而，在第二个阶段，结合汉儒的阴阳五行学说、伦理纲常观念等来“格义”佛教理论，成为学者们理论建构的方向。较早的如南北朝时期的《提谓波利经》。[②]至隋唐时期，儒家阴阳五行与纲常伦理逐渐取代《老》《庄》，成为“格义”佛教最重要的思想来源。如隋天台智者大师著述的《仁王护国般若经疏》《摩诃止观》中，唐代名僧法琳《辩正论》中，多有类似说法。[③]这种新的“格义”，延续了第一个阶段“格义”的形式，在内容上则是“旧瓶装新酒”。在客观上，经历第二阶段的“格义”后，佛教逐渐获得了中国主流文化的认同，并得到了长足的发展。天台宗、华严宗、三论宗、禅宗、法相宗等宗派的建立，正是佛教作为外来文化与有本土文化中的主流形态结合的产物。然而，唐武宗、五代后周世宗再而三的排佛事件，虽然不乏复杂的社会政治、经济等各方面原因，

---

① （梁）释僧祐撰，苏晋仁等点校：《出三藏记集》卷八，中华书局 1995 年版，第 311 页。

② 《提谓波利经》的相关内容可参见侯广信《〈提谓波利经〉研究》，中国人民大学博士论文。

③ 参看《仁王护国般若经疏》卷二，《大正藏》第 33 册，第 260 页下—261 页上；《摩诃止观》卷六，《大正藏》第 46 册，第 77 页上、中；《辩正论》卷一，《大正藏》第 52 册，第 494 页下。

佛教与本土文化的深层次的理论沟通不畅，不能不说是其中不可忽视的因素。

至北宋初年，伴随着儒学的自觉，抑佛思潮逐渐萌芽甚至甚嚣其上。宋太宗时期见诸正史、笔记、佛教文献的反佛资料逐渐出现，其中如田锡[①]、陈恕[②]等人都是其中的先锋人物。宋真宗时期，著名政治家思想家王禹偁“素不喜释氏，始为知制诰，名震一时。丁晋公、孙何皆游门下”[③]。在至道三年（997），王禹偁应诏上疏，提出五项“军国大政”的改革主张，其中，第四条便为：“沙汰僧尼，使疲民无耗”。宋初三先生（胡瑗、石介、孙复）都极力反对佛教，石介在《怪说》中更把佛、老合称为三怪之二。范仲淹、欧阳修、夏竦等士大夫们，在北宋的改革大潮中，往往把把矛头指向佛教。[④]在此背景下，以孤山智圆（976—1022）为代表的思想家把“格义”推到了一个新的阶段：以《易经》格义佛教思想。

《易经》是中国文化中五经（或六经）(易、诗、书、礼、春秋)、三玄（易、老、庄）之首，以《易经》格义佛教，兼有了第一阶段以老庄格义和第二阶段以儒家阴阳五行伦理道德格义的双重功效。孤山智圆思想中强调“准的五经，生生为《易》”。[⑤]智圆认为：“《易》者，伏羲之书”，“《易》准四德之义而立五常之道”：

> 读《易》也，乃知本乎太极，辟设两仪，而五常之性，韫乎其

① 宋太宗端拱二年（989）：先是，上遣使取杭州释迦佛舍利置阙下，度开宝寺西北隅地，造浮图十一级以藏之，上下三百六十尺，所费亿万计，前后逾八年。癸亥，工毕，巨丽精巧，近代所无。知制诰田锡尝上疏谏，其言有切直者，则曰：“众以为金碧荧煌，臣以为涂膏衅血。”见（宋）李焘《续资治通鉴长编》第二册（全20册）卷三〇“太宗端拱二年八月”条，中华书局2004年版，第686页。

② （元）脱脱等:《宋史》卷267“陈恕传”说：“素不喜释氏，尝请废译经院，辞甚激切。”中华书局1977年版，第9203页。

③ （宋）叶梦得撰:《石林燕语》卷十，中华书局2006年版，第145页。

④ 参见欧阳修“本论”,《居士集卷十七》本论二首，（宋）欧阳修:《欧阳修全集》，中国书店1994年版，第121—123页。

⑤ 参见韩剑英《宋学先觉孤山智圆思想研究》第四章第二节“孤山智圆对儒家思想的抉择”，中国社会科学出版社2016年版。

中矣！[①]

很显然，在这里，智圆对《易》的性质和功能进行了明确的解说，其性质为“本乎太极，辟设两仪”，其功能则“准四德之义而立五常之道”。智圆对《易经》的重视，不仅仅体现在他的佛学论著中的文字中，更重要的是在他在理论思维中真正打通了天台圆教中道与《易经》阴阳辩证的逻辑模式。

孤山智圆，作为一名天台宗高僧和宋学先觉思想家，他把天台三观（从假入空、从空入假、不二中道）的思想和逻辑，特别是天台中道辩证法，与《易经》“一阴一阳之谓道”的易学辩证法，出神入化地从最深层次上进行了“格义”。天台辩证法与易经辩证法的矛盾统一，使“格义”作为佛教跨文化传播的工具得到了根本完善，第一阶段的“迂而乖本”和第二阶段的“浅而尴尬”，到第三阶段的不二统一，使北宋佛教在中国化的道路发展上既避免老庄玄学式的空虚，又从理论上挽救了佛教避免与儒家伦理表面的比对所带来的尴尬，促使宋代佛教以更高层次的世界观面目出现，追求以平等观从空入假，积极地从学术义理和社会实践中寻求“救弊”“垂裕”“为利于上下”的道路。

宋学传统都非常重视《易》，宋学代表人物大多长于《易》。《宋史》述及天圣五年（1027）范仲淹在应天府主持学政时，对于以范仲淹为领袖的儒学复兴作了如下描述：

仲淹泛通六经，长于《易》，学者多从质问，为执经讲解，亡所倦。[②]

以易学思想格义佛教，从根本上推动了佛教与中国本土两大文化传

① “《黄帝阴符经》题辞”，《闲居编》卷十一，《续藏经》第56册，第882页中。

② 《宋史》卷三一四《范仲淹传》。李勇先等校点：《范仲淹全集》附录一传记，四川大学出版社2002年版，第851页。

统的沟通；以《易经》为中心实现跨文化的深层次理论沟通，使三家真正成为一家。北宋以后，三教鼎立成为事实，无论佛教本身如何面对来自内部的问题和外部的压力，佛教再也没有经历“三武一宗”的法难了。佛教在跨文化传播中也跨越了本土文化中最坚固的壁垒、最隐蔽的屏障，真正着陆于中国文化的深厚土壤中。

二、建立传播平台，会通多元思想

北宋佛教以易学思想从根本逻辑上“格义”佛教，从深层理论上实现了佛教与儒家、道家的理论沟通。那么，《易经》是否就能够担当三教沟通的平台呢？从儒道两家来说毫无问题，历史上人们已经认同了《易》乃三玄五经之首，然后这可能又将成为佛教跨文化传播的屏障。大家都认同是儒道两家的经典，佛教很难改变这种既成的观念。另外，《周易》的象数、爻筮变化繁复，相传为孔子所撰的《十翼》的儒学化解释，从文本的角度也都存在着不利于佛教借用的因素。

《中庸》，五经《礼记》中的第三十一篇，这篇短文淹没在《礼记》宏大的著作中，长期以来并没有得到儒家的重视。然而《中庸》开篇即曰：“天命之谓性，率性之谓道，修道之谓教。道也者，不可须臾离也，可离非道也。”

儒家“治国平天下”的外向型理论特点，必然使儒学心性论存在着重大的理论缺陷，一方面缺乏完整的心性论体系结构，另一方面对心性论缺乏深刻严谨的本体论论证。儒家系统中由于孔子“罕言性命”，孟子一路主要从心而言性，即“尽其心者，知其性”，被后世称谓“道德之进路”（Moral approach）；儒家传统经典从天道而谈“性”，成为“宇宙之进路”（Cosmological approach）的只有《易传》和《中庸》。《中庸》“天命之谓性”的表达正是儒家“宇宙之进路”中的核心表达。

孤山智圆法师所在的天台宗号称“一性之宗”，孤山智圆又称佛教为“一大事因缘出现于世”，即“复众生之性”。在此，“性”是万有不变之真性、本体，以不改为义，是“心、佛、众生三无差别”之本体。

虽然，儒家之“性”重点在于“人性”，是人能够成圣的形而上学依据；佛教之“性”，重点在于“佛性”，是众生皆能够成佛的本体论依据。然，仅从性命之学的关注而言，《中庸》是能够满足佛教传播修心养性主旨的载体的。另外，《中庸》之道，也就是“中和”之道，与《易经》阴阳辩证法是一脉相承的，与天台宗中道辩证法也多有异曲同工之妙。同时《中庸》作为儒家经典的身份，能够更畅通无阻地把佛教的理念传播至千家万户。

因而，我们看到的情形是，在真宗（997—1022）后期开始、至仁宗时期（1023—1063）《中庸》便受到了帝王、士大夫阶层以及缁素的广泛关注。天圣五年（1027），仁宗送给新科进士的见面礼就是《中庸》。《续资治通鉴长编》天圣五年四月辛卯条载：“赐新及第人闻喜燕于琼林苑，遣中使赐御诗及《中庸篇》一轴。上先命中书录《中庸篇》，令张知白进读，至修身治人之道，必使反复陈之。”[①]

此后，学习《中庸》已逐渐开始成为一些宋学思想家的共同选择，范仲淹、欧阳修、苏轼、王安石、司马光等都备加重视，广为阐发。欧阳修在作于宋仁宗景祐三年即1036年的《读李翱文》中说道：“予始读翱《复性书》三篇，曰：‘此《中庸》之义疏尔。’智者诚其性，当读《中庸》。”又曰：“《中庸》曰‘天命之谓性，率性之谓道’者，明性无常，必有以率之也”[②]，苏轼曾撰有《中庸论》（上、中、下）三篇，并认为《中庸》之要有三：“其始，论诚明之所入；其次，论圣人之道所从始，推而至于其所终极；而其卒乃始内之于中庸。盖以为圣人之道，略见于此矣！”[③] 等等。

所以，佛教在中国跨文化传播中给我们的又一个启示是：以《中庸》文本的传播为中心，建立一个共赢的跨文化传播平台。

---

① 《续资治通鉴长编》卷一〇五，第2439页。

② 《答李诩第二书》，《欧阳修全集》，第319页。

③ （宋）苏轼：《中庸论上》，《苏东坡全集》，中国书店1994年版，第760页。

三、借用术语，语言运用本土化

宋代的大德高僧，不仅在思想上认同三教，儒道兼修，在传法实践中，也从简单的一对一的格义逐渐发展为广泛使用儒道的术语，在语言运用上的本土化使佛教在北宋的传播更多了一份亲切。

以前文所提到的孤山智圆大师，在《四十二章经序》中大量使用老庄术语来表达佛教思想：

> 古者能仁氏之王天竺也，象无象象，言无言言，以复群生之性，由是佛教生焉。教之高下，视根之利钝，是故有顿焉，有渐焉，然后混而为一，是谓开显。而蚩蚩群汇，率其化，复其性，蹈乎大方，安乎秘藏者，可胜言哉？……若夫释氏之为训也，指虚空世界也，悉我自心焉。非止言其“太极生两仪，玄牝为天地根”而已矣；考善恶报应也，悉我自业焉，非止言其“上帝无常，天网恢恢”而已矣。①

在这里，“象无象象，言无言言”“混而为一”“太极生两仪，玄牝为天地根”“上帝无常，天网恢恢”，等等，都是典型的《易》《老》《庄》的术语与语言格式，而其思想则是为建构佛教理论服务。智圆自号“中庸子”，用最具有儒家色彩的术语来传播佛教的中道思想。

至于北宋中期的契嵩禅师（1007—1072），继承了格义传统，更是直接通过解读儒家经典来讲佛教思想。如：

> 《中庸》曰：“自诚明谓之性，自明诚谓之教。”是岂不与经所谓实性一相者似乎？《中庸》但道其诚，未始尽其所以诚也。及乎佛氏演其所以诚者，则所谓弥法界，遍万有，形天地，幽鬼神而常示，而

① （宋）智圆：《闲居编》第一卷，《续藏经》第56册，第870页下—第871页上。

天地鬼神不见所以者。①

在契嵩所著的《寂子解》中，说道：

> 儒者，圣人之大有为者也；佛者，圣人之大无为者也。有为者以治世，无为者以治心。②

在讲到佛教人天乘的五戒十善时，契嵩不仅用儒家的五常名教等进行了解释，而且将大乘佛教以六度为中心的各种修行法门与儒家名教相会通：

> 儒所谓仁义礼智信者，与吾佛曰慈悲，曰布施，曰恭敬，曰无我慢，曰智慧，曰不妄言绮语，其为目虽不同，而其所以立诚修行，善世教人，岂异乎哉？③

大乘佛教所宣扬的六度，就是要自度度人，度人就是要传播佛法。契嵩在使用完全本土化的儒家术语来传播佛教思想的做法，是北宋佛教大师中走得最为彻底的一个案例。他曾先后两次向宋仁宗上书，受赐“明教大师”之号，争取到了朝廷和士大夫对佛教的更多理解和支持，也促使了云门宗（禅宗）在北宋的兴盛。

四、观念创新，传播路径明确化

中国社会进步到北宋时期，由于经济的发展、商业的繁荣和文化的兴盛，都需要迅速地大量地传播信息。传统的高僧大德在寺庙中讲经说

---

① 《镡津文集》卷八，《大正藏》卷 52，第 689 页上。
② 《镡津文集》卷八，《大正藏》卷 52，第 686 页中
③ 《镡津文集》卷八，《大正藏》卷 52，第 686 页上。

法自然仍然是佛教传播不可替代的重要路径之一，如赞宁《宋高僧传》中几乎比比皆是高僧讲经说法的记录。另外，僧人通过与士大夫阶层的交往从而传播佛教观念也是重要的路径之一，随意打开北宋士大夫的文集，他们与僧人的交往往往是生活中的重要一笔，即便那些主张限制佛教的士大夫也是如此。例如，北宋有一位僧人惠勤（或慧勤，生卒年不详）[①]，能诗，与宋学形成时期包括范仲淹、欧阳修、苏轼、蔡襄、梅尧臣等众多宋学代表人物都多有往来。范仲淹于皇祐元年（1049）正月至皇祐二年（1050）十一月期间，张方平于皇祐二年（1050）十一月至皇祐三年（1051）六月期间，分别守杭，并与孤山慧勤多有来往。欧阳修也有多首诗相赠。孤山慧勤活动的时间很长，直到苏轼（1036—1101）守杭期间，苏轼因欧阳修的推荐而访慧勤于孤山之下，苏轼说："予到官三日，访勤于孤山之下，抵掌而论人物。"[②] 苏轼《腊日游孤山访惠勤惠思二僧》应该记的就是此事，时间当为 1070 年 12 月 1 日，苏辙《栾城集》卷四有和。此后，苏轼与惠勤多有交往。因为士大夫在世俗社会的影响力，一些佛教高僧与士大夫的交往事实上也是佛教传播的重要形式。

不过讲经说法也好，与士大夫的交往也好，这些都是佛教在跨文化传播早期所使用的最传统的方法，虽然经典，但面临北宋社会汹涌的世俗化浪潮，这些传统的传播方式拘囿于寺院内部，难以满足社会上普通百姓的巨大需求。这时，新兴的印刷技术给文化传播带来了极大的机遇。虽然唐朝中后期开始出现较为成熟的雕版印刷术。但因为时值藩镇割据，人心动荡，后又历五代，社会混乱，因此，雕版印刷术技术的成熟并推进活字印刷术的出现，是在北宋建立以后。至宋仁宗庆历元年至八年间（即 1041—1048）毕昇活字印刷术出现[③]，印刷术空前发达，杭州、东京、

① 《佛祖统纪》卷二十一"诸师杂传第七"有"钱唐惠勤法师"之名，无传。此卷中"法师可久"传内，记录可久与苏轼往来。《大正藏》第 49 册，第 242 页上。

② 《六一泉铭・叙》中曰："予到官三日，访勤于孤山之下，抵掌而论人物。"《苏东坡全集》第二十卷，第 273—274 页。

③ 《梦溪笔谈》，30 卷，沈括著，写于 1088 年左右，是一部优秀的百科全书，是我国科学发展史上的珍贵遗产。

蜀中、福建成为举世闻名的印刷业中心，而两浙地区造纸业更是居全国前列。印刷业、造纸业作为新兴产业的发达，使文化传播的成本直线降低，大规模生产成为可能。

从现存的资料看，佛教界最早成功利用印刷术革新带来历史机遇。由宋太祖发愿雕造、至太宗时才完成的官版大藏经是我国第一部汉文大藏经《开宝藏》（现存的《赵城金藏》和韩国的《高丽藏》就是《开宝藏》的覆刻藏）。此后，北宋佛教界还刻印了《崇宁藏》《毗卢藏》等，成为中华大藏经的滥觞，成为佛教传播的重要载体，皇帝在召见外来使者时，往往赐大藏经作为最重要的国礼，佛教在承担外交功能的同时完成了自身的传播。

除印行大藏经外，北宋佛教传播更为重要的借助是佛经单行本。对于当时的寻常百姓和一般士大夫来说，拥有一部大藏经毕竟不太现实，但拥有几部单行的佛教经典则是完全可能的。前文所提孤山智圆法师，以“黜讹从正，去滥传真”为职，“遍搜古本，及考论疏纰谬者则正定之，妄加者则删削之”，对于当时佛教的单行经典进行了大量的校刊整理。更重要的是，由于佛教三藏的浩瀚，一般信徒和士大夫都不可能完全了解佛教经典，从而影响了对佛教真义的把握和学习，因而至智圆提出了十经的概念，包括《四十二章经》《佛遗教经》《瑞应本起经》《首楞严经》《心经》《阿弥陀经》《普门不思议法门经》《文殊说般若经》《观普贤行法经》《无量义经》，这十部经典小大相集、开权显实。孤山更以高世之才、弥天之笔，撰十疏以伸十经，以十经为佛教核心精神传播的载体，促佛教成为儒生士大夫“游心”之学和普通百姓的“祈福”之教。

孤山智圆的做法，得到了南宋《释门正统》的高度赞扬，称他在唐代韩愈排佛之后，能够撰十疏弘扬十经，对于佛教是扶树有功，得到了佛教内外的共同认可。核心经典的传播可以说是佛教面对世俗化社会做出的最好应对，也是那个时代大众传媒跨文化传播的重要路径之一，也成为佛教跨文化传播中走出的重要一步，佛教经典进入寻常人家，佛教的跨文化传播才是真正的软着陆。

需要指出的是，佛教的跨文化传播是个极为复杂曲折的过程，即便北宋佛教跨文化传播的策略、方法、路径，也远非我们在一篇小文中所能尽述。以上四个方面的内容，“深层次理论沟通，跨越文化壁垒”“建立传播平台，会通多元思想”更侧重于理论上的抉择，“借用术语，语言运用本土化”“观念创新，传播路径明确化”更侧重于实践中的方法。无论是理论上的抉择，还是实践中的方法，可以说是佛教在跨文化传播中尊重与理解本土思想，适应本土要求从而获得生存的合法性和发展空间，这些都是佛教理论的主动调试。无论是早期以《老》《庄》为主的格义，第二时期以儒家阴阳五行伦理道德为主的格义，还是第三时期以《易经》为核心逻辑的格义，佛教采取了迎合依附、话语渗透等等多重策略，在与儒家道家文化的相互碰撞中，在丰富了中国文化的内涵、刺激了儒家在北宋早期的复兴以及道家在北宋中期的发展的同时，也极大丰富了佛教自身的思想，佛教多元圆融的思想为各种信仰预留了足够的延展空间，从而为佛教的跨文化发展赢得了最为宝贵的历史机遇。北宋佛教跨文化交流的历史事实告诉我们：跨文化交流绝非是一个单向的文化移植，而是一个文化的创新过程；这个过程，不是一方吃掉另一方的过程，而是双方良性竞争中的和而不同的发展。无论是外来文化，还是本土文化，都将是这个过程的受益者。

（韩剑英，北京信息科技大学马克思主义学院副教授）

唐规宋模：围绕耶律楚材香学知识的文化史考察

秦燕春

摘　要：本文围绕耶律楚材诗文中的“香”典考察其知识结构在辽、宋、金、元易代之际的文化史意义。尽管一代名相耶律楚材作为实干型的政治家与居士型的儒者被认为更多继承了中古汉唐的文化形态，宋型文化仍然深刻形塑了他的理想人格与价值取向。

关键词：耶律楚材　香典　佛教　儒学　唐宋文化

缘起，“西域”·华夷·易代

尽管作品散佚严重，以及辽金元史事书写中可能存在的诸多资料阙疑，[①]犹如其身后近八百年来一直盛享美誉一样，关于耶律楚材（1190—1244）的研究仍然不算冷门，且在近代以来有过两次小高潮。其一在民初由王国维（1877—1927）、陈垣（1880—1971）、陈寅恪（1890—1969）等人合力推动。何以有此，西北地理之学兴起的外因之外，1923 年陈垣著《元西域人华化考》，将内因表达得相当显豁：

① 最新出版的苗润博《〈辽史〉探源》（中华书局 2020 年版）即为针对此类问题的深入研究之作。

> （西域诸国）本有文化，本有宗教，然一旦入居华地，亦改从华俗，且于文章学术有声焉，是真前此所未闻，而为元所独也。[①]

这一双重情结落实于清末民初的特定时空，对耶律楚材的关注与赞美就显得并不单纯。既有对其乱世续命华夏文教的真实敬意，更有汉地之民对蒙元以及之后的频繁易代、尤其清末民初再次面临“胡化”的高度风险之时，对“中国为何”的执念不能不落实为“道之所在”，如何“以华化胡”再次成为知识阶层胶着与焦灼的核心。[②]

至于晚近，则因“一带一路”倡议中“西域”二度崛起成为政治与文化热点，这位异族名相亦连带广受青睐，具体学术关注已充分扩大到三朝交替的民族融合时期耶律家族研究、易代之际充分汉化的非汉族文人如何安处他们的身心关系等视域，[③]考察更趋细腻深入。

耶律楚材是辽太祖耶律阿保机（872—926）九世孙、金朝尚书右丞耶律履（1131—1191）少子，生于金章宗明昌元年六月二十日(1190年7月24日)的燕京。传说其父素谙相术，以为“年六十而得此子，吾家千里驹也，他日必成伟器，且当为异国用”，故据《春秋左氏传》“虽楚

---

① 该著卷一，《元西域范围》，上海古籍出版社2000年版，第2页。应该说这一立场亦较为符合自元初至民初历代论者的基本定位（参阅刘晓《耶律楚材评传》，南京大学出版社2001年版，第364—367页）。王国维深知其“于禅学所得最深”而又特别强调耶律楚材“墨名而儒行”的悲怀，不能说不是别有立论苦心。关于耶律楚材存作品存佚的最新研究可参见和谈《耶律楚材作品存佚情况考辨》，(《中北大学学报》2019年第1期)。

② 相关的讨论在民元之后直至当下都算显题，本文暂不展开。可参阅葛兆光《宋代“中国”意识的凸显：关于近世民族主义思想的一个远源》，《文史哲》2004年第1期；《宅兹中国：重建有关“中国”的历史论述》，台湾联经出版事业公司2011年版；等等。

③ 晚近将耶律氏整体研究纳入西域研究专项的学者甚众，此不具列。

有材，晋实用之”的典故以“楚材”名之、号晋卿。① 自楚材祖父起其家世仕金朝，常居燕京。鉴于金灭北宋后多收典籍而实其国，且金人朝野极喜汉学，燕京此际已具深厚的汉文化基础，况耶律氏世代皆重儒学，② 楚材青年即被誉为“博及群书，旁通天文、地理、律历、术数及释老医卜之说，下笔为文，若宿构著”，③ 长成以后也是以中华文化的正宗嫡子自期自居。不仅楚材认为辽、金、元朝皆属于“华”乃是中国正统，耶律氏祖上就自认“中国人”，《旧五代史·契丹传》载：“天祐末，阿保机乃自称皇帝，署中国官号。其俗旧随畜牧，素无邑屋，得燕人所教，乃为城郭宫室之制于漠北，距幽州三千里，名其邑曰西楼邑。”④ 当代学者颇认为“辽朝绝无‘夷狄’的自卑感，而视其立国为‘承天意’。辽朝文化吸纳汉文化的有益元素进入契丹文化系统，使契丹文化有了极大幅度的提

---

① 此事真伪日本学者杉山正明《耶律楚材及其时代》中有所考证。一般认为这可能是日后壮岁即投奔蒙元并佐其剿灭金朝的耶律楚材的一种自我掩饰。既然其两异母兄分别名辨才、善才，则楚材之初或当为楚才。其父号“忌言居士”，《佛祖历代通载》中曾收入耶律履所作《天竺三藏吽哈啰悉利幢记》，实证其家有深厚的佛学渊源。参阅刘晓《耶律楚材评传》，第 43—44、54 页；韩儒林《耶律楚材在大蒙古国的地位和所起的作用》（收入氏著《穹庐集》，河北教育出版社 2000 年版，第 193 页）。

② 虽然成于元末的《辽史》的质量正备受质疑，但本文关心的是这类书写“何以可能”的文化意义。诸如辽太祖阿保机于神册三年（918）、四年（919）的诏建与拜谒夫子庙，这一国家行为不仅意味着契丹部落对于中原文化自上而下的接纳推广，亦意味着这是元朝君臣期许的价值“历史”，无论是事实还是想象。参阅周春健《辽金元三代的经学发展及其特征》，收入氏著《经史之间：中国古典学论集》，巴蜀书社 2018 年版，第 95 页。

③ 参见宋子贞《中书令耶律公神道碑》，《湛然居士文集》，中华书局 1986 年版，第 324 页。

④ 《四部备要》本，第 137 卷，第 2 页。另可参阅《辽史·耶律倍传》中相关描述。

高，自然是不异于中华了”。[①]然亦不必讳言，这种自居正统中国的理念固然有文化的向往，同时更是为异族入主中原的政治行为服务的。此类立志要成为“中华嫡传”的愿望也是继辽而起的金朝君臣（包括汉族士人）的强烈需求。金世宗（1123—1189）时已自称“绌辽、宋宗，居天下之正”（《金史》卷二八《礼志》），金朝文士赵秉文（1159—1232）甚至直接以“岛夷”“蛮夷”称呼彼时的南宋（《闲闲老人·水文集》卷一八《宣宗哀册》）。[②]这一“正统”争夺战中的历史实况亦不能太过“理想”与“美化”。虽然民族冲突问题亦不宜过于强调。犹如同样的国族记忆在出使辽朝的苏辙（1039—1112）眼里就是“哀哉汉唐余，左衽今已半”（《奉使契丹二十八首》），但“不废荆吴旧，民风见未央”（《二十二学士院端午帖子二》）又说明了这一向慕华风的并不虚假。[③]

因 1219 年扈从成吉思汗（1162—1227）远征，耶律楚材得以在西域居住近十年，所作西域诗至今有 130 余首传世，返回燕京后又撰写《西

---

① 参阅张晶《辽金元诗歌史论》，吉林教育出版社 1995 年版。形塑这一局面的现实理由，自然包括宋辽之间在“澶渊之盟”以后两国即开展和平国交，直至北宋之末百余年间未曾有变。宋朝政府为了引见辽朝国使甚至特别制定了一套礼仪（《宋史·礼志·宾礼》），承认宋辽对等国交。耶律楚材自己的作品甚至将这种属国关系以奇异的血缘与文化的亲缘加以混同，所谓“辽宋分南北，翁孙讲礼仪。宣和风侈靡，教主德庸卑。背约绝邻好，兴师借寇资。悬知丧唇齿，何事撤藩篱。失地人皆怨，蒙尘悔可追。辽家遵汉制，孔教祖宣尼。焕若文章备，康哉政事熙。朝廷严衮冕，郊庙奏埙篪。校猎温驰射，行营习正奇”（《怀古一百韵寄张敏之》，《湛然居士文集》，第 260 页）。

② 《辽史·太祖纪下》记载：“辽之先，出自炎帝，世为审吉国。”《辽史·世表》载契丹族“为轩辕后”。《辽史》为元朝官修，原本于辽朝汉人史官李俨、金陈大任所修辽史。辽圣宗在《赐园空国师诏》中，认为轩皇是自己的祖先：“上从轩皇，下逮周发，皆资师保，用福邦家。斯所以累德象贤。”金朝的相关情况参见刘晓《耶律楚材评传》，第 212—217 页。

③ 而在国族危机再次剧增的民初，彼时学人正是通过等视契丹、女真、满祖为中华民族的“嫡子”来对抗列强试图瓜分中国领土的舆论。此题亦繁，本文不做展开。关于辽、金汉化问题更为细致的研究例如是否存在抵抗型与让步型的不同，参见［美］魏特夫（Karl A.Witffogel）在《中国社会史·辽（907—1125）》（*Historyof Chinese Society Liao* 907—1125 ，New York:Mcmillan Press，1949）中的相关研究，兹不赘述。

游录》两卷，不仅为后世留下一份难得的风土资料，于中更皆表达了他教化“蛮夷”的迫切用心。所谓“南州走玉帛，诸国畏鞭笞”“武元平宋地，殷礼杂宗姬”“车盖知何处，衣冠问阿谁”（《怀古一百韵寄张敏之》）。同时诗中也有“四海从来皆弟兄，西行谁复叹行程”（《壬午西域河中游春十首》其七）之类亲切随缘。[①] 这既基于就血缘而言他毕竟油然亲和这片并非异域的西域，也基于他身为虔信的佛子与真诚的儒者的双重关怀：普缘大慈之心与民胞物与之愿。他的天下观与正统论。耶律楚材投身效力成吉思汗时尚为沦陷燕京的金朝遗官，彼时金宣宗迁走汴梁，楚材的母、妻、子、兄并族人随迁者甚众，金朝真正灭亡是楚材辅佐窝阔台汗（1186—1241）以后的1234年。故当时元人曾专向汴梁的金朝索要归顺人家属，同时或说首先索要的则是衍圣公孔元措、赵秉文等当时名儒。[②] 楚材的次兄善才（1172—1232）即因不肯当贰臣遗民选择投水自杀而非北上依附已经贵为蒙元卿相的幼弟。

凡此种种均可说明，耶律楚材倾心华夏文教诚然不虚，具体内容却也有其相当的简择性，细微之处值得我们进一步考察。“定远奇功正今日，车书混一华夷通”[③] 体现在民族更迭的易代乱世中选择入世，文化融合与汇通难免成为治国当务之急。显豁的例子，可以参见蒙古君王挥戈南下之后，楚材对“敌国”南宋的治理制度的充分吸纳。考虑到楚材摹写曹洞宗“五位君臣颂”《兼中至》所取意象喻道同样采用了“泾渭同流无间断，华夷一统太平秋。而今水陆舟车混，何碍冰人跨火牛”，我们可以认定在等视众生意义上的“华夷混通”更符合他的见地。[④] 耶律楚材信

---

① 《湛然居士文集》，第96、259—261页。

② 元好问文集中此类资料不少。如《遗山先生文集》卷26的《龙虎卫上将军耶律公墓志铭》。这份名单被认为是耶律楚材开具的。彼时南宋、金、元曾有三位“衍圣公”并世的局面毋宁实证了“道之所在”即“中国”的共识。正是日后由孔元措编写的《孔氏祖庭广记》卷五《历代崇重》中，耶律楚材赫然列于卷首（参见刘晓《耶律楚材评传》，第103、125页）。

③ 《用前韵送王君玉西征二首》其二，《湛然居士文集》，第26页。

④ 诗见《湛然居士文集》，第164页。另可参阅刘达科《耶律楚材与孔门禅》，《江苏大学学报》（社会科学版）2011年第1期。

仰抉择中的儒佛面相从来都是显题，代表性言论即《寄万松老人书》所提及的“以佛治心，以儒治国”。[①]作为他的时代背景的辽、金两朝不仅均高度汉化，甚至有“辽以释废，金以儒亡”这类说法流传。[②]困居燕京时期楚材师从万松行秀（1166—1246）参禅并获得高度印可，“自古宗师，印证公侯，明白四知，无若此者”。[③]同样基于楚材对儒教至深的认同，他“既是真正的儒者，也是真诚的佛教徒”，[④]面对成吉思汗的蒙古政权以行其拯世安民之志时，他本人明确是以“华”的对待地位自居的。作于1218年即其初到漠北大帐晤见成吉思汗时的《过闾居河四首》其三，“一圣龙飞德足称”溢美未必如实，“尧舜徽猷无阙失，良平妙算足依凭。华夷混一非多日，浮海长桴未可乘”却正合其生平自期，他是直接受命了“衣冠异域真余志，礼乐中原乃我荣”（《和武川严亚之见寄五首》其一），他所面临的西域则是“圣贤不得垂文教，历代纵横只自由”（《感事四首》其四，渐西本夹注）。[⑤]无论血缘与族群，能行“中国之道”，方合“中国之主”。[⑥]这是耶律楚材知识结构中明确的自我定位与华夷权变。

虽然史称其雄才大略、出入经史、精通医卜，目前耶律楚材的传世文集并不足以体现其思想体系——但对于这位实干型的政治家，文字相的表现恐怕也非其兴致与精力所在。而本文即将介入的视角却因此具有了某种独到的意义：在充分汉化的契丹贵族耶律楚材的文化形构中，浸

① 《湛然居士文集》，第293页。

② 《元史·张德辉传》，第3823页。苏颂《和游中京镇国寺》所称“俗礼多依佛，居人亦贵僧”颇能说明这一国情。

③ 《湛然居士文集》万松“序”。

④ 鲜明的证据就是其传世诗文中触目可见的“吾儒”。作为耶律楚材直系祖先的耶律倍（丹东王）对儒教的倾倒众所周知，很可能这还直接导致他失去了原本由同样亲华的耶律阿保机钦定的皇位传承。参阅罗因《耶律楚材的三教思想》，台湾《东吴中文学报》，2012年。

⑤ 分见《湛然居士文集》，第86、103、105页。

⑥ 此言出自稍后于耶律楚材的元人郝经针对宋人的《与宋两淮制置使书》（《郝文忠公陵川文集》卷三七）。但也算以异族而入主“中国”的舆论共法。参阅刘晓《耶律楚材评传》，第217页。

润于彼时流行北地的“苏学”，[①] 本文更多采用的将是广义的“宋型文化”这一宽泛表达，[②] “香”——这一目前学界尚不十分关注的文化载体与精神资源，所集中体现的历史文化的继承与新变。这一视角将不仅体现为西域与中土交汇下的“香”材在辽、金、元三朝交替时期的性格表现、耶律楚材本人知识结构中经由“香”学所呈露出的特别样貌，更将彰显中古文化过渡期的别致景观，身处“宋型文化”熏育中，耶律楚材对香文化不同面相的接收与拒绝带着清晰的时代印痕。

一、闲事“香”见：“宋型文化”的吸纳

耶律楚材诗文风格豪放，自在不拘绳墨，[③] 多数颇近禅偈，[④] 但他对汉文化典籍之稔熟不必怀疑，其诗不以引经据典胜，经典却渗透其中，而

① 耶律楚材之妻苏氏也是其爱子耶律铸的生母，被认为是苏轼四世孙苏公弼之女。楚材诗中曾多次称道“苏黄”，此不具列。苏轼之弟苏辙出使契丹曾写下《神水馆寄子瞻兄》四绝其三：“谁将家集过燕都？逢见胡人问大苏。莫把声名动蛮貊，恐妨谈笑卧江湖。”可见苏学对彼时契丹人影响深远，所谓“川学在北”耶律楚材不是唯一个案。参见贾秀云《耶律楚材家族与苏学的关联》，《苏州科技大学学报》2019 年第 4 期。但“理学”对金的影响在楚材的时代已经颇露端倪，例如赵秉文和李纯甫身上，参见《万松老人评唱天童觉和尚颂古从容庵录序》，《湛然居士文集》，第 191 页。

② 学界于此的讨论是显题，为行文不生枝蔓，此处亦不展开。与本文关系较密的是，“宋型文化”所包含的“多元并存”的民族文化心态的丰富性应该不容忽视。参见（日）宫崎市定《东洋近代史》，《宫崎市定全集》第 2 卷，日本岩波书店 1992 年版。

③ 《四库全书总目提要》称其诗语“皆本色，惟意所加，不以研炼为工”。于此王国维《耶律文正公年谱》中有非常体贴的解释，认为作者习用北地方言，对声韵不协不敏感，兼之壮岁高位始为诗，无人提醒其失范。颇为有趣的是，与同耶律楚材的学统通常会被认为近汉唐而远两宋类似，楚材之诗中，五古长调往往典雅周致（例如《读唐史有感复继张敏之韵，颇有脂粉气息，迁就声韵故也，呵呵》）。他却差不多很少写出工整的七律，而这正是宋诗的强项。参见《湛然居士文集》，第 203、380 页。

④ 清人王士祯《池北偶谈》卷 17《耶律文正公诗》中称其“多禅悦之语”。转引自刘晓《耶律楚材评传》，第 315 页。

且旁涉三教。[①] 因为辽、金时期普遍存在的“南北道绝，载籍不相通”的现实压力，此际北方学术被认为更多保留了汉唐遗风、更重章句训诂之学，[②] “学唐比宋”的文化追求更能反映彼时北方民族的文明样态。就耶律楚材本身的儒学素养而言，的确有些颇近汉唐“事功”儒学而非两宋“心性”儒学，甚至因此偶被当代儒者认为其所得者皆为“儒学之粗”。[③] 而在耶律楚材自身，“深刻的思想论难”不是这位政治实干家关心的重点，他追求的是“盖道者易知易行，非掀天拆地，翻海移山之诡诞也。所以难信难行耳。举世好乎异，罔执厥中，举世求乎难，弗行厥易”。[④] 罗因认为“耶律楚材三教思想的价值，不在于他思想理论上的创发，而在于他作为一个政治家，如何在其政治乃至军旅生涯中撷取二家之长，融贯于一己生命实践的示范”，[⑤] 断制大体公允。楚材“会通三教”的精神实质并不太容易从他的文字中把捉，所谓“予谓穷理尽性莫尚佛法，济世安民无如孔教。用我则行宣尼之常道，舍我则乐释氏之真如”，或者“用我必行周孔教，舍予不负万松轩”，此类言语多是“个中”言，都需

① 稍举两例。如《和武善夫韵》中开句以“不得潜身似许由”，结以“他时雪夜寻良友，且学当年王子猷”，分别用了先秦与魏晋的典故；《和冯扬善韵》中“沧浪浊处不濯缨”“须知遁世元无闷”分别用了《离骚》与《易经》的典故。《湛然居士文集》，第 233 页。

② 《元史 · 赵复传》，中华书局 1976 年版，第 4314 页。《宋史 · 苏辙传》称“（辙）使契丹，馆客者侍读学士王师儒能诵洵、轼之文及辙《茯苓赋》，恨不得见全集”。另请参阅萧启庆《中国近世前期南北发展的歧义与统合》，收入氏著《元代的族群文化与科举》，台湾联经出版事业股份有限公司 2008 年版；周春健《辽金元三代的经学发展及其特征》，收入氏著《经史之间：中国古典学论集》，第 103 页。

③ 参见刘晓《耶律楚材评传》，第 260—261 页；孙克宽《元代汉文化之活动》，台湾“中华书局”1968 年版。这种生硬的两分法大体基于中古时期中国人的精神生活往往被视为“内佛外儒”或“内道外儒”的。参见陈弱水《柳宗元与唐代思想变迁》，江苏教育出版社 2000 年版。关于汉唐儒学与两宋儒学之间的兴替，杨儒宾《从五经到新五经》（台湾台大出版中心 2013 年版）给出的解读相当恳切。

④ 《辨邪论序》，《湛然居士文集》，第 188 页。

⑤ 参见氏著《耶律楚材的三教思想》。

必要的深察。[①]他的批评理学固然基于了解不够——要等到赵复1235年被俘北上，理学才在元朝展开深度的影响，也基于他的佛教立场。所谓“一扇儒风佛日明”，[②]正是源于针对儒佛两教观点类似，耶律楚材才会认为赵秉文与李纯甫（1177—1223，屏山）对理学的发难最跟自己情志投合。但楚材心心念念的“尧舜之治”与“回向三代”岂不更是宋儒的理想？[③]不过即使批评两宋理学，楚材真正不满的似乎也并非理学的理论，而主要是理学对佛教的排斥。何况比较批评理学，他批评“释氏之邪”和“老氏之邪”的火力可是来得大多了。耶律楚材的宗教定位相当肯定和尊重儒、释、道三家“原创”思想，而对某些后起新说保持警惕。[④]

但身处宋型文化滥觞的时代，其母杨氏与妻苏氏又皆为汉人，[⑤]楚材的诸多文化选择又都必须整体纳入“宋型文化”性格中考量才见得清

① 《寄用之侍郎》,《湛然居士文集》，第130页。“夫吾夫子之道治天下，老氏之道养性，释氏之道修心，此古今之通议也，舍此以往，皆异端耳”(《与赵元帅书》)，对耶律楚材而言，莫不自带了“随设”的意味。罗因认为：“耶律楚材对于三教的差异，有充分的理解，并不想简单地取消三者的歧异，以他的话来说，就是圣人设教立化，无论权与实都不相同，但是，如何做到‘会归其极，莫不得中’呢？这就是他会通三教的关键。从‘道者易知易行……举世好乎异，罔执厥中，举世求乎难，弗行厥易’这几句来看，我认为耶律楚材会通三教的关键点，就是超越学派的成见，把握三教的宗旨（即执‘中’），从实用主义的立场，融合三教以回馈一己的生命实践。因此，他提出了‘以儒治国，以佛治心’，正是他三教会通的基本立场，此中并没有涉及三教高下的价值判断。”(《耶律楚材的三教思想》)

② 《寄武川摩诃院圆明老人五首》其五,《湛然居士文集》，第144页。

③ 参阅余英时《朱熹的历史世界——宋代士大夫政治文化的研究》，台湾允晨文化出版社2003年版。耶律楚材上元太宗的《时务十策》未免让人联想到范仲淹（989—1052）著名的《十事疏》。参阅叶毅均《思想史中的耶律楚材：兼论金元之际三教调和论的特殊成因》，台湾《中国历史学会史学集刊》第42期，第425—465页。

④ 参阅罗因《耶律楚材的三教思想》。例如耶律楚材《西游录序》中特别拈出加以批驳的“三教之邪”中，“孔氏之邪”并非理学，而是杨朱、墨翟、田骈、许行之术。

⑤ 考虑到耶律履在楚材周岁即已去世，而楚材的教育不仅由母亲亲授，其诗中念母之作亦甚多甚感人，则其对“汉文化”色授魂与之亲和力未尝不可多一重解释，此处暂不展开。

晰。包括以儒家、佛教分属不同的领域亦并非汉唐风味独具。宋代相当一部分三教调和论者早就这样划分了。如智圆（976—1022）就曾说“吾修身以儒，治心以释”。契嵩（1007—1072）也说“儒者圣人之大有为者也。佛者圣人之大无为者也。有为者以治世，无为者以治心”。宋孝宗（1127—1194）同样说“以佛修心，以老养生，以儒治世，斯可也”。[①]本节则聚焦流行两宋的文人雅玩、“四般闲事”之一的香事展开，进一步透显耶律楚材知识结构的具体表现。

“宋型文化”特称的“四般闲事”具体为何，历代的理解虽略有歧义，但焚香、抚琴、斗茶基本都可涵盖在内是没有疑问的，三者都在宋型文化的大背景下获得了充分发展，形成独特的样式与精神，对后之中国与东亚世界皆有深刻影响。耶律楚材虽是务实忙碌的政治家，却同样在这一领域体现出相应的文化素养，乃至展现了不凡的技术能力。现存耶律楚材不足七百首诗作中，茶、琴、香的出现频率都很高。其中茶约23出，无论《西域从王君玉乞茶因其韵七首》中讨要“建溪茶”以及诗句“碧玉瓯中思雪浪，黄金碾畔忆雷芽”所涉及的宋代点茶饮法与“喊山”习俗，还是《对雪鼓琴》中“旋烧活火烹团月”“癖茶嚼句空劬劳”的具体描绘，[②]既见对茶之热爱，也表现出茶艺的内行。[③]琴约89出，且尚未计入枯桐、桐君、丝桐、松风之类代指。其量既富，又据说楚材临终家藏多有佳琴，[④]更因琴技被认为与禅宗修证境界的某种一体呈露，楚

① 参阅罗因《耶律楚材的三教思想》中的相关描述。

② 分见《湛然居士文集》，第107、221页。宋代茶俗参见拙作《问茶》（作家出版社2018年版）中的相应描写。

③ 和谈《耶律楚材在西域的交游与诗文创作》（《新疆社科论坛》2014年第3期）中甚至认为“直到耶律楚材作西域诗，我们才得以了解西域饮茶之习俗”。但考虑到楚材充分汉化的“西漂”性质，笔者认为他的饮茶经验应该无法代表西域的本土茶俗，而是更像一个汉族士大夫在西域的特别经验。

④ 《中书令耶律公神道碑》，《湛然居士文集》，第334页。

材与琴文化的关系也是学界关注较多的。[①] 此两者皆已有相应专题研究，故此处不再展开。

耶律楚材诗中泛论之香约78处。从中遴选与严格意义上的用香行为有关者约在其数之半。代称如“梅魂”类亦未统计在内。故耶律楚材作品中言及香的频率应高于茶。以“身长八尺，美髯宏声”深得成吉思汗喜爱的契丹王子雅爱香道之事却一直并未为学界注意。如将香、琴、茶作等量齐观，更明显可见耶律楚材“宋型文化”文人趣味的充分彰显。如《夜坐弹离骚》中他将三般闲事皆尽兴纳入：

一曲离骚一碗茶，个中真味更何加。
香销烛烬穹庐冷，星斗阑干山月斜。[②]

楚材诸多言香诗作中，笔者认为尤以如下两首值得注意。其一是《寄龙溪老人乞西岩香》：

寄语龙溪老古锥，西岩风韵我长思。
香钱缓发鸣琴后，瓦鼎浓熏入定时。
比拟梅魂祇独步，品量龙脑可同驰。
湛然鼻孔撩天大，穿过多时不自知。[③]

还有一首是《从龙溪乞西岩香并方》，前有小序“余爱龙溪老人之西岩香，屡乞之，每恨得少，旋踵而尽，因道鄙语乞香并方”：

---

① 参见冯焕珍《论耶律楚材琴禅一味的琴学观》，《中山大学学报》（社会科学版）2011年第4期。耶律楚材也在《琴道喻五十韵以勉忘忧进道》序言中也明确了琴之于自己即道之流现，兹不赘述。

② 《湛然居士文集》，第241页。

③ 《湛然居士文集》，第208页。

我爱龙溪新样香，西岩风韵卒难忘。
深玄欲说舌头短，妙观先通鼻孔长。
秋水弹时宜受用，碧岩读处更相当。
清香妙谱都拈出，莫惜十年旧药方。[1]

王国维作《耶律文正公年谱》定《寄龙溪老人乞西岩香》作于1233—1236年、《从龙溪乞西岩香并方》作于1234年，据诗意可推前者当作于1234年之前。同时被定为1234年作的还有一首《从万松老师乞玉博山》跟香道关系甚密，此下文再议。

耶律楚材如上两诗中呈现的都是两宋文人流风甚盛的用香与合香传统。“香钱缓发”与“瓦鼎浓熏”清楚表现了用银叶或云母隔火在香炉中发香的过程。“秋水”所指是古琴谱名，“碧岩”当是《碧岩录》，北宋禅师圆悟克勤（1063—1135）针对雪窦重显（980—1052）的颂古评唱，也可指代一般性的琴谱或佛学读物。诗中“鼻孔”两现则皆与马祖道一提撕百丈怀海（720—814）的“野鸭飞”公案有关，宗家所谓“脚跟点地，鼻孔撩天”使得这一不雅相的俗词在宋元禅诗中出现频率相当高。耶律楚材《万松老人评唱天童觉和尚颂古从容庵录序》中亦有类似说法。[2]宋诗中与此相关的著名香学用典，可见“苏门四学士”之首的黄庭坚（1045—1105）《有闻帐中香以为熬蝎者戏用前韵二首》其一：

海上有人逐臭，天生鼻孔司南。
但印香严本寂，不必丛林遍参。[3]

以及同为黄作的《谢王炳之惠石香鼎》：

① 《湛然居士文集》，第247页。
② 《湛然居士文集》，第192页。
③ （宋）黄庭坚撰，（宋）任渊、（宋）史容、（宋）史季温注，刘尚荣校点：《黄庭坚诗集注》卷三，中华书局2003年版，第122—123页。

薰炉宜小寝，鼎制琢晴岚。
香润云生础，烟明虹贯岩。
法从空处起，人向鼻端参。
一炷听秋雨，何时许对谈。[①]

对耶律楚材而言，更直接的文献经验应该还包括苏轼（1037—1101）针对上诗的《和黄鲁直烧香二首》其一：

四句烧香偈子，随香遍满东南。
不是闻思所及，且令鼻观先参。[②]

无论黄诗苏诗，还是耶律楚材两诗，都表现了两宋特有的“香禅”流风，商海锋《香·禅·诗的初会：从北宋黄庭坚到日本室町时代“山谷抄”》[③] 对此现象进行过细致分析。南宋初年周紫芝（1082—1155）曾于官舍旁自筑禅堂“妙香寮”，公余写经参禅之外，即与友人以香诗酬唱：“余在富川作妙香寮，永兴郭元寿赋长篇其后，贵池丞刘君颖与余凡五赓其韵，往返十篇。”[④] 意和香与意可香、深静香、小宗香合称的“黄太史四香”很快成为文学史与艺术史上的新典范而为时人追摹。[⑤] 黄庭坚首创香诗及与苏轼之间香诗赠答，以及相应的香方搜配——耶律楚材上诗中

① 《黄庭坚诗集注》卷八，第 289 页。

② （清）王文诰辑注：《苏轼诗集》卷二八，中华书局 1982 年版，第 1477—1478 页。

③ 文载台湾《汉学研究》2018 年第 4 期。

④ 周紫芝《太仓稊米集》，清文渊阁《四库全书》补配文津阁《四库全书》本，卷六一“妙香寮”。参见商海锋在《香·禅·诗的初会：从北宋黄庭坚到日本室町时代“山谷抄”》，第 73—111 页。

⑤ 例如颇受黄庭坚欣赏的谢逸（1068—1113）《以水沈香寄吕居仁戏作六言二首·其二》：“海上人多逐臭，水沈价不论钱。自是渠无佛性，非关鼻孔寥天”，应该就是一种追摹——对香与禅的双重追摹。

则称“药方”[①]——均风行一时。基于他对禅宗与汉文化的双重热爱，耶律楚材看来并不陌生这一新传统，“穿过寻香逐气者鼻孔”与“绊倒行玄体妙底脚根”并举成为“香”“禅”相济的一体象征。[②]据王国维《年谱》，上诗写作的同年（1234）楚材还有缘得到了苏轼的铁杖和宋朝的乐器，他不仅一连写了《用秀玉韵》《用樗轩散人韵谢秀玉先生见惠东坡杖》《谢西方器之赠阮杖》以记，再三称美“睢阳三绝从来传，坡仙铁杖为之先。宋朝四美岂易得，地君神器称乎贤”，并且在小注中记载了金显宗（1163—1224）为东宫太子时亦喜爱苏轼诗、花重金搜求购买铁杖。楚材对于同为“亡宋之故物”的地字号阮亦不吝赞美：“天地玄黄，此四阮为绝宝也。”此诗之外还有《和董彦才东坡铁杖诗二十韵》之作。[③]《自赞二首》中以“有发禅僧，无名居士”自美更是被后世注者直接黄庭坚《自赞》“似僧有发，似俗无尘”的传承。[④]

凡此种种，不皆说明了被认为极具“汉唐中古”风味的楚材同时更是宋型文化的嫡传?

耶律楚材香诗中提到的“龙溪老人”当即驻锡燕京圆明寺（三学寺）的三学尼长老，在楚材其他诗作中亦曾数现。《寄冰室散人》中所称“好访龙溪善知识”有自注“三学尼长老道号龙溪老人”。《送侄了真行》中又说“三学有龙溪，叩参宜尽诚”。《和秀玉韵》中提到的“三学老人”应该还是此人。[⑤]

龙溪老人所制“西岩香”应和“黄太史四香”类似，均是宋代流行的合香一种。目前认为北宋第一部香谱《洪氏香谱》即出自黄庭坚外甥

① 此正见香药一家，也与其禅学修养另有深意。关于耶律楚材诗文中的“医药”当另文分析，此不赘述。

② 《万松老人评唱天童觉和尚颂古从容庵录序》，《湛然居士文集》，第192页。

③ 《湛然居士文集》，第215、217、233—234、360页。

④ 《湛然居士文集》，第197页，渐西本小字夹注亦见同页。

⑤ 《湛然居士文集》，第222、232、238页。另参阅刘晓《耶律楚材评传》，第208页。

洪刍（1066—1127？）之手，[①] 深受“宋型文化”或“苏黄”之学影响的耶律楚材同有香癖并不奇怪。他对香料的品种也是稔熟的，上诗提到的“龙脑”之外，《蜡梅二首》有句“临风浥此蔷薇露，醉墨淋漓寄渺茫”与“寒英深染蔷薇露，冷艳微熏笃耨香”，作为比拟修辞的“蔷薇露”和“笃耨香”都是来自西域的名香。[②] 描摹自然花香却要借助异域香品的意象，足证宋时用香生涯之发达。其他诗作中提到的香品还包括龙涎香（《燕京大觉禅寺奥公乞经藏记既成以诗戏之》）；作为典故的沉香（《和抟霄韵代水陆疏文因其韵为诗十首》其三、六）。香在其作品中常与琴联袂出现，成为旗鼓相当的体道之侣，如《弹广陵散终日而成因赋诗五十韵》中的“清旦炷幽香，澄心弹止息”。[③] 多数时候香真正的用途跟禅修有关。如 1222 年耶律楚材身在西域，回想离燕京时曾参拜佛牙，写下《寄移剌国宝》：“昔年萍迹旅京华，曾到风流国宝家。居士为予常吃素，先生爱客必烹茶。明窗挥麈谈禅髓，净几焚香顶佛牙。回首五年如一梦，梦中不觉过流沙。”[④]《和南质张学士敏之见赠七首》其一是焚香静坐时修证境

---

① 参见商海锋《北宋本洪刍〈香后谱〉辨正辑佚》，文载台湾《故宫学术季刊》第 36 卷第 1 期。

② 《湛然居士文集》，第 83 页。“笃耨”亦作“笃傉”“笃禄”。宋人王洋《李尹叔知丞借华严于仙山次韵》：“窗明笃耨朝烟细，榻静籧篨午梦残。”无名氏《百宝总珍集·笃傉》谓：“笃傉大者如手掌，色似鹅脂分外香，黑者价低不甚好，碎者只宜合底安。笃傉，泉、广路客贩到，如白胶香相类，如黑笃傉，多是合香使用，此香氤氲不散。”宋人方勺《泊宅编》卷上载：“近岁除直秘阁者尤多，两浙市舶张苑进笃禄香得之，时号笃禄学士。”陆游《书枕屏四首》其一“西域兜罗被，南番笃耨香。惯眠三丈日，不识五更霜”说的已经是“南香”了。明人周嘉胄《香乘》中转引《香录》的资料，也说笃耨香“出真腊国”即今柬埔寨一代，其中特别描摹了此香的香型是“香气清远”。后者学者认为“笃耨香”即现在统称的末药。与耶律楚材同时的诗人元好问诗中也曾多次出现“笃耨香”，例如《从希颜觅笃耨香》。其一的“绿洋奇亦赛浓梅，永忆熏炉试浅灰。尤物也知人爱惜，帘筛风动只萦回”，颇可见出元好问同样熟悉宋人香道。参见（明）周嘉胄著，日月洲注《香乘》，九州出版社 2015 年版，第 47 页。

③ 《湛然居士文集》，第 243 页。

④ 《湛然居士文集》，第 48 页。

界的实写。[①]《从万松老师乞玉博山》中说到用香目的也是“礼佛诵课”：

吾师珍惜玉山炉，可叹雕纹朴丧初。
无党无偏三足峙，不缁不磷一心虚。
礼佛诵课须资汝，示众拈香正起予。
对此好弹三涧雪，因风远寄万松书。[②]

“万松老师”即万松行秀，毫无疑问他是对耶律楚材一生影响最著之人。万松对易代之际大都佛教的保存之功也是世所公认的。[③]耶律楚材曾用万松老人韵作诗寄友，赞其“议论馨香发，文章蕴藉深。……自得逍遥意，何须泊邓林”的德行之美。上诗提到的“玉博山”是香具，耶律楚材似特喜此物，致意万松之外，又曾《寄岳君索玉博山》：

玉炉精巧若裁肪，寄与髯翁也不妨。
古庙多年无气息，直消一炷返魂香。[④]

和“瓦鼎浓熏”的陶制香炉不同，“玉博山”应是宋人用玉料仿制或镶嵌的汉代流行的熏香器具博山炉。诗中提到的“返魂香”是一统称，此香也是汉唐流行的西域香料中的名品，甚至是后世之人想象西域的代表香品。如宋人刘克庄《梅花》诗中特称“造化生尤物，居然冠众芳。东家傅粉白，西域返魂香”。关于返魂香的最早记载出自托名东方朔的

---

① “漏沉沉，竹萧萧，蒲团禅定坐终宵。古庙香炉无气息，一条白练如琼绡。性海澄澄波不起，宛似冰壶沈玉李。庸人泥教不知归，七窍凿开混沌死。虽云至道绝音容，不离幻有成真空。百尺竿头更移步，普天匝地生清风。大用全提自宽绰，禅将交锋何矍铄。醒时呼起梦中人，遍济含生其利博。本无内外与中边，踏破威音劫外天。污泥深处种青莲，升平世界沈烽烟。”《湛然居士文集》，第11页。

② 《湛然居士文集》，第245页。

③ 参阅野上俊静《金帝室与佛教》，载《辽金的佛教》，日本平乐寺书店1953年版。

④ 《湛然居士文集》，第314页。

《海内十洲记》，本身即西域贡品：

> 延和三年，武帝幸安定，西胡月支国王遣使献香四两，大如雀卵，黑如桑葚。帝以香非中国所有，以付外库。使者曰：……神香起夭残之死疾猛兽却百邪之魅鬼。又曰：灵香虽少，斯更生之，神丸疫病灾，死者将能起之，及闻气即活也。芳又特甚，故难歇也。后建元元年，长安城内病者数百，亡者太半。帝试取月支神香烧于城内，其死未三月者皆活，芳气经三月不歇，于是信知其神物也。①

类似的记载还见诸《汉武故事》《博物志》以及《仙传拾遗》等传奇小说。②魏晋以后“返魂香”凝为常典，如张祜《南宫叹亦述玄宗追恨太真妃事》、窦巩《哭吕衡州八郎中》、王禹偁《芍药》均提到返魂香。《大秦景教流行中国碑》亦称：“大秦国南统珊瑚之海，北极众宝之山，西望仙境花林，东接长风弱水。其土出火绕布、返魂香、明月珠、夜光璧。”

诸多事实皆可证明，耶律楚材谙熟两宋香事。不少时候香与琴一样均成为禅宗修证体验中的正面因素。如《鼓琴》中所描绘的“呼童炷梅魂，索我春雷琴。何止销我忧，还能禁邪淫”③。但正如其自谓的“翻腾密

---

① 转引自（明）周嘉胄《香乘》，第158页。

② 熏香具有预防和控制瘟疫的功效曾一次次为后来的历史所证明。例如14世纪欧洲黑死病暴发，黑死病的幸存者——埃申登的约翰（牛津默顿学院的研究员）声称：当牛津狭窄的街道为死尸壅塞的时候，他是靠用桂皮、芦荟、没药、藏红花、肉豆蔻皮和丁香研磨的粉度过来的。17世纪初米兰黑死病暴发，公共健康行政长官派发用巴勒斯坦香、康乃馨、橘皮、牡丹叶、乳香、芸香籽、肉豆蔻等制成的粉末，制成香袋供人们挂在脖子上。1603年剧作家兼檄文执笔者的托马斯·德克在 The Wonderful Year（《美妙的一年》）中严厉指责医师们生硬无效的黑死病治疗办法，认为“他们的放血、节制、药糖剂，以及他们的灵丹妙药、罂粟糖浆、护身符和解毒剂，在维系生命与灵魂的完整性方面没有什么优势，还不如一罐花生麦芽酒和一颗肉豆蔻”。参见[英]约翰·奥康奈尔著，黄瑶译《香料之书》，四川人民出版社2018年版，第218页。

③ 《湛然居士文集》，第220页。

藏明佛日，淘汰机缘振祖风。……闲来石上栽红莲，水无波浪火无烟”，耶律楚材虽然对苏黄之学深有好感，也了解两宋香事中“焚香参禅”的新传统，[1] 却没有泥滞于此，[2] 其作品中最具时代精神、地域风格，也极富自家心得的一次关于“香”的见解，发生在了其侄因病索香避邪，他特别写下的《遗侄淑卿香方偈》。

二、安息香变：三教交汇之“物”

《遗侄淑卿香方偈》前有小序：

> 侄淑卿疾作，索安息香于余，欲辟邪也。将谓汝是个中人，犹有这个在，因作香方偈以遗之。

内容如下：

> 我有一香香，秘之不敢说。心生种种法生，心灭种种法灭。退身一念未生前，此是真香太奇绝。邪神恶鬼永沈踪，外道天魔皆胸裂。[3]

诗偈文本并不复杂，禅宗佛子基本定位了如何无所依傍得见未生前本来面目，“真香”云云可参考《六祖坛经》关于“五分法身香”的解

① 《和南质张学士敏之见赠七首》其五，《湛然居士文集》，第 13 页。另请参见商海锋《香·禅·诗的初会：从北宋黄庭坚到日本室町时代“山谷抄”》；周裕锴《“六根互用”与宋代文人的生活、审美及表现》，《中国社会科学》2011 年第 6 期。

② “香禅”作为传统如果存在，对日本五山禅僧的影响可能要大过对于中土禅法的影响，前者甚至发育出一种被称为“山谷抄”的文化活动，所谓“一炉沉水一瓯茗，闲读茶经对客评”，在 15 世纪的五山僧看来，焚香、参禅、读诗已是三位一体的修行方式。曾作为五山文化一份子的香道深受来自宋型文化中“香事”传统的影响。参阅商海锋《香·禅·诗的初会：从北宋黄庭坚到日本室町时代“山谷抄”》。

③ 《湛然居士文集》，第 270 页。

读，末句“外道天魔皆胸裂”即从《永嘉证道歌》中化出。但如结合上节针对耶律楚材知识视域中香学构成的分析，此处针对“安息香”颇为严峻鲜明的一转，则另有深意可挖。

这首诗偈的接受者淑卿，是耶律楚材仲兄善才之女，名舜婉，尝入金掖庭，金亡之后归楚材家，逾年（1235）卒。该诗很可能作于其病革时。王国维《年谱》称1233—1236年间，应可更具体为1234—1235年间。楚材《祭侄女淑卿文》即飨之以“蔬食清茗”，又称其“禅理颇究，儒学悉通，禀郑娘之标格，有灵照之心胸，不食荤于笄年，欲为尼于高嵩”，又称其入宫之后“守志持节，慎心饬躬，垂及知命，尚为婴童”，又称其“果全身而不辱，示微疾而善终。……信幻有之非有，知真空之不空”，[①] 则其诗礼传家之外当更为守戒之行者。刘晓《耶律楚材评传》指出，淑卿与楚材另一女侄“了真”都曾师从三学尼长老，也即和楚材颇有香缘的“龙溪老人”学习佛教。楚材《送侄了真行》诗表明，两位出身契丹贵族的女性遭逢金元易代之变，飘萍身世颇为类似：

> 吾兄继世禄，袭封食东平。幼子死王事，长安闺门英。孀居二十年，礼佛读传灯。一旦遇宗匠，了真训其名。前岁阳翟破，道服潜偷生。宁死不受辱，托疾燕山京。湛然怜孤族，赎汝为编氓。死生本如梦，宠辱真若惊。莫忘离乱苦，长思厌世情。三学有龙溪，叩参宜尽诚。喝碎须弥山，打破乾闼城。两头俱放下，枯木一枝荣。[②]

龙溪既擅制香，所从学佛之女弟受其熏习，熟悉或喜爱香道也是情理中义，病中能向楚材索香，岂不证明他素常善用此物。淑卿希望得到安息香帮自己“辟邪”这一愿望，就“安息香”在中国的流布传统而言，并不突兀，该香名在《汉书·西域传》中首出，就附加了这一特性：

① 《湛然居士文集》，第295—296、361—362页。
② 《湛然居士文集》，第232页。

安息国去洛阳二万五千里，北至康居。其香乃树皮胶，烧之通神明，辟众恶。[①]

唐人段成式《酉阳杂俎》再现了这一说法，“安息香树出波斯国，波斯呼为辟邪树”。[②]安息香出现在中国文献中缩结紧密的神异事件，最初往往和佛图澄（232—348）这位西域神僧关系密切，《高僧传》有载：

襄国城堑水源在城西北五里，团丸祀下，其水暴竭，勒问澄何以致水，澄曰：今当敕龙……乃与弟子法首等数人至泉源上……澄坐绳床，烧安息香，咒愿数百言。如此三日，水泫然微流，有一小龙长五六寸许，随水来出，诸道士见，竞往视之……有顷，水大至，隍堑皆满。[③]

据说这也是“安息香”第一次出现在汉语文献中。佛图澄于西晋怀帝永嘉四年（310）来到洛阳，“自云百有余岁，常服气自养，能积日不食，善诵神咒，能役使鬼神”（《晋书·艺术列传》）。他的神通经常都是经由“香”来体现。例如同在《高僧传》他还曾经“烧香咒愿”遥控救护了一位被他派往“向西域市香”而遭遇盗劫垂当见杀的弟子：

忽闻香气，贼无故自惊曰：救兵已至。弃之而走。

香料出现于人类社会，宗教用香、医药用香、生活用香历来是大宗、

① 转引自（明）周嘉胄《香乘》，第45页。

② 转引自（明）周嘉胄《香乘》，第45页。[美]劳费尔著《中国伊朗编》（商务印书馆2017年版）与[美]谢弗著《唐代的外来文明》（陕西师范大学出版社2005年版）则均认为段的说法不甚可靠，觉得他对这种树木的描述未免道听途说。

③《高僧传》卷九《佛图澄传》，载《大正藏》卷五十第383页下至第384页上，关于其精通方术咒术的描述甚多。参阅杨曾文《佛图澄及其在中国佛教史上的地位》，收入氏著《佛教与中日两国历史文化》，中国社会科学出版社2015年版。

也一直并存，作为审美的文化用香最为后起、也因其非必需之用而更像“闲事”。即使在两宋香学大兴之后，香的性质也是综合出现的，例如洪刍《香谱》中也常讲到香草芳美之外同时具有的“杀虫毒，辟不祥”亦药用亦宗教的多重功能。诚如 Edward Schafer《唐代的外来文明》一书中所言，佛教与外来的印度文化为中国的寺庙带来了大量的新香料，而众多的有关焚香和香料的习俗和信仰也随之传入了中国，从而加强和丰富了中国古老的焚香的传统。加强丰富是一面，入乡随俗也是一面，此刻在禅宗行者“犹有这个在”的提撕中，结合了当时的香禅知识新起，可以说耶律楚材拒绝的并非一味香材，亦不仅是佛教教法的一些新变，更是他当时身处包括蒙元萨满教、道教各宗、佛教糠禅等各种他认定的“三教之邪”的包围中，对于一种清明理性、儒禅并重的精神的坚守。这一精神与其说近乎唐风，毋宁说更类宋样。

商海锋在相关研究中分梳了中古佛教传统中“香”具有的香供、香使、香尘、香毒等不同形象而特别朗现“香禅”的意义。[①] 被认为创立“香禅”传统的黄庭坚在禅宗法脉中明确有所位置（临济宗“黄龙派”统下的黄龙惠南→晦堂祖心→死心悟新、山谷道人），耶律楚材本人隶属曹

① 例如曾经作为佛教供物极则的香，中唐般若（734—？）译《华严经》（四十华严）曾经不厌其烦罗列了香供养的“十功德”。以及汉籍中最早见于初唐律宗开山道宣（596—667）《四分律删繁补阙行事钞》的“香使”：“增一云：有设供者，手执香炉，而白时至。佛言：香为佛使，故须之也。”也有在隋唐佛教如天台、北宗禅、密教的修行与仪轨中承担负面意义例如“香尘”的香。隋天台智𫖮（538—597）所述《摩诃止观》夜叉拘那含佛常来撩拨坐禅者诱其破戒，其中就有“嗅香”。白居易（772—846）《题孤山寺山石榴花示诸僧众》就以此警示了修行者：“山榴花似结红巾，容艳新妍占断春。色相故关行地道，香尘拟触坐禅人。瞿昙弟子君知否，恐是天魔女化身。”作为天台宗奉持的根本要典，《妙法莲华经》对鼻根、香尘之间的关系讲得极为直白：“若善男子、善女人，受持是经（妙法莲华经），若读、若诵、若解说、若书写，成就八百鼻功德。以是清净鼻根，闻于三千大千世界上下内外种种诸香……亦闻天上诸天之香……虽闻此香，然于鼻根不坏不错。”参阅氏著《香・禅・诗的初会：从北宋黄庭坚到日本室町时代“山谷抄”》。

洞，却也写过《黄龙三观颂》，[①] 对于黄庭坚的著述也非常熟悉。[②] 某种程度上耶律楚材此刻对“安息香”的拒绝确实不妨视为教法的凸显，“香”不仅逐渐疏离了此前中古佛教诸宗中供、使、尘、毒的形象，亦不仅成为北宋以后可直接代指“禅”甚至“佛性”的形象，“至香”是内在的隐喻，更是内在的落实，犹如另外一篇《法语示犹子淑卿》中的恳切之语：“徒增狂慧，深背真道，卖弄聪明，于道何益”“参要实参，悟需实悟。满肚学来无用处，阎王不要葛藤看”。[③] 耶律楚材此刻对“神异”的拒绝又同时体现为对“神异”的实证：必须落于自身的“退身一念未生前，此是真香太奇绝”。这种超越的“香”也是楚材诗中“香”意象经常被特别突出的层面，像《和张敏之诗七十韵三首》其一的“故国颓䌷秽，新朝明德香”，像《为子铸作诗三十韵》的“儒术勿疎废，祖道宜薰灸”，像《子铸生朝润之以诗为寿予因继其韵以遗之》的“盛名留万世，馨香光赫赫”。[④] 这一物感与物观的行程与《尚书·君陈》“至治馨香，感于神明。黍稷非馨，明德惟馨尔”、《左传·僖公五年》“神所冯依，将在德矣。若晋取虞而明德以荐馨香，神其吐之乎”的立场遥遥呼应。[⑤]

耶律楚材《香方偈》中对“安息香”的拒绝，第二个笔者认为必须考虑的因素，就是经由在西域与全真教龙门派祖师丘处机（1148—1227）交恶后可能衍生的对道教教法的反感——外丹传统很多时候对香材也颇为热爱。《戊子喜雨用马朝卿韵二首》其二耶律楚材明确说出“茅山道士

① 参见《湛然居士文集》，第 319 页。关于耶律楚材之师万松行秀及行秀之师雪岩如满（？—1206）的法脉，参见刘晓《耶律楚材评传》，第 56 页。

② 其在《西游录》（下）中责备丘处机之五的“不识鲁直赞意”，即指黄庭坚所作《观音赞》。参见刘晓《耶律楚材评传》，第 274、276 页。

③《湛然居士文集》，第 298 页。

④ 分见《湛然居士文集》，第 200、271、307 页。

⑤ 而这一点其实也能在黄庭坚香诗中找到证据，如《贾天锡惠宝熏乞诗予以兵卫森画戟燕寝凝清香十字作诗报之》十首其十的“衣篝丽纨绮，有待乃芬芳。当念真富贵，自薰知见香”。“有待乃芬芳”与“自体相熏习”作为外护与内净的两手硬未必为真佛子对待处理，但某一时段的机缘和合中，可能某一方面会得到张大和强调。

真堪笑，虚费工夫炼五金”，在他看来“生死轮回苦莫禁，不如学道惜分阴”的真理乃在“不死乡中灵草异，长生劫外紫云深”，[①] 甚至在道士向他求诗之际直接回怼：

玄言圣祖五千言，不说飞升不说仙。
烧药炼丹全是妄，吞霞服气苟延年。
须知三教皆同道，可信重玄也似禅。
趋破异端何足慕，纷纷皆是野狐涎。[②]

包括金元时期于北地特为流行的“运气”学说，因为起源带有浓郁的道教背景，以佛弟子而行儒家风的耶律楚材亦以“道术”（“知来何假灵龟兆”）视之，精通天文历法的他因此未必很上心。[③]“济世元知有仁政，活人不假返魂香”“未行礼乐常如歉，欲挂衣冠似不情”，[④] 对于一往情深诗文中言必称“吾夫子”“吾儒”的耶律楚材，他对神异之香与香之神异极有节制的接纳与拒斥是不言而喻的。当楚材面对历史上所流传的“安息香”那些神神叨叨的功能，是否会令他想起丘处机在成吉思汗面前的诸多表现、他在“以见余志”的《西游录》具列的“十宗罪”。[⑤]《西游录》中不仅“颇涉三圣人教正邪之辨”，明确指认“全真、大道、混元、三张左道之术，老氏之邪也”，尤其“至于黄白金丹导引服饵之属，是皆方技

① 《湛然居士文集》，第 80 页。虽然全真教本身提倡清修，不尚符箓与黄白之术，但耶律楚材对于“道教”的否定，是“全真、大道、混元、太一、三张左道之术”统统算作“老氏之邪”的。而直到元世祖忽必烈时期“方士请炼大丹”还会成为朝臣面折廷争的议题，一时风气可想。参阅刘晓《耶律楚材评传》，第 271—272 页；《元史・廉希宪传》，卷 202，第 3092 页。

② 《邵薛村道士陈公求诗》，《湛然居士文集》，第 147 页。

③ 1221 年作《寄南塘老人张子真》诗中小注“昔论运气颇知未来事”，《湛然居士文集》，第 127 页。“运气”学说金元时期流行北地的具体情况可参见拙作《“滋阴”，还是“扶阳”：易代时期的医风嬗变》，文载《中国文化》2020 年春季号。

④ 《和王正夫韵》、《和渔阳赵光祖二诗》其一，《湛然居士文集》，第 209、224 页。

⑤ 向达校注：《西游录》，中华书局 1981 年版，第 17—18 页。

之异端，亦非伯阳之正道”。[①]前文提到的《十洲记》由于存在大量关于服食修炼、长生不老等内容，《新唐书·艺文志》《宋书·艺文志》也将其归入道家类的。直到宋代张君房（生卒年不详，约 1001 年在世）编写《云笈七签》，依然认为长期服用以苏合香为主要原料配置的方药能够达到祛邪逐魅、长生不死的效果：

> 一服七丸，日再服，不过七日，邪鬼病皆瘥。……若能久服，满百日，衣汗皆香。千日，所卧床枕，吐气言语，香气远闻，非说可尽。一云：迎风而立，香闻三十里。久久百邪不干，群妖速殄。万日道成，白日升仙，役使鬼神，拯济无极，长生久视，与天地齐备。（《十八主辟邪鬼魅山精魍魉等方》）[②]

从道教修炼角度看，服食返魂香与苏合香都极具延年益寿之功效，而“苏合香”也有可能就是安息香，[③]在耶律楚材身处的时代，“返魂香”具有的某种神异功能可能也被附载到了安息香上。例如《云笈七签》中大量的仙方都用到了安息香。这类知识虽未直接于耶律楚材的著述，以他的博闻强识，却可能非常熟悉，也因此而引发了对于用香功能的警惕乃至反感。直到明医李时珍（1518—1593），“安息，国名也”的历史记忆并未完全湮没，《本草纲目》中针对“安息香”的命名依然不脱此调，“此香辟恶，安息诸邪，故名”。[④]《红楼梦》第 97 回宝玉旧病复发，贾府的对治依然是“只得满屋里点起安息香来，定住他的魂魄”，[⑤]可见此习

① 《西游录序》，《湛然居士文集》，第 186—187 页。

② （宋）张君房编《云笈七签》，中央编译出版社 2017 年版，第 911—912 页。

③ 参见罗欣《返魂香考》（《社会科学战线》2009 年第 1 期）、温翠芳《返魂香再考——兼与罗欣博士商榷》（《经济与社会发展》2012 年第 2 期）、王永平《返魂香与伏虎兽：从罗马到汉朝——〈海内十洲记〉所记西胡月支国朝贡事发微》（《河北学刊》2017 年第 1 期），但在《云笈七签》中情况显然并非如此。例如上方中就同时使用了“苏合香”与“安息香”。此题笔者当另议。

④ 《本草纲目》，华夏出版社 2008 年版，第 1317 页。

⑤ 《红楼梦》，太白文艺出版社 2000 年版，第 1100 页。

风源远而流长。而这很可能正是作为纯粹的儒者与真正的禅师的耶律楚材很不关心的一种传统。耶律楚材本人虽然精通历法术数，[①]他得遇蒙元两代君主似乎也与他擅长占卜等实用技术有关。但某些迹象更倾向证明，耶律楚材的积极整理天文地理同样基于他对于某种中古性格的“神异”的拒绝。《过太原南阳镇题紫薇观壁三首》其三所言“三教根源本自同，愚人迷执强西东”固然不错，其下两句的“南阳笑倒知音士，反改莲宫作道宫”方是其本意，[②]他反对的主要就是这种世俗的在他看来根本道理不明的浮浅的宗教乱象与奇技淫巧。《题西庵归一堂》中明言：

> 三圣真元本自同，随时应物立宗风。
> 道儒表里明坟典，佛祖权宜透色空。
> 曲士寡闻能异议，达人大观解相融。
> 长沙赖有莲峰掌，一拨江河尽入东。[③]

是皆就法理会通上立言。此所以他会在《西游录》中明确承认“三圣人教皆有益于世者，尝读《道》《德》二篇，深有起予之叹，欲致吾君高踏羲皇之迹”，《复用前韵唱玄》也说“当年学道颇得趣，鱼兔入手忘筌蹄。残编断简披庄子，日日需当诵秋水”，他确实曾对《老》《庄》亦颇认同，尤其喜爱《庄子》，但本诗的下截“何如打坐蒲团上，参透生平本无相。一瓶一钵更无馀，容膝禅庵仅方丈”才是他的当下真呈与性命安顿。[④]在“宋型文化”与禅宗教法的强烈熏育下，拒绝了安息香的“神香”性质的同时也意味着耶律楚材扬弃了某种“神僧”传统。耶律楚材对“香异”的拒绝不是孤证，而往往是禅宗学者的共法，传为黄檗希运

① 据和谈《耶律楚材存佚作品考辨》，已经散佚的原 35 卷本《湛然居士文集》中颇有此类著述，至明末尚有相当存世。

② 《湛然居士文集》，第 137 页。诗后有按语：“紫薇观，旧佛寺也。村人改佛像为道像，故有是句。”

③ 《湛然居士文集》，第 34 页。

④ 《湛然居士文集》，第 24—25 页。

（？—855）的弟子、唐代的护法名相裴休（791—864）亦有等视诸香的观点流传。[①]“既知物物头头是，谁问朝朝暮暮情。散尽迷云何所有，一轮秋月普天明”（《和冲霄韵五首》其二）。这也是《万松索琴并谱，余以承华殿春雷及种玉翁悲风谱赠之》所言：

> 良夜沉沉人未眠，桐君横膝叩朱弦。
> 千山皓月和烟静，一曲悲风对谱传。
> 故纸且教遮具眼，声尘何碍污幽禅。
> 元来底许真消息，不在弦边与指边。[②]

结语：文化会通的起规造模

因为时代因缘际会，博学多才、深入事功、出身书香门第的一代异族明相耶律楚材不可能不深浸于宋型文化同时亦有所转进。[③]耶律楚材流传的轶事有些非常耐人寻味，包括他会让自己的爱子跟南人学习治墨。耶律铸（1221—1285）《双溪醉隐集》卷四《玉泉新墨》载：

> 尊大人领省得江南杨氏子彬，受造墨法，其神绝，令铸学造一万丸，其妙即远过雪堂，蔑视诸家，可与李廷珪相先后焉。命之曰“玉泉新墨”。[④]

这固然基于北学重实用的风格，也见证了耶律楚材对于宋型文化中

---

① 《常新录》：“裴休得桑木根，曰：‘若作沉香想之，更无异相，虽对沉水香反作桑根想，终不闻香气。诸相从心起也。’”转引自（明）周嘉胄《香乘》，第 20 页。

② 后者即《赠万松老人琴谱诗一首》。分见《湛然居士文集》，第 45、110 页。

③ 包括对他深受影响的“苏学”也有责其“蠢俗”之时。《红梅二首》，“东坡谓‘认桃无绿叶，辨杏有青枝’太蠢俗，因润饰其语成之”，这责备也证明了其对苏学的稔熟。《湛然居士文集》，第 222 页。

④ 转引自刘晓《耶律楚材评传》，第 361—362 页。

特有的物学精微相当重视。诚如《燕京大觉禅寺奥公乞经藏记既成以诗戏之》所写照，“遒健兔毫生月窟，光明茧纸出新罗。茶炉几瓣龙涎烬，玉板十分凤墨磨”，足征彼时辽金皇族“见江南衣冠文物朝仪位署而慕之”所言不虚。[①] 也只有在此基础上，我们方能更准确理解耶律楚材等精通汉学的外族显贵、金源文士急于贬南宋为“岛夷”“蛮夷”的曲折心态：期待取而代之，跻身为唯一的“中国正统”，这既是政治意义的，也是文化意义的。甚至是他们一直需要的自我认同与证明。虽然对于耶律楚材这样证境颇深的禅宗居士，深入世法难免已经自含“舍身”的意味，“君子云亡真我恨，斯文将丧是吾忧。尚期晚节回天意，隐忍龙庭且强留”。[②] 因为“未济斯民不敢行”，[③] 他在“小隐隐于山，大隐隐于市”的传统之外更愿意承接中唐以来为汉族士大夫阶层推崇的“中隐”身份：“中隐冷官闲况味，归心无日不山林”“中隐强陪人事过，禅心不与世情违”。[④] 也因此，耶律楚材诗中慷慨悲凉之气与通达豁然之见常是并行无碍的。《示忘忧》中他直抒此胸臆：“余作怀古诗百韵，非徒作已，使世之人知成败之可鉴，出世之人识兴废之不常也”：

---

① （南宋）叶隆礼《契丹国志·海陵炀王·上》，卷 13。转引自周春健《经史之间：中国古典学论集》，第 98 页。但耶律楚材并不因此就轻忽本民族的文化传统，例如他曾专门跟西辽的前郡王李世昌学习“辽字”（应即契丹文）并能“期岁颇习”，参见《醉义歌》（1222）“序”，《湛然居士文集》，第 171 页。

② 《过燕京和陈秀玉韵五首》其三，《湛然居士文集》，第 63 页。

③ 《和武川严亚之见寄五首》其五，《湛然居士文集》，第 87 页。

④ 《和抟霄韵代水陆疏文因其韵为诗十首》其五、《外道李浩和景贤霏字韵予再和呈景贤》，以及晚年的自称“老隐”。分见《湛然居士文集》，第 36、49、70 页。“中隐”传统被认为起源于诗人白居易（创作于 829 年的《中隐诗》），于此的研究也是显题，本文不再枝蔓。耶律楚材所心仪的苏学同样好尚这一起自中唐的传统（例如苏轼《六月二十七日望湖楼醉书》）。需要明确的是，同样使用“中隐”语汇，无论仕途还是修证，耶律楚材无疑比白居易都更为入世、积极，可能也更为诚恳、更有斩获。比较白居易式的中唐“道德失败”，以及宋人的热衷建造各种“中隐”堂或亭，宋代的儒者毋宁与耶律楚材有着更为接近的精神结构。参见（台湾）吕正惠《白居易的“中隐”观及其矛盾》，收入《唐代文学研究》，唐代文学国际研讨会论文，2006 年 8 月。

历代兴亡数张纸，千年胜负一盘棋。
因而识破人间梦，始信空门一著奇。①

虽然他的传世之作的确没有传达出更多对乱世生民苦难的细致铺写，散佚的可能之外，我们必须考虑到他的宗教旨趣，“含元殿坏荆棘古，花萼楼空草木春。千古兴亡同一梦，梦中多少未归人”，②“无心无处不安生”，③哀乐无入于心方是他的最高意义，所谓“余奉诏西行数万里，确乎不动心者，无他术焉，盖汪洋法海涵养之效也”。④这个世界的沧海桑田乃是“三秦繁盛如席卷，两晋风流扫地空。惟有真如元不坏，青山依旧白云中”，更是“回首死生犹是幻，自余何足更云云”“穷通荣辱皆真梦，毁誉称讥尽假音”。⑤何况“莫忘离乱苦，长思厌世情”（见前《送侄了真行》），虔诚的佛子面对世间法的共业流转是不应该落于凡情的。纵然一身两遇有缘之主，精神深处耶律楚材又何尝不是寂寞的：

浪迹西游岁月深，临风谁识湛然心。
斯文将丧儒风歇，真智难明佛日沉。
佳茗暂赏轰雪浪，正声聊作鼓雷音。
年来逸兴十分切，准备求真入道林。⑥

基于金元易代之际对儒学文教的极力扶持，耶律楚材身后经常成为儒学争夺的资源，甚至被视为唯一可以媲美明儒王阳明在“内圣外王”

① 《湛然居士文集》，第 262 页。
② 《和王巨川题武成王庙》又一首（1230），《湛然居士文集》，第 149 页。
③ 《和李振之二首》其一，《湛然居士文集》，第 75 页。
④ 《西游录序》，《湛然居士文集》，第 186—187 页。
⑤ 《复用前韵唱玄》、《和景贤十首》其五、《和抟霄韵代水陆疏文因其韵为诗十首》其五、《憩解州邵薛村洪福院》，《湛然居士文集》，第 25、53、70、147 页。
⑥ 《和抟霄韵代水陆疏文因其韵为诗十首》其九，第 71 页。

的理想地带足以开疆辟土的人物，① 即使生前针对万松行秀“屈佛道以徇儒情”的批评，耶律楚材也要申辩“以佛治心以儒治国”是一种“行权”。就儒家“治天下之道为治心之所兼”之说立论，将“仅能治天下”的儒术归结统摄于“治心”的“大道”佛学，“以是语饵东教之庸儒”，欲说“大乘法”而先导之以“小乘”，是引导儒者皈依佛家“大道”的权宜之计。② 但正如罗因《耶律楚材的三教思想》中所见：

> 先以大小乘分判佛法之高下，再以大乘菩萨思想与儒家淑世关怀的价值观会通，消弭彼此的激烈对立，这是耶律楚材三教思想的特色。他与过去的三教调和论者不同的地方是，在于他勇于在佛教的体系中先作一番抉择，把无法与儒家精神方向兼容的小乘佛教剔除在外，以大乘佛教慈悲救世的菩萨精神，与儒家入世的方向会通，消解二教在价值取向上的对立。

就中国文化的传统而言，大乘佛教怎么还能找到比入世儒家更好的合作伙伴呢？就此而言异族名相耶律楚材还真是中华文教的正宗嫡子。《五灯严统》本传其师行秀于《华严经》用功最著，万松为《湛然居士文集》所作序中亦认为行走世间法而能逆境不变顺境不染的耶律楚材正是基于其于“道”有“体”：

> 湛然居士年二十有七，受显诀于万松，尽弃宿学，冒寒暑，无昼夜者三年；以至扈从西征六万余里，历艰险，困行役，而志不少沮；跨昆仑，瞰瀚海，而志不加大。客问其故。曰：“汪洋法海涵养之力也。”片言只字，皆出于万化之原；而肤浅未臻其奥者，方索诸声偶锻炼之余；正如检指蒙学对句之牧竖，望涯于少陵诗史者矣。……世

① 参阅李洪卫《求道与安心：河北禅门片论及儒佛对勘》，上海三联书店 2017 年版。

② 《寄万松老人书》，《湛然居士文集》，第 293 页。

谓佛法可以治心不可以治国，证之于湛然正心、修身、家肥、国治之明效，吾门显诀何愧于《大学》之篇哉！[①]

耶律楚材的传世诗文也是明显可感觉到其修行证量的，“从征万里走风沙，南北东西总是家，落得胸中空索索，凝然心是白莲花”，[②] 佛法的修行不仅不会造成他出世入世的价值观上的冲突，而且还为他的政治生涯提供心灵稳定的力量。耶律楚材自追随成吉思汗后再未离开过政权的核心地带，他却写下了数量匪小的向慕隐逸的诗文，这的确一方面可以视为对退隐生活的真实向往，另一方面也可以视为超然俗务的心灵写照。他能在戎马倥偬中保持凝寂超然皆是佛法修持的境界流现，这种寂然又是他处理繁重政务而无动其心的根本。[③]《寄万松老人书》中所言“治心与治国”关系引证的仍然是儒典《礼记·大学》：

戴《经》云：“欲治其国，先正其心；未有心正而天下不治者也。”是知治天下之道为治心之所兼耳。[④]

这种高度自觉的结晶就是湛然无碍的儒佛会通，“资生无畏济人深，便见能仁六度心”，[⑤] 除了以大乘菩萨行会通儒家经世志，面对当时三教纷纭对立的种种歧异，耶律楚材试图从更高的角度来消弭三教对立。1227年秋七月成吉思汗驾崩后，1229年秋太宗即位。当年王巨川建立宣圣庙并于二月八日率领士大夫举行盛大的祭孔仪式，儒生互贺“吾道有光”。因二月八日也是佛诞节，佛教四众弟子也奉迎释迦遗像行城。耶律楚材

① “显诀”当是曹山本寂（840—901）的《洞山五位显诀》。此正明楚材之法脉。当代学者同样非常推崇耶律楚材的参禅修证。参阅潘桂明《中国居士佛教史》（下），中国社会科学出版社2000年版。

② 《过天山和上人韵二绝》，《湛然居士文集》，第151页。

③ 参阅罗因《耶律楚材的三教思想》中的相关论述。

④ 《湛然居士文集》，第293页。

⑤ 《和抟霄韵代水陆疏文因其韵为诗十首》其一，《湛然居士文集》，第69页。

同时参加了两边的庆典，写下《释奠》：

多士云奔奠上下，释迦遗像亦行城。
旌幢错落休迷色，钟磬铿锵岂在声。
宣父素心施有政，能仁深意契无生。
儒流释子无相讽，礼乐因缘尽假名。[①]

拥有儒生与佛子双重真诚身分的楚材面对这样的情境不会造成太大的困扰，既然儒学、佛学乃至现象世界的种种都是假名不实的，何妨把儒佛对立收摄于般若空观中呢。作为更少文化负担与历史负担的异族精英，耶律楚材的理想之政与治不仅是“须仗吾侪更修葺，休教风世丧斯文”“殷周礼乐真予事，唐舜规模本素心”，[②] 他更试图在般若空义中抵达世界的一体圆融。[③]

（秦燕春，中国艺术研究院中国文化研究所研究员）

① 《湛然居士文集》，第 46 页。

② 《李庭训和予诗见寄复用元韵以谢之》、《云中重修宣圣庙》，《湛然居士文集》，229、314 页。

③ 当然我们也可以认为耶律楚材以般若空观融摄三教对立的思想本身就已经是以一种价值判断，是以佛统儒、道的做法。参阅罗因《耶律楚材的三教思想》中的相关论述。

殊相与共振：清代西域风土诗谫论 *

彭　志

摘　要：有清一代，西域风土诗创作进入了繁盛期，可从整体面貌、表现内容、形式特征三个维度对其进行具体考察。整体面貌上，平定准噶尔叛乱、设立新疆行省等重大政治事件是影响西域风土诗数量在历时层面发生变动的重要因素；西域整体经纬度跨越极大，形成了分地区而各具特色的风土诗；高级官僚、中下层官员的身份差别促使风土诗包孕有不尽一致的创作心境。表现内容上体现为对西域异于中原王朝的山水风物，富于少数民族特色的民俗风情，以及浸润了历史积淀、民族文化的掌故土习的书写。形式特征上表现为能叙写宏大主题的七言绝句组诗，连缀有交代背景知识、创作宗旨的诗序及与诗之正文形成互文的大量自注。从考察意义上来说，清代西域风土诗具有诗学、史学、民族学等多学科的价值。

关键词：西域风土诗　整体面貌　表现内容　形式特征　多学科价值

一、引言

至迟在三千年前的先秦时期，西域与内地便进行着一定频次的往来，这在《山海经》《尚书》《管子》等典籍中有着或多或少的记载。“火炎昆

* 基金项目：“发现中国·古代丝绸之路科技与文化交流专项奖学金”资助课题阶段性成果。

冈，玉石俱焚”[①]“玉起于禺氏之边山”[②]，先秦文献对西域的阐述集中于传说故事里对昆仑山神迹的书写，以及接续描绘月氏盛产玉石的景况，足见两地曾存在过经济、文化交往的痕迹。而伴随着汉武帝时张骞出使西域，连接中原王朝与西方世界的陆上狭长通道被正式开拓，驼铃商队、负笈僧侣在此间不断穿行，不同地域的物产、文化实现了互通有无，经过长久的历史积淀，西域俨然扮演起了沟通东西方多元文明的角色。值得特别注意的是，这些曾经游历、流寓这片神奇土地的人，震撼于西域“三山夹两盆”的独特地貌特征，以及被浸润少数民族色彩的风俗深深吸引，便将旅途中的所见所闻化成了纸笔间的风土诗。聚焦清代西域，以乾隆朝彻底平定准噶尔叛乱为分水岭，清廷对广袤西北边陲治理投注的精力越来越多，随之而来的便是封疆大吏的远途赴任，加之西域亦是广大宦途遭遇贬谪官员的流放之地，在此双重因素的促进下，西域集聚了众多具有遣词造句、写景抒怀能力的士人。无论是边陲重臣的指点江山，还是失意谪臣的不平则鸣，共同推动了西域风土诗创作在清朝时迎来了发展的高峰。

在进入阐述之前，颇有必要对行文中涉及的几个核心概念进行解释。其一是“清代”，顾名思义即是指清廷定鼎京师至溥仪被逼退位，即1644—1911年，在这两百多年里，清廷对西域的控制、治理存在一个循序渐进的过程，在未完全统一西域之前，便有不少的士人前往这片神奇的区域活动。其二是“西域”，此称谓较早出现于《史记》卷六〇、卷一一七、卷一二三等，“康居西域，重译请朝，稽首来享”[③]，将关涉西域的地名并称，可步步推知其涵盖的大致边界。《汉书》卷九六则明确框定了西域的范围，“西域……本三十六国，其后稍分至五十余，皆在匈奴之

① （清）阎若璩撰，钱文忠整理，朱维铮审阅：《尚书古文疏证》卷四，上海书店出版社2012年版，第84页。

② （唐）房玄龄注，（明）刘绩补注，刘晓艺校点：《管子》卷二十三，上海古籍出版社2015年版，第448页。

③ （西汉）司马迁：《史记》卷一一七，中华书局1950年版，第3044页。

西、乌孙之南”[①]，据此可知狭义的西域主要是指新疆及其周边地带。成书于乾隆中期的《西域图志》更是以奉敕编撰的形式厘定西域“东南接肃州，东北至喀尔喀，西接葱岭，北抵俄罗斯，南接番藏”[②]。其三是“风土诗”，“专咏古迹名胜，风俗方物，或年中行事……可合称之为风土诗”[③]，即以韵文形式展现某个地区情貌特征的诗歌类型，具体包括山水风物、民俗风情、掌故士习等，在体类上则有竹枝词、棹歌、杂咏、地名百咏等。通过以上界定，文章探讨的时间起止、地域范围及聚焦对象便得以明晰。

关于清代西域风土诗，学人们业已投注了一定的目光和精力，主要表现在两个方面：其一是从浩如烟海的别集、选集、方志等文献中爬梳、汇辑涉及西域风土的诗歌，如吴蔼宸选辑《历代西域诗钞》、王利器等辑《历代竹枝词》、郝浚等注《乌鲁木齐杂诗注》等，这些通代、断代诗集的汇编及文人别集的注疏，为进一步的意义发掘奠定了基础；其二是以西域风土诗为观照对象，研析其艺术特征、史料价值等，如薛宗正《历代西陲边塞诗研究》、星汉《清代西域诗研究》、周卫平《清代新疆官制边吏研究》等，从各个维度拓宽了西域风土诗所能挖掘出的价值。学林已有的对清代西域风土诗的文献爬梳及理论思绎为更深入的探讨提供了基础和助力，但有待开掘的矿藏仍有不少，尤其重要的是对其的意义挖潜。循此，讨论寻求在更准确的概念界定前提下，阐析清代西域风土诗在整体面貌、表现内容、形式特征、多学科价值等方面所能呈现出的殊相情形，以及不同殊相彼此作用之后的共振现象。

二、整体面貌：历时、共时、身份三重视域下的观照

虽然学界已经对清代西域风土诗进行了一定程度的文献整理与理论

① （东汉）班固：《汉书》卷九六，中华书局 1962 年版，第 3871 页。
② 钟兴麒等校注：《西域图志校注》卷一，新疆人民出版社 2002 年版，第 61 页。
③ 钟叔河编：《周作人文类编・花煞》，湖南文艺出版社 1998 年版，第 96 页。

思考，但囿限于存量文献的庞大及核心概念外延界定不甚清晰，导致对其基本面貌仍然缺少较为深入的了解。而这些症结的触发点或可归结于对西域风土诗创作主体的考察上，换言之，即哪些诗人创制的关涉西域的风土诗才能进入考察范围之内。最简单的划分是先将清代西域风土诗的创作主体析分成当地少数民族诗人和从其他区域进入的诗人两类。因主要探讨的是中原王朝、西域文明两者间的互动，便以是否由汉语书写来作为筛选条件，将西域各原住少数民族用本族语言创制的韵文作品暂不包括在内，而主要观照的对象是那些由中原王朝进入过西域的诗人所创制的汉文诗歌。需要注意的是，诗歌并不总是实写，某些诗题及正文出现西域文化底色的作品很可能只是想象层面的发抒，在现实世界并未曾踏入过西域地界，如许孙荃、宝廷等清廷要员闻人。《收新疆》"十载苦争战，勤劳将帅同……已喜边疆靖，还忧府库空"[①]，曾任礼部侍郎的宝廷在听到收复新疆讯息后的作品便属于想象层面的创制。厘清了上述迷障之后，便可从时段分布、地域分布、作者身份的三重视域去观照清代西域风土诗的整体面貌。

清廷对以新疆及其周边地带为核心的西域的控制力存在有一个跌宕起伏的过程，几处拐点分别为康熙三十六年（1697）清军击败准噶尔并控制西域东部，乾隆二十二年（1757）彻底平定准噶尔叛乱并正式定名"新疆"，以及光绪元年（1875）陕甘总督左宗棠陆续收复被阿古柏侵占的天山南北诸地并于十年后建立新疆行省。每逢有重大政治事件发生，西域风土诗的创作便会在时事的触动下迎来一波高峰。据目前史料可知，有清一代较早进行西域风土诗创作的应为岳钟琪，在某种程度上，成为了其后同类型题材诗歌作品的风向标。岳钟琪（1686—1754），字东美，号容斋，四川成都人，雍正年间，屡征准噶尔，立下赫赫军功，有"三朝武臣巨擘"[②]的美誉，拜宁远大将军，在其《姜园集》《蛩吟集》中有多

① （清）宝廷著，聂世美校点：《偶斋诗草》内集卷三，上海古籍出版社 2005 年版，第 45 页。

② 赵尔巽等：《清史稿》卷二九六，北京：中华书局，1977 年，第 10377 页。

首西域风土诗。艺术价值较高者如在库舍图岭上所作的《天山》："偶立崇椒望，天山中外分。玉关千里月，盐泽一川云。峭壁遗唐篆，残碑纪汉军。未穷临眺意，大雪集征裙。"[①]该诗将一位叱咤沙场的将军登高远眺的豪情及斑驳遗迹带来的无限喟叹形象地刻绘了出来，无怪乎李调元激赏其"于军旅之间，辄寄啸于笔墨，边塞诸作多慷慨悲歌之气"[②]。清朝中期，随着清廷在西域的势力越来越强大，调任及贬谪到此区域的官员愈来愈多，沈峻便是其中之一。沈峻（1744—1818），字存圃，号丹厓，天津人，乾隆五十六年（1791），因失察私盐遭解官遣戍西域，六年后终得释回故里，在谪戍西域期间，创制有《轮台竹枝词》等风土诗。"拥髻仙人下玉京，万峰晴雪倚天明。祁连秀峙三千里，哈密遥连迪化城。"[③]该诗描写了诗人眼中所见的自关外袤延数千里的雪山，尤以苏拔山、博克达山的雪景最震撼人心。光绪十年（1884），在左宗棠的奏请建言下，清廷设立了新疆行省，各处的满汉官员源源不断地被派遣到这遥远的西北边陲任职，在案牍劳形之余，撰有不少反映民俗人情的风土诗。志锐（1853—1912），字伯愚，号迂安，他塔拉氏，满洲镶红旗人，宣统三年（1911），从杭州调任伊犁将军，任职不足两月，便被革命党人枪杀，撰有《伊犁杂咏》等风土诗。"一羊分裂夸余勇，尚斗流风漠北多。我到蒙旗扎哈沁，掼交曾见拗明驼。"[④]诗应为志锐于光绪三十一年（1905）时作于伊犁，诗人描绘了西域境内的蒙古族、哈萨克族抢羊、拗骆驼的习俗。上文择选的岳钟琪、沈峻、志锐三人的西域风土诗分别对应于清朝的前、中、后期，伴随着重大政治事件的发生，清代西域风土诗的数量也呈现出了历时层面有增有减的情况。

整个西域幅员辽阔，南、北相距1500多公里，东、西相距1900多

① （清）岳钟琪：《岳容斋诗集》卷二，王德毅主编《丛书集成续编》第175册，台北新文丰出版公司1989年版，第334页。

② 钱仲联主编：《清诗纪事·雍正朝卷》，凤凰出版社2004年版，第4478页。

③ （清）沈峻：《欣遇斋诗集》卷十六，《清代诗文集汇编》第409册，上海古籍出版社2010年版，第182页。

④ 星汉：《志锐西域诗论略》，《西域研究》2010年第2期，第111页。

公里，在如此广袤的区域里，涉及的某个地方的风土诗自然会存在不同。西域风土诗中的很大部分具有纪实性特征，再结合诗人宦途轨迹，基本可推知其所描写的具体对象，这为探赜西域风土诗的地域特征提供了可能。张福田，陕西大荔人，“年少从军，入金和圃将军幕，以功授知府”[①]，在游幕生涯中，曾创制有《巴里坤竹枝词》3首，其二：“青稞作炊灶有烟，菜羹六月煮榆钱。烈日消尽屯庄雪，起厂明驼正种田。”[②]巴里坤位于新疆东北部，气候寒冷，以青稞、榆钱为主食，以骆驼作为主要耕作牲畜。祁韵士（1751—1815），字鹤皋，号访山，山西寿阳人，乾隆四十三年（1778）进士，官至户部郎中。嘉庆十年（1805），祁韵士因罪发配伊犁，亲躬西北边陲，对西域的名胜古迹、民情习俗尤为感兴趣，发愿以诗歌记述沿途见闻，组诗《西陲竹枝词》便是其中的典范。《英吉沙尔》：“重重远戍见烟霏，雪霁春融百草肥。大食遗民歌鼓腹，瓜囊杂饱倚斜晖。”[③]英吉沙尔位于新疆西南边，盛产甜瓜，以面饼为馕，交代了该地的气候、物产及食物。许乃谷（1785—1835），字玉年，浙江杭州人，道光元年（1821）举人，曾官安西直隶州牧。道光十年（1830），许乃谷作有《西域咏物诗》20首，其十七《沙雅梨》：“张谷哀家莫与俦，垂垂万颗熟清秋。含消愿取供天府，亲雪金盘赐邺侯。”[④]沙雅尔位于新疆西部，以产梨名扬天下，诗中便重点描绘了这一物产。成瑞（1792—?），字辑轩，满洲镶白旗人，曾官迪化直隶州知州。《轮台杂咏》其四：“六月凉生水磨河，赛神争唱太平歌。画桥东去尘嚣绝，漫试温泉一掬多。”[⑤]轮台位于新疆东南边，诗写因禁止优戏，民间报赛时皆唱太平秧歌。以

① （清）李伯元著，薛正兴校点：《南亭四话》，江苏古籍出版社2000年版，第256页。
② （清）张福田：《巴里坤竹枝词》，潘超、丘良任、孙忠铨等编《中华竹枝词全编》第7册，北京出版社2007年版，第295页。
③ （清）祁韵士：《西陲竹枝词》，《清代诗文集汇编》第429册，上海古籍出版社2010年版，第713页。
④ （清）许乃谷：《瑞芍轩诗钞》卷四，《清代诗文集汇编》第548册，上海古籍出版社2010年版，第72页。
⑤ （清）成瑞：《薜荔山庄诗稿》，清道光二十四年（1844）刻本，杭州图书馆藏。

上分别择选了西域四个方位上的巴里坤、英吉沙尔、沙雅尔、轮台，通过细读这些风土诗，可以发现在这片广袤的土地上，因经纬度跨越之大，便会出现不同的物产、风俗，而通过不同区域间人员的日常流动，往往可以达到互通有无的效果。

清代创制西域风土诗的群体主要是官员，而按照其品级来分，则大致包括高级官僚、中层官员、下层官员三类。高级官僚主要是指三品及以上的官员，在高级官僚的为官生涯中，大部分时间是在中央关键机构中任正职，或者成为掌控一方水土的封疆大吏。中层官员一般是指四品、五品官衔，下层官员则是指六品及以下官衔，中下层官员在中央各部门任职品级较低，或者是地方上的州、县级别的官员。林则徐（1785—1850），字元抚，晚号俟村老人，福建福州人，嘉庆十六年（1811）进士，官至湖广总督、两广总督。虎门销烟后，因主降派诬陷，林则徐遭革职远戍伊犁，作有《回疆竹枝词》24首，其七："把斋须待见星餐，经卷同繙普鲁干。新月如钩才入则，爱伊谛会万人欢。"[①] 该诗以颇具民族特色的把斋、普鲁干、爱伊谛等词汇入诗，生动描绘了维吾尔族的开斋节热闹场景。瑞元（1794—1852），字容堂，号春山，满洲正黄旗人，道光二十三年（1843），"赏三等侍卫充哈密办事大臣"[②]。瑞元撰有《回部竹枝词》3首，其一："满滩乱石杂荒沙，空阔无边路几叉。认定西南东北向，白杨高处是人家。"[③] 描绘了西域戈壁上乱石横陈、黄沙漫天，遮掩得无法认清路向，只能凭借白杨树作为指引的参照物。舒其绍（1742—1821），字衣堂，号春林，河北任邱（今任丘）人，乾隆四十四年（1779）举人，官浙江长兴知县，嘉庆二年（1797），以事戍伊犁八年。舒其绍撰有组诗《伊江杂咏》91首，《雪山》："雪岭高高天半分，雪蚕雪鷇冷斜曛。青

① （清）林则徐：《云左山房诗钞》卷七，《清代诗文集汇编》第548册，上海古籍出版社2010年版，第707页。

② 《清国史·忠义续编》第十三册，中华书局1993年版，第630页。

③ （清）瑞元：《少梅诗钞》卷四，《清代诗文集汇编》第585册，上海古籍出版社2010年版，第50页。

山底事头争白，我欲携壶问塞云。”[1] 诗重点介绍了天山以雪莲、雪蚕、雪蟾、雪㲉为代表的物产。以上分别择选了林则徐、瑞元、舒其绍三位曾任职西域的士人，林则徐曾官至多个省份的总督，堪称封疆大吏，为高层官僚；瑞元任哈密办事大臣，系掌管一地军政事务的要员，为中层官员；舒其绍仅是长兴知县，位卑权轻，为下层官员。官僚群体中的不同身份者，虽同样创制有西域风土诗，但在其中包孕的情绪却存在不同，亦即创作心境的差别。

三、胜义纷披：山水风物、民俗风情、掌故士习的书写

清代西域风土诗虽然披着韵文诗歌的外衣，但其潜藏的特征是实录性质。西域风土诗中有少量向内的抒情写怀诗，但更多地却是向外的对社会中各个面相的纪实描述。这些西域风土诗俨然可视为是书写地方的史料，一种接近于正史、方志的文献。就西域风土诗表现内容所涉及的具体层面，可谓涵括极广，包括土地、山川、气候、物产、耕作、古迹、人物、歌舞、服饰、习俗、制度，等等。举凡可以想象到的层面，几乎都可以捕捉到西域风土诗的身影，其中尤以对山水风物、民俗风情、掌故士习的书写最为重要。

由其他区域进入西域的诗人，首先映入眼帘的是以高耸山峰、蜿蜒流水等为代表的风物，这些不同于中原王朝的景观，激发了诗人努力去观察、书写，以笔墨字句将稍纵即逝的美保存下来。择选宋弼《西行杂咏》、成书《伊吾绝句》、薛传源《竹枝词》为例说明。

> 敦煌西去古伊州，北倚天山雪水流。都护牙旗今万里，犹存部落奉春秋。（宋弼《西行杂咏》其二）[2]

---

① （清）舒其绍：《听雪集》卷四，《清代诗文集汇编》第403册，上海古籍出版社2010年版，第375页。

② （清）宋弼：《蒙泉学诗草》卷八，清刻本，国家图书馆藏。

沙碛无边数百程，怪风终日断征行。天涯孤客须缄口，山鬼迷人唤姓名。（成书《伊吾绝句》其九）[①]

八道沟西疏勒河，月牙泉水清无波。苹婆杏李占繁实，只看春来风信多。（薛传源《竹枝词》其一）[②]

宋弼（1703—1768），字仲良，号蒙泉，山东德州人，乾隆十年（1745）进士，官至甘肃按察使。《西行杂咏》其二描写了哈密北倚天山，因此得以有积雪融化后的水源灌溉农田，并说明大军驻扎在巴里坤，以此为腹地向西北拓展疆域。成书，字倬云，号误庵，满洲镶白旗人，穆尔察氏，乾隆四十九年（1784）进士，历官盛京兵部侍郎、哈密帮办大臣、叶尔羌办事大臣。《伊吾绝句》其九描绘了幅员辽阔的十三间房戈壁无日不刮起怪风，导致了行人迷途不得路而失踪死亡。薛传源，字河明，号资堂，亦作芝塘，江苏江阴人，嘉庆十三年（1808）岁贡。《竹枝词》其一呈现了疏勒河、月牙泉的美，以及各种水果挂满枝头的丰收情景。

当在西域生活的日子越来越久之后，诗人便渐渐地知悉了当地的习俗人情，这些迥异于中原王朝的民俗风情，成了诗人热切关注并乐于书写的对象。清代西域风土诗中较常出现的有穆斯林礼拜、浸润少数民族色彩的独特服饰及日常的各种饮食。择选庄肇奎《伊犁竹枝》、成书《伊吾绝句》、薛传源《竹枝词》为例分析。

一双乌拉跪阶苔，库库携将马湩来。好饮更须烧一过，胜他戴酒出新醅。（庄肇奎《伊犁竹枝》其十六）[③]

早耕晚获看农忙，一熟须教歇两荒。蔡巴什湖四千亩，三秋麦豆

---

① （清）成书：《多岁堂诗集》卷三，《清代诗文集汇编》第463册，上海古籍出版社2010年版，第342页。

② （清）薛传源：《芝塘诗稿》卷十三，《清代诗文集汇编》第436册，上海古籍出版社2010年版，第656页。

③ （清）龙顾山人纂，卞孝萱、姚松点校：《十朝诗乘》卷十三，福建人民出版社2000年版，第504页。

始登场。（成书《伊吾绝句》其四）[①]

怒马鲜衣伯克来，海兰达尔俨趋陪。把斋已了喧街巷，男妇欢歌入则回。（薛传源《竹枝词》其四）[②]

庄肇奎（1728—1798），字星堂，号胥园，浙江嘉兴人，乾隆十八年（1753）举人，曾官云南永北同知、广东布政使。乾隆四十六年（1781），因事被遣戍伊犁。庄肇奎《伊犁竹枝》其十六描绘了伊犁人的着装、饮酒，乌拉即软底皮靴，库库即筒装马乳酒。成书《伊吾绝句》其四描写了蔡巴什湖屯地繁忙的农耕场景，二月开犁，九月收获，丰年、复种穿插进行。薛传源《竹枝词》其四呈现了开斋节时男男女女游走于街巷的热闹场景。

清代西域风土诗还有关涉当地历史人物、典章制度等遗闻轶事的描写，西域广袤土地上既有长久历史积淀下的文化传承，又不乏不同文明交流互鉴之后形成的多元样态。此外，从中原王朝踏入西域世界的士人，也将读书人的一些习气带入了进来。择选成书《伊吾绝句》、洪亮吉《伊犁纪事诗》、福庆《异域竹枝词》为例阐述。

汉有裴岑威绝域，唐惟陈国纪殊勋。残碑传刻无真本，枣木翻雕火药熏。（成书《伊吾绝句》其二）[③]

环碧轩中祟不迷，仅馀风柝雨凄凄。固知此老迂难近，绝胜宵分咒准提。（洪亮吉《伊犁纪事诗》其三）[④]

---

① （清）成书：《多岁堂诗集》卷三，《清代诗文集汇编》第 463 册，上海古籍出版社 2010 年版，第 342 页。

② （清）薛传源：《芝塘诗稿》卷十三，《清代诗文集汇编》第 436 册，上海古籍出版社 2010 年版，第 656 页。

③ （清）成书：《多岁堂诗集》卷三，《清代诗文集汇编》第 463 册，上海古籍出版社 2010 年版，第 342 页。

④ （清）洪亮吉：《伊犁纪事诗》，丘良任等编《中华竹枝词全编》第 7 册，北京出版社 2007 年版，第 362 页。

传说伊犁是旧巢，降王归化战场抛。而今惠远方城固，阛阓欢声溢四郊。（福庆《异域竹枝词》其十三）[①]

成书《伊吾绝句》其二首句“裴岑”指巴里坤尖山子的汉敦煌太守裴岑勒石，次句“陈国公”指哈密南山口唐姜兴本纪功碑上著录的唐吏部尚书陈国公侯君集，两碑字迹漫漶、笔画剥落，当地人便以木板翻刻，并烘以火药，使其更接近原貌。洪亮吉（1746—1809），字君直，号北江，江苏常州人，乾隆五十五年（1790）进士，曾督学贵州，嘉庆时因上书指斥时政，遭贬充军伊犁。洪亮吉《伊犁纪事诗》其三记载了诗人为规避寓斋鬼魅而夜半诵读准提咒的奇事。福庆（？—1819），字仲余，号兰泉，满洲镶黄旗人，监生，乾隆三十七年（1772）任喀喇河屯厅理事通判。福庆《异域竹枝词》其十三前两句追述乾隆十九年（1754）出兵平定准噶尔叛乱，后两句重返现实，描绘了惠远城街市充满欢声笑语的场景。

四、体例渐具：组诗、诗序、自注呈现出的形式特征

就题材所能具有的体例特点而言，风土诗自产生之初，再经过漫长的发展，渐渐形成了一种约定俗成的书写规范，成为诗人择选此一题材创作所需遵守的成规。风土诗的形式特征主要表现为多是七言绝句并常常以组诗出现，在诗之正文前往往会有诗序，以及诗人多会在诗之正文后补充或短或长的注释。以篇幅极大的组诗形式出现，可以更完满地呈现出描写对象的方方面面，组诗中的单篇聚焦于精细刻绘，而通过这一首首单篇汇聚成了涵盖范围极广的整体。诗序置于开篇，有提纲挈领的效果，或交代创作背景，或揭示大意主旨，使得对具体诗歌的品读能有

① （清）福庆：《异域竹枝词》，雷梦水等编《中华竹枝词》（五），北京古籍出版社1996年版，第3794页。

知人论世的基础。自注是诗之正文言不尽意处的再阐述，以散文句式弥补韵文体式限制之后的不足。组诗、诗序、自注构成了清代西域风土诗最主要的形式特征。

清代西域风土诗多以组诗形式出现，少则数首，多则百余首。在庞大规模支撑下，几乎可以对当地的风土典制、民俗物产、山川胜迹进行全方位刻绘。撰写西域风土组诗而登峰造极的清代诗人非纪昀、萧雄莫属，前者《乌鲁木齐杂诗》154首，后者《西疆杂述诗》150首，诚可谓体大思精。先来看看两人在组诗前撰写的诗序，以明晰其具体的创作诉求。

夫乌鲁木齐，初西番一小部耳。神武耆定以来，休养生聚，仅十余年，而民物之蕃衍丰膴，至于如此。此实一统之极盛。昔柳宗元有言：思报国恩，惟有文章。余虽罪废之余，尝叨预承明之著作，歌咏休明，乃其旧职。今亲履边塞，纂缀见闻，将欲俾寰海内外咸知圣天子威德郅隆，开辟绝徼，龙沙葱雪，古来声教不及者，今已为耕凿弦诵之乡，歌舞游冶之地。用以昭示无极，实所至愿。不但灯前酒下，供友朋之谈助已也。[①]（纪昀《乌鲁木齐杂诗》自序）

从古骚人墨客往往寄托吟咏陶写性情，余于是篇岂其然耶。慨自壮岁困于毛锥，会塞上多事，奋袖而起，请缨于贺兰山下，即从战而西焉。关内荡平，将出净塞氛，遂乃前驱是效。其时碛路久闭，初印一踪，人绝水乏，望风信指，兼旬而至伊吾，天山南北贼焰沸腾，干戈异域不堪回首。然一感知遇，皆所弗顾，自此傍午于十余年之中，驰骤于二万里之内，足迹所至，穷于乌孙，亦惫矣哉！而其成功卒无所表著，噫！可谓半老数奇矣。[②]（萧雄《西疆杂述诗》自序）

① （清）纪昀原著，郝浚、华桂金、陈效简注：《乌鲁木齐杂诗注》，新疆人民出版社1991年版，第1页。

② （清）萧雄著，周轩主编：《西疆杂述诗》，新疆大学出版社2016年版，第379页。

纪昀（1724—1805），字晓岚，别号石云，河北献县人，乾隆十九年（1754）进士，官至礼部尚书。乾隆三十三年（1768），因受卢见曾案牵累而获罪，遭革职发配乌鲁木齐。上引诗序作于乾隆三十六年（1771）三月，纪昀首先介绍了乌鲁木齐的基本情况，执笔的重点在于借助于描绘西陲重镇兴盛面貌来歌颂乾隆帝的大一统之功，而其最终目的在于期盼再度获得帝王的重用。具体来看，160 首的《乌鲁木齐杂诗》包括风土 23 首、典制 10 首、民俗 38 首、物产 67 首、游览 17 首、神异 5 首，几乎囊括了乌鲁木齐的方方面面。萧雄，字皋谟，号听园山人，湖南益阳人。同治三年（1864），萧雄长途往投新疆，效力都统、提督幕下，协助左宗棠攻克哲德沙尔汗国，因军功获得嘉奖，官直隶州知州。上引诗序作于光绪十八年（1892）二月，萧雄描述了一己坎坷的人生经历，特别是参与了肃清浩罕势力的战争，以躬践斯土化作一首首风土诗，陶写性情，寄慨遥深。《西疆杂述诗》共 110 题 150 首，卷一有出塞、新疆四界、总述全势；卷二分述各城，包括鲁克沁、吐鲁番、玛拉巴什、喀什噶尔、塔尔巴哈台等；卷三刻绘维吾尔族人的面貌、性情及风俗，包括服饰、禳祷、耕种、歌舞、瓜果等；卷四吟咏自然物候、山水鸟兽及险隘古迹，包括雪山、土产、果子沟、央哥塔什、博格达山等，可见大凡山川地理、民俗风情、名胜古迹皆有呈现。

诗序虽为西域风土诗的点缀，却往往具有画龙点睛的作用。细读诗序，可为读懂诗作打下关涉背景知识的基础，并可同时获悉诗人创制西域风土诗的宗旨所在。择选方观承《从军杂纪》、王曾翼《回疆杂咏》、袁洁《戈壁竹枝词》前的诗序，以探察其发挥出的文体功能。

余赋述征百韵既残佚，不复记忆，耳目所经，荒漠鲜据，聊复缀以小诗。川岭境俗，气候物产，情志事实，各以类附。而其中时与地仍相次焉。裴矩西域之图，居诲于阗之记，邈难觏矣，企其似之，亦

欲使树绩西遐者，征诸异日耳。[①]（方观承《从军杂纪》前之诗序）

乙巳冬月随节侯赴喀什噶尔小住两旬，经过各回城，或停骖数日，或信宿而行。所见所闻，拉杂成咏，共得断句三十章，仿古竹枝之遗意，窃谓回疆风土，十有七八矣。[②]（王曾翼《回疆杂咏》前之诗序）

过安西至哈密相去千余里，并无城郭村市，惟住宿处所荒店数家而已。行客须带米菜等物，藉以果腹。且有带水者。其沙迹荒滩，水草不生，呼为戈壁，所谓苦八站是也。余戏成《竹枝词》。[③]（袁洁《戈壁竹枝词》前之诗序）

方观承（1698—1768），字遐谷，号问亭，安徽桐城人，历任浙江巡抚、直隶总督等要职。《从军杂纪》前之诗序重点阐析了这组风土诗系据亲见亲闻撰写而成，包括川岭境俗、气候物产、情志事实等，并渴盼其价值能够追攀裴矩的《西域图记》。王曾翼（1733—1795），字敬之，号芍坡，江苏吴江人，乾隆二十五年（1760）进士，官至甘凉道道员。《回疆杂咏》前之诗序主要表明了撰写这组风土诗的缘起及其宗旨。袁洁，字蠡庄，江苏桃源人，嘉庆六年（1801）拔贡，曾任金乡县令。道光二年（1822），袁洁缘事谪戍乌鲁木齐，《戈壁竹枝词》便作于是时，前之诗序以言简意赅的笔墨统领全篇，为诗之正文描绘西域戈壁上尘沙填塞、苦雨凄风的景况定下了基调。

韵文虽然具有朗朗上口、凝练传神的优点，但受限于平仄、韵脚、对仗、典故、意象等因素的制约，在表达宏大叙述上往往有捉襟见肘的弊病。加之西域风土诗多以七言绝句的形式出现，在单篇之内若想涵括

① （清）方观承：《松漠草》，《清代诗文集汇编》第287册，上海古籍出版社2010年版，第142页。

② （清）王曾翼：《居易堂诗集》，《续修四库全书》第1453册，上海古籍出版社2001年版，第442页。

③ （清）袁洁：《出戍诗话》，张寅彭选辑，吴忱、杨焄点校《清诗话三编》第六册，上海古籍出版社2014年版，第3822页。

较多内容时，便需借助于诗后自注来拓展延伸，试举朱紫贵《天山牧唱》组诗其二、其四、其八来具体阐析。

何处灵泉说火敦，金天作镇是昆仑。冰澌雪浪分流去，谁信江河本一源。

雪山冰水汇聚于贺卜淖尔，伏流入中国为黄河，自后藏西南会各地雪水经蕃地入四川为江。贺卜淖尔即是星宿海也。（《天山牧唱》其二）

前朝曾设沙州卫，战垒烽台沙碛间。偃月泉中呜咽水，行人饮马古阳关。

安西州有泉一区，形如偃月。州西为前明沙州卫，尚有营垒遗迹，东南即古阳关故址也。（《天山牧唱》其四）

雪要消融泉要活，风宜淡荡雨宜疏。稻田麦陇多青草，别谱田家月令书。

回民种获皆资山泉，雨少减收，雨多则地起盐卤。春寒雪水来迟，则播谷失时。以小麦为细粮，粳稻次之。禾草并生，不知耘耨，且以为草茂则禾苗得以乘凉。（《天山牧唱》其八）[①]

朱紫贵（1795—？），字立斋，号曼翁，浙江长兴人，廪贡生，曾官嘉兴府学教授。朱紫贵善作诗，屡获激赏，“诗多忧时感事之作……以为结响沈雄，怀抱岸异”[②]。朱紫贵撰写的《天山牧唱》30首，除了最后一首统领全篇而无自注外，其余在诗之正文后皆附有或短或长的自注。《天山牧唱》其二描写了雪山冰水融化后汇入贺卜淖尔，再流入黄河的河水源流关系，自注则将正文诗意化的表达散文化，两者形成了互文关系。《天

① （清）朱紫贵：《枫江草堂诗集》卷四，《清代诗文集汇编》第590册，上海古籍出版社2010年版，第675—676页。

② 徐世昌编，闻石点校：《晚晴簃诗汇》卷一百二十三，中华书局1990年版，第5293页。

山牧唱》其四连缀了沙州卫、偃月泉、古阳关三处浸润了历史沧桑感的遗迹名胜，抒发了怀古伤今的情怀，自注则补充了诗之正文涉及的历史知识，有益于更好地理解诗旨。《天山牧唱》其八刻绘了西域回民种植小麦、粳稻等作物时需要遵循月令书，自注在诗之正文的基础上进一步引申了诗意。通过清代西域风土诗正文与自注的双向互动，对当地景况的呈现得以更加的全面深刻。

五、结语

前文分从整体面貌、表现内容、形式特征三个维度考察了清代西域风土诗。具体而言，整体面貌包括受到重大政治事件影响的风土诗数量在历时层面上的增减变动，因西域整体经纬度跨越极大而形成的分地区各具特色的风土诗，以及因高级官僚、中下层官员的身份区分而包孕着不同创作心境的风土诗。表现内容涵盖了异于中原王朝的西域山川水文所组成的奇特景象，主要由少数民族生活习惯影响下的特有风俗，以及浸润了历史积淀、民族文化而出现的掌故士习。形式特征则主要体现为具有呈现宏大主题功能的七言绝句组诗，交代背景知识、创作宗旨的诗序，以及与诗之正文形成或补充、或互文的大量自注。而实现上述结论的方法在于对一个个诗人创制的西域风土诗展开细读，通过一定范围内殊相的累积，或可找寻到其中具有相通性的共振现象。

从意义上来说，清代西域风土诗至少可以发掘出诗学、史学、民族学等多学科的价值。就诗学价值来说，作为卓荦诗国的重要题材，西域风土诗中典故、意象的运用，以及专有词汇的巧妙融入，共同推动了其在表现地域风物人情上更加全面深刻，这颇为值得其他体类的诗歌借鉴。就史学价值来说，西域风土诗愈来愈趋向于实录化的特征，使得风土诗成为了具有可信度的史料，在正史、方志构筑的地域历史书写之外，西域风土诗提供了另一种充满情感地记录历史的方式。就民族学价值来说，西域风土诗中不乏对生于斯、长于斯的维吾尔族、回族、哈萨克族等民族服饰、饮食及信仰的描写，这些相对于那些用本族语言写成的文献而言，可谓提供了从另一扇窗户观照本质的可能。要而言之，对清代西域风土诗的研究，立足点、解读法不同，便可探察出不同的面相。当面相关涉的维度越来越多时，也就会更加趋近于清代西域风土诗的要义。

（彭志，中国艺术研究院中国文化研究所副研究员）